AI 모델링과 데이터 전략

AI 모델링과
데이터 전략

한국신용정보원

추천의 글

AI는 미래의 기술이 아니라 오늘의 성장 동력입니다. 특히 금융 산업은 방대한 데이터와 고도화된 의사결정 과정이 수반되는 분야로서, AI 전환을 통해 산업 경쟁력을 끌어올리고 소비자 편익 증진에도 기여할 수 있습니다.

이 책은 AI의 작동 원리부터 기업의 성장 드라이버, 신용평가 모형 설계, 인슈어테크의 현재와 미래까지 다양한 주제를 다루고 있습니다. 나아가 문제 해결 과정에서 AI가 문제의 본질을 어떻게 포착하고 어떤 개선안을 제시하는지도 보여주고 있습니다. 단순히 기술적 개념을 이해하는 수준을 넘어, 실제로 직면한 문제에 대응하기 위한 데이터 전략을 어떻게 설계하고 실행할 수 있는지를 생생하게 접할 수 있습니다.

데이터 전략은 개인과 기업의 성장과 위험 관리, 그리고 새로운 기회 창출을 가능하게 합니다. 이는 막연한 '감'이 아니라 데이터 기반의 의사결정 과정입니다. 이 책은 금융회사와 기업이 AI 기반 데이터 전략을 본격적으로 실행하는 데 있어 새로운 지평을 열 것입니다. 데이터 전략을 통해 기회를 모색하고자 하는 독자 여러분에게 큰 도움이 되기를 기대합니다.

김 석 동

지평인문사회연구소 대표 / 前 금융위원장

추천의 글

10년 전 '알파고'가 처음 등장했을 때까지만 해도 대부분의 사람들은 AI가 우리의 삶에 가져올 혁명을 예상하지 못했을 것입니다. 하지만 불과 10년 만에 AI는 기술과 산업을 넘어 예술과 같은 창조적 영역은 물론, 일상생활에까지 파고들어 세상을 근본적으로 변화시키고 있습니다.

금융회사를 비롯한 많은 기업들이 AI를 활용하여 더 정확한 판단을 내리고 효율성과 생산성을 높이기 위해 노력하고 있지만, 여전히 AI를 조직과 업무에 어떻게 적용할 수 있을지에 대한 고민이 많은 상황입니다.

이 책은 AI의 원리와 역할을 이해하는 데 그치지 않고, 금융 분야에서 AI를 접목할 수 있는 다양한 방법론과 해외 우수 사례를 제시하고 있습니다. 특히 금융 분야에 관심 있는 독자들은 이 책을 통해 'AI의 활용을 어디서부터 시작할지', '금융 분야에서 어떻게 심화해 나갈지' 등에 대해 구체적인 아이디어와 통찰을 얻게 될 것으로 기대합니다.

우리 금융회사와 기업들이 AI를 바탕으로 경영 전략을 수립하고, 디지털 혁신을 통해 새로운 미래를 열어가는 여정에서 이 책이 든든한 나침반이 되기를 바랍니다.

조 용 병
은행연합회장

CONTENT

CHAPTER 4   AI 개발을 위한 데이터 생성

CHAPTER 5   글로벌 AI 적용 사례

CHAPTER 1
AI 데이터 전략

데이터 전략은 개인과 기업의 더 큰 성장, 치밀한 위험관리, 그리고 새로운 기회 창출을 가능하게 하는 도구입니다. 특히, 막연한 감이 아닌 데이터에 기반한 의사결정이 어떤 모습인지, 데이터 과학의 관점에서 접근합니다.

1.1 AI와 데이터 전략은 어떻게 전개될까요?

데이터 전략의 등장

내 손안의 휴대폰은 생활 방식을 바꿔 놓았습니다. 팬데믹은 온라인 쇼핑의 확산으로 이어졌습니다. 외부의 스트레스는 내 몸의 염증으로 표현됩니다. 노후에 내게 꼭 필요한 자산 관리는 무엇인지 묻습니다. 자영업을 시작하려는데 잠재 고객이 과연 내 물건을 사줄 것인지, 주변 사업자와의 경쟁을 걱정합니다.

제조 공정상 불량률 감축을 위해 무엇을 어떻게 개선할지 고심합니다. 국내 화장품의 견고한 공급망은 강력한 수출 경쟁력의 원천입니다. 자금 지원으로 산업 생태계가 무너지지 않고 관련 기업이 기사회생합니다. 신생 기업은 확장을 위해 지금 무엇을 할 것인지 골몰합니다. 오래된 기업은 지속적 성장을 위한 신규 사업을 구상합니다. 큰돈이 드는 대규모 투자 여부를 지금 결단해야 합니다. 중동 지역 분쟁은 유가에 영향을 줍니다. 우리가 보유한 관련 종목의 주가도 함께 요동칩니다. 기업의 내재 가치는 언제나 중요하지만 기업 밖에서 벌어지는 일도 큰일입니다.

잘 짜여진 데이터 전략은 이와 같은 다양한 질문에 응답합니다. 최근 거대 언어 모델이 등장하면서 기계가 사람 말귀를 알아듣고, 묻는 질문에 스토리를 만들어 답하기 시작했습니다. 다양한 알고리즘이 사용자가 더 쓰기 쉽게 진화하고 있습니다. 마주하는 기회를 활용하고 내면의 활력을 발산시킬 때입니다. 위험을 관리하면서 새로운 성장판을 찾아 현재에 머물지 않고 앞으로 나아갈 수 있습니다.

서로 다른 공간을 잇는 연결 고리

데이터 전략은 이렇게 도처에 깔린 문제를 해결하기 위한 도구입니다. 데이터 전략은 현실이 어떻게 분리되고, 어떤 방식으로 서로 연결되어 있는지를 묻습니다. 여러 곳에 흩어져 있는 단서를 모아 문제의 핵심을 관통하는 연결 고리를 발견하고자 합니다.

우리의 현실은 다수의 영역 또는 공간으로 분리되어 있지만 동시에 서로 연결되어 있습니다. 또한 대부분의 문제는 여러 곳에 산재해 있습니다. 따라서 해결책은 공간적으로 분리되어 뿔뿔이 흩어져 있는 것들을 어떻게 집약시킬 것인지에 있습니다.

이 지점에서 꼭 필요한 일이 대규모 데이터 집적[01] 입니다. 그런데 데이터는 각각 소속된 영역을 넘어서 자유롭게 이동하기 어렵습니다. 기업의 중요 공정에서 생성된 데이터는 그 회사의 고유한 자산입니다. 개인정보는 철저히 법적 보호를 받습니다. 데이터는 공간적으로 분리되어 있습니다.

여러 가지 다양한 공간을 관통하는 equation을 만들고 싶은데, 데이터 집적에서 좌절합니다. 각각의 데이터가 공간적으로 또는 영역별로 분리되어 있어 한곳에 모으기가 어렵기 때문입니다.

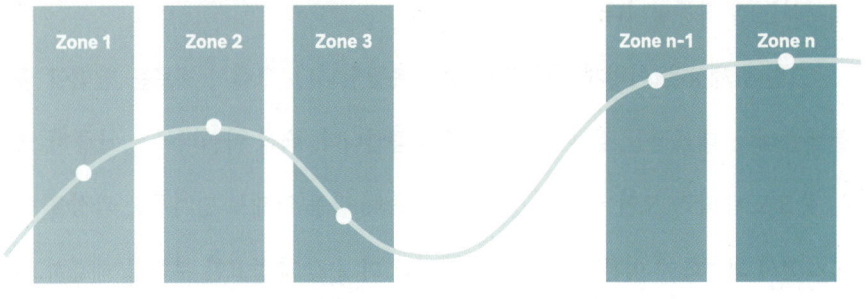

---

01   데이터를 사용자가 직접 입력하거나 생성하는 것을 뜻하며 데이터베이스, 스프레드시트, 또는 기타 데이터 관리 시스템에서 직접 데이터를 추가하거나 수정하는 행위.

효과적인 대규모 집적은 플랫폼을 통할 수밖에 없습니다. 금융시장에서 한국신용정보원(이하 신용정보원)의 본질적 역할이 여기에 있습니다. 신용정보원은 데이터 집적과 분석을 거쳐 equation을 이끌어 내고 문제의 핵심에 가까워집니다. 업무 프로세스 효율화를 위해 당장 애써야 할 부분이 어디인지, 더 나은 다음 단계로 넘어가는데 지금 반드시 짚고 넘어가야 할 필요한 지식은 무엇인지 알아야 합니다.

AI 알고리즘 작동 원리

데이터 전략이 그렇게 좋다는 건 알겠는데, 그럼 어떻게 해야 할까요? 인공지능이 보편적으로 일상에 쓰이면서 이 질문이 많아졌습니다. 다음 장에서 논의할 것이지만 일단 여기서 간단히 확인하고 넘어가겠습니다.

알고 싶었던 부분=문제의 타깃^{y}을 이해하기 위한 설명 변수^{x}가 있기 마련입니다. 둘 사이에 직선에 가까운 관계가 존재한다면 $y=w \cdot x$라는 equation에서 중요도^{w}를 찾는 방법이 대표적입니다. 인과관계가 선명하고 직관적이라는 장점이 있습니다. $y=w \cdot x$ 같은 전통적인 회귀분석 방식은 문제 내의 관계가 안정적인 영역에서는 잘 작동합니다.

그런데 세상은 이렇게 단순하지 않고 복잡합니다. 그래서 새로운 방법이 출현했습니다. 대표적인 것이 신경망 알고리즘입니다. 핵심 아이디어는 가중치 또는 중요도에 따라 모인 정보를 간결하게 압축해 다음 단계로 넘겨주는 과정을 반복하면서 최적화에 이른다는 점입니다. 지금 이 순간에 중요한 부분을 해결하고, 그 해결책을 다음 단계로 넘겨주면서 직면한 문제를 해결하는 일반 상식과 어딘가 비슷합니다.

처음에는 입력 데이터에 중요도를 반영한 가중합 w·x를 산출하고 이를 압축하는 f( ) 함수에 투입하여 f(w·x)를 만들어 냅니다. 다음 단계에서 f(w·x)가 입력 데이터가 되고, 그 결과들을 다시 가중합하고 이를 압축하는 g( ) 함수에 투입해 g(f(w·x))를 생성합니다. 그다음 단계에서 다시 h( ) 함수에 투입하는 과정을 반복하면서 문제에 대한 추정치 h(g(f(w·x)))로 이어집니다.

이와 같은 단계별 과정은 고등학교에서 다룬 합성함수로 표현됩니다. h(g(f(w·x))) 합성함수에서 생성된 추정치와 실제 결과치의 격차가 최소화되도록 가중치^{w}를 업데이트해 가면서 문제에 대한 최적의 가중치와 설명 변수를 찾아 들어갑니다. 마지막 equation에는 가중치^{w}와 이에 상응하는 입력 변수^{x}들이 포함됩니다.

좀 복잡해 보이지만 우리의 상식에 잘 부합합니다. 문제 해결 과정에서 다음 단계에 필요한 점을 지금 단계에서 어떻게 만들어 낼 것인지가 결정적이라는 점을 강조하고자 합니다. 현 공정에서 어느 지점이 고장 났고 해결해야 하는지를 포착해야 합니다. 단 한 번으로 문제의 핵심에 다가설 수 없습니다.

이렇게 해서 문제를 구석구석 파고들어 가면서 전체 지형을 파악해 나갑니다. 현실의 다채로운 측면을 포착할 수 있는 데이터를 모으고 연결 고리를 만들어 가면서 압축에 압축을 거쳐 문제의 본질에 더 가까워집니다. 이 과정을 반복하면서 더 나은 변수들이 떠오르고, 우리의 이해 범위가 커지면서 시야가 넓어지고 속속들이 파고듭니다. 결국 데이터 전략은 데이터를 결합하고 활용해, 숨겨진 패턴=연결 고리를 찾는 일입니다.

한 발짝 더 나아가기 위한 도구

그럼 패턴만 찾는다고 우리가 직면한 문제가 다 해결될까요? 그렇지 않습니다. 문제 해결을 위한 의사 결정 과정에서 현재의 연결 고리와 패턴에 대한 이해는 반드시 필요하지만 이것만으로는 충분하지 않습니다. 전면적인 해법full-scale solution 을 찾기 위해서는 입체적인 접근이 필요합니다. 개인의 문제 해결이든 조직이나 기업의 문제 해결이든 결국 미래를 향한 결정입니다. 그러므로 의사 결정은 지난날의 패턴에 대한 이해뿐 아니라 앞으로 전개될 상황에 대한 예측이 반영되어야만 합니다.

그러나 우리에게 향후 전개될 미래에 대한 정확한 데이터는 당연히 없습니다. 하지만 이가 없으면 잇몸으로 때워야 합니다. 미래를 알 수는 없지만 어느 정도 가늠할 수는 있습니다. 발생 가능한 여러 시나리오를 떠올릴 수 있습니다. 미래 상황을 시뮬레이션할 때 합성 데이터를 통해 다양한 'what-if' 시나리오를 생성하고 의사 결정에 적용할 수 있습니다. 합성 데이터는 실제 데이터는 아니지만, 실제 데이터의 특성이 있으면서 시나리오의 현실성과 다양성을 높여 줍니다.

최근에는 현실을 정밀하게 재현하는 가상 실험장인 디지털 트윈이 부각되고 있습니다. 모형에서 생성된 합성 데이터를 AI가 학습하면 대응 능력이 커집니다. 디지털 트윈이 제공하는 정밀한 가상 환경과 합성 데이터의 확장성·다양성이 결합하면서 문제 해결 능력이 향상됩니다. 국내외 테크 회사들은 머신 러닝(ML), 시뮬레이션, 디지털 트윈과 합성 데이터, 데이터 공유를 지원하는 플랫폼을 발전시켜 나가고 있습니다.

이와 같은 진화는 자연스럽고 바람직한 흐름이지만 한 가지 유의할 점이 있습니다. 머신 러닝 분석, 시뮬레이션, 디지털 트윈을 제공하는 플랫폼은 당연히 만능이 아닙니다. 문제 해결이라는 목적에 필요한 도구일 뿐입니다. 이미 알고 있는 상식과 분석만으로 해결될 문제에 머신 러닝, 디지털 트윈과 합성 데이터를 적용해 일을 복잡하게 만들 이유는 전혀 없습니다.

　당연히 알 수 있는 사안은 직관과 상식으로 처리해야 하며 복잡한 과정을 거쳐서는 안 됩니다. 전 부서가 실시간으로 데이터를 공유하는 자동화된 플랫폼 없이도 문제의 핵심을 꿰뚫는 경영진은 데이터 통합을 이뤄 낼 수 있습니다. 시스템 1은 데이터 분석이 맡고 시스템 2는 상식과 직관으로 해결하면 됩니다. 데이터 전략의 핵심은 이와 같은 분업 구조에 있습니다. 최근의 경량화된 언어 모델도 분업 구조를 채택하면서 효율성을 높이고 있습니다. AI 덕분에 문제 해결을 위한 더 많은 도구가 생겼고 더 큰 공간에서 움직이게 되었습니다.

　데이터 전략에서 한 가지 결정적인 문제가 남아 있습니다. 도메인domain이라고도 하는데, 과연 AI와 데이터 전략을 어디에 쓸 것인지에 관한 적용 분야에 대한 질문입니다. 성능이 탁월한 AI와 데이터 전략도 도메인에 대한 이해가 부실할 경우 성과로 이어지지 못합니다. 즉 도메인에 관한 지식과 데이터 전략이 분리될 경우 헛바퀴가 돌 수 있습니다. 이와 같은 사례는 대부분 감춰지고 잘 드러나지 않지만 이 점을 놓칠 경우 실패합니다.

인공지능과 데이터의 쓸모

인공지능과 데이터 전략은 어디에 쓸모가 있을지, 우리가 데이터 분석을 하는 이유는 무엇인지에 대한 질문으로 다시 가 보겠습니다. 현실에서 직면하는 복잡한 문제를 해결하는 데 쓸모가 있고, 이를 위해서는 큰 가닥을 포착하는 데 인공지능이 보탬이 됩니다.

데이터 전략의 두 가지 방향 (출처 Harvard Business Review, 2017년 5월)

Defensive Data Strategy 방어적 데이터 전략 목적	Offensive Data Strategy 공격적 데이터 전략 목적
▪ 리스크 감소 및 규제를 준수해 데이터 보안을 지킴 ▪ 내부 및 외부 위협요소를 감지해 기업자산을 보호	▪ 데이터를 활용해 수익 창출 및 경쟁 우위를 확보 ▪ 데이터를 통해 고객 니즈 파악 및 새로운 가치 창출

< Defensive 방어적 전략 >	< Neutral 중립형 전략 >	< Offensive 공격적 전략 >
이상 거래 탐지(AML) 신용평가 및 연체 예측 보험 사기 탐지(FDS) 개인정보보호 및 컴플라이언스 대응	콜센터 자동화 고객 예측 및 유지 전략 내부 부정 행위 분석 보험 위험 예측 및 대응	금융상품 추천 마케팅 자동화 및 고객 세분화 고객 LTV 예측 및 최적화 AI 기반 금융 운영 에이전트

리스크 최소화 Defensive   Offensive 가치창출
▪규제대응 ▪리스크 관리 ▪사기탐지 등   ▪수익창출 ▪고객 세분화 ▪마케팅 자동화 등

    우리가 직면하는 문제의 대부분은 크게 보면 ① 어떻게 위험을 관리할 것인가, ② 어떻게 더 크게, 더 멀리 성장할 것인가로 구분됩니다.

    AI 기반 데이터 전략이 기여하는 영역은, 세상의 위험을 줄이는 방향 vs 혁신과 성장을 지원하는 방향으로 구분할 수 있습니다. 우리가 크게 놓치고 있는 지점은 어디인지 지속적으로 점검하면서 큰 가닥을 놓치지 말아야 제대로 위험을 통제하고 앞으로 나아갈 수 있습니다. 위험 관리와 성장 영역에서, 기존의 직관과 경험만으로 미처 포착하지 못한 부분을 발견하게 됩니다. 이를 통해 우리의 지식이 늘어납니다.

    막연한 감(感)이 아닌 데이터를 기반으로 알게 된 '큰 가닥=가중치와 변수'를 통해 새로운 국면을 맞이할 수 있게 됩니다. 기존의 피상적 수준의 이해를 넘어서면서 문제의 전체적 국면에 다가서게 됩니다. '대량의 데이터를 수집·분석해

의미 있는 패턴을 찾아내고 의사 결정을 지원한다'는 것은 무난한 정의이지만 크게 와닿지는 않습니다. 보다 직관적인 설명은, 인공지능은 문제의 큰 가닥을 포착하는 데 유용하다는 것입니다. 우리가 현실에서 마주하는 문제는 언제나 복잡하고, 복잡한 문제를 구성하는 큰 가닥을 뽑아 낼 수 있어야 합니다. '악마는 디테일에 있다'라고 하지만, 그 디테일을 꼭 붙들려면 직면한 문제를 관통하는 큰 가닥을 포착해야 합니다.

적용 사례 세 가지

'기업의 성장 드라이버는 무엇인가?'라는 질문을 꺼내 보겠습니다. '기업의 혁신과 성장' 하면 자금 사정 같은 재무적 요소를 먼저 떠올리게 되지만, 실제 데이터를 깊이 들여다보면 당해 기업이 보유한 테크놀로지, 업력 같은 기업의 내재적 고유 역량, 매크로 사이클에 크게 의존합니다. 데이터 기반으로 기업의 성장을 살펴보았을 때 큰 가닥은 ① 테크놀로지, ② 조직의 고유 역량, ③ 거시경제 사이클, ④ 자금입니다. 네 가지 큰 가닥은 기업의 성장을 이끌어 내는 드라이버이고, 기업의 가치는 네 가지 성장 드라이버와 각각의 비중을 감안한 총합입니다.

$$\underset{\underbrace{ij}_{i\,산업\,j\,기업가치}}{V} = w \cdot x = [w_1\,w_2\,w_3\,w_4] \begin{bmatrix} x_1 \\ x_2 \\ x_3 \\ x_4 \end{bmatrix},$$

x_1 테크놀로지, x_2 고유 역량, x_3 매크로, x_4 자금
w_1, w_2, w_3, w_4는 각각의 중요도

스웨덴의 한 배터리 회사는 유럽 각국 정부의 지원과 자금력은 풍부했지만 배터리 제조 테크놀로지 부족으로 결국 법정 관리에 들어갔습니다. 기업 고유의 컬트cult 문화가 강력히 감도는 기업은 성장합니다. 조직의 에너지가 넘치고, 응집

력이 탄탄하며, 새로운 도전을 하기 때문입니다. 기업의 사업 모델이 매크로 환경에 잘 부합할 때 매출은 증가합니다.

개별 기업에 따라 비중은 서로 다르지만, 앞서 말한 네 가지 큰 가닥은 '기업은 무엇으로 성장하는가'라는 복잡한 문제에 대한 응답입니다. 현실 문제를 해결하기 위해 우리가 더 파고들어 가야 하는 디테일은 이와 같은 큰 가닥을 구성하는 세부 요인에 있습니다.

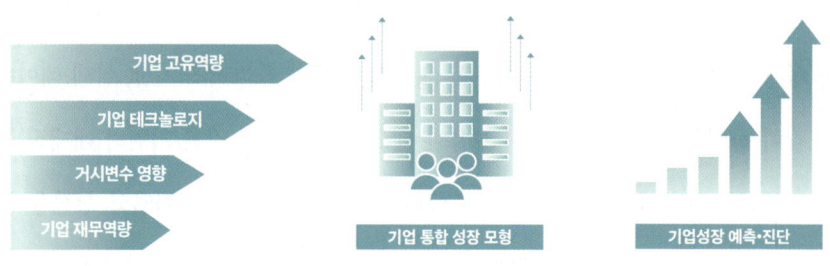

데이터 분석을 통해 위와 같은 기업 가치 $V_{ij}=w \cdot x$라는 equation을 이끌어내고 무엇이 중요한지를 포착했습니다. 기존의 상식과 직관적 판단을 넘어서는 새로운 큰 가닥, 큼직한 요인을 인공지능 기반 데이터 전략을 통해 발견했다면 이는 디지털 전환의 효과가 됩니다. 우리의 일반적 상식이 감지하지 못한 숨겨진 패턴을 발견함으로써 인공지능은 특별한 역할을 한 셈입니다. 위의 사례에서 숨겨진 패턴은 기업의 성장에서 테크놀로지와 고유 역량이 결정적이라는 점입니다.

두 번째 사례를 살펴보겠습니다. 10년 만기 국채 금리 수준을 가늠할 때, 다음 모형을 만들어 볼 수 있습니다.

$$10 \text{ year rate} = \mathbf{w} \cdot \mathbf{x} = [w_1 \, w_2 \, w_3] \begin{bmatrix} x_1 \\ x_2 \\ x_3 \end{bmatrix}$$

x_1 성장, x_2 물가, x_3 term 프리미엄
, w_1, w_2, w_3는 각각의 중요도

세 번째 사례인 위험관리에도 데이터 분석을 보편적으로 활용합니다. 오히려 그동안 데이터 분석은 혁신과 성장보다는 위험을 관리하는 데 더 주력했습니다. 돈이 오가는 경우 차주가 돈을 갚지 못할 가능성을 가늠해야만, 채권자는 돈을 빌려 줄지 여부, 빌려 준다면 금리를 얼마로 책정할지를 결정할 수 있습니다. 돈을 갚지 못할 가능성을 확률 P(D)=Probability of Default로 표현한다면 아래와 같습니다.

$$P(D) = w \cdot x = [w_1 \, w_2 \, w_3 \, w_4] \begin{bmatrix} x_1 \\ x_2 \\ x_3 \\ x_4 \end{bmatrix}$$

x_1 과거 부도(연체) 경험, x_2 현재 대출 관련 내역,
x_3 과거 금융거래(카드 등) 이력, x_4 매크로
, w_1, w_2, w_3, w_4는 각각의 중요도

일상에서 경험하는 신용 점수는 P(D) 값을 이해하기 쉬운 세 자리수로 표현한 것입니다. 인공지능 기반 데이터 전략의 매력은, 동일하거나 유사한 알고리즘을 위 사례에서 보듯이 여러 분야에 적용할 수 있다는 점입니다.

실제 의사결정을 위한 각론

그런데 아직 뭔가 부족합니다. 데이터 전략을 기업의 의사 결정에 활용하려면 연결점을 찾는 equation만으로는 충분하지 않습니다. 더 깊은 내용의 각론이 필요합니다. 기업의 의사 결정을 위한 진짜 질문은 '어떻게 기업의 고유 역량을 끌어올리고, 더 나은 기술력을 확보할 것인가'입니다. 이를 위해서는 향후 상황이 어떻게 전개될 것인지에 대한 이해가 선행되어야 하며, AI 기반 데이터 전략이 여기서 그 빛을 발휘합니다.

예컨대 디지털 트윈을 통해 가상의 세계를 생성하고 시나리오를 구성합니다. 이를 통해 앞으로의 상황에 대한 시뮬레이션을 거쳐 대응 방안을 수립합니다. 제대로 활용되지 않았던 데이터는 물론 기업의 유휴 자원을 가동합니다. 즉, 데이터 전략은 잠자고 있던 데이터 또는 자원을 어떻게 작동시킬 것인가로 귀결됩니다. 최종 결과는 Top 3 또는 Top 5 같은 인사이트로 압축되면서, 기업이 직면한 어려움을 헤쳐 나가고 앞으로 더 크게 성장할 수 있도록 합니다.

디지털 전환의 효과

신용정보원의 데이터 전략을 통해 활용할 수 있는 점, 느낀 점을 여러분과 공유하고자 합니다.

첫째, 데이터 기반 접근은 그리 어렵지 않고, 어떻게든 한 발 더 전진할 수 있도록 해 줍니다. 대부분의 문제에 대해서는 이미 세상에 알려진 알고리즘을 상황에 맞게 튜닝해 쓰면 되니까 큰돈이 들지 않습니다. 데이터 전략은 모든 문제 해결의 기반이 되므로 적용 범위가 매우 광범위합니다.

둘째, 문제를 각 단계별로 쪼개면 단계별 타깃이 분명해집니다. 막막하지 않고 어디서부터 시작할지 알게 됩니다. 문제에 휘둘리지 않고, 문제에 대한 통제력이 커집니다.

셋째, 기존 사고방식에 갇히지 않고, 기존의 단편적 시각을 넘어서 더 큰 그림을 보고, 큰 가닥을 잡고, 디테일을 파고들게 됩니다. 문제를 해결하는 과정에서 나타나는 여러 변수를 단편적으로 다루지 않고, 서로 연결된 전체를 보게 됩니다. 변수들은 더 이상 고립되지 않습니다. 문제의 전체 상황뿐 아니라 세부 사항을 더 잘 이해하게 됩니다. 협소한 시각을 넘어 전체를 관통하는 큰 가닥이 무엇인지, 지금 당장 무엇을 해야 할지가 분명해집니다. 문제 해결을 위한 지평이 열립니다. 사고의 크기가 커지면서 새로운 사업 영역 또는 시장 기회를 만들어 냅니다. 거의 대부분의 문제를 구석구석까지 파고들어 가면서 제조 공정에서 비용을 낮추고, 한 발 더 나아갈 수 있습니다.

넷째, 기계와 사람 간의 효율적 역할 분담입니다. 시스템1은 기계가 맡고 시스템2는 사람이 최종 점검하고 판단합니다. 소모적인 일을 기계가 맡으면 사람은 쓸 데 없는 데 기운 빼지 않고 중요한 것에 집중할 수 있습니다.

마지막으로, 데이터 전략으로 인한 위와 같은 효과를 디지털 전환이라고 부릅니다. 디지털 전환은 거의 모든 곳에서 작동하면서 우리 모두에게 특별한 무언가를 선사합니다.

AI is everywhere!

1.2 기업의 데이터 기반 전략은 무엇일까요?

공유 자전거 최적 재배치를 통한 데이터 기반 의사 결정

'문제 인식 → 데이터 수집 → 문제에 대한 인과관계 파악 → 모델 생성 → 시뮬레이션 → 최적화'

기업이 기업 내 문제 해결을 위해 데이터를 활용하는 과정입니다. 문제의 원인으로 추정되는 다양한 변수와 상관관계를 분석하고 실제 인과관계 여부까지 찾아내 확인하는 과정이 그 시작입니다. 이후 데이터 분석을 통해 밝혀진 인과관계를 기반으로 하나의 모형을 구축합니다. 이때 구축된 모형을 디지털 트윈digital twin에 통합해 시뮬레이션을 진행하면 최적의 해답을 찾을 수 있습니다. 디지털 트윈이란 현실을 디지털로 구현해 분석하고 예측하는 기술로, 현실 세계의 상황을 가상의 공간에 복제하듯 재현해 시뮬레이션하는 과정입니다.

예를 들어 워싱턴DC의 공유 자전거 회사가 출퇴근 시간에 특정 역에 자전거가 너무 몰리거나 반대로 텅 비는 문제가 반복되는 점을 발견했습니다. 고객 게시판에는 "아침에 자전거를 빌리고 싶어도 자전거가 없어요", "저녁에 반납하려고 해도 자리가 없어요"라는 불만의 목소리가 늘어났고, 공유 자전거의 전체 회전율도 계속 떨어져 손익 측면에서도 대책이 필요했습니다. 이 문제를 해결하기 위해 우선 공유 자전거 운영 시스템에 저장된 언제, 어디서, 얼마나 자전거가 대여·반납되는지 일별 이용 데이터와 자전거 이용에 영향을 줄 수 있는 날씨·요일·휴일·기온·습도와 대여소 주변 행사 여부 등의 부가 데이터를 수집했습니다.

해당 데이터를 분석해 보니 기후와 기온, 시간, 대여소 주변 행사 여부 변수

(피처)의 상관관계가 높았습니다. 기온이 높거나 대여소 주변에 행사가 있는 경우 자전거를 많이 이용하고, 비나 눈이 오는 날에는 이용률이 줄어들며, 평일 출퇴근 시간대에 이용이 집중된다는 인과관계를 확인했습니다. 자전거 이용에 영향을 주는 주요 인과 요인을 확인한 후 이를 바탕으로 필요한 자전거 수량에 대한 예측 모형을 만들었습니다.

자전거 대여에 영향을 주는 요인

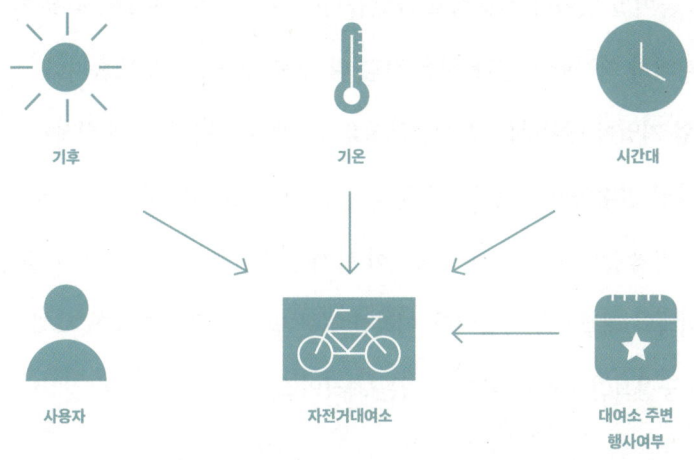

랜덤포레스트, 그래디언트 부스팅, 신경망 등 여러 머신 러닝 알고리즘과 선형 회귀를 적용했더니 그중 그래디언트 부스팅 모델이 가장 예측력이 좋았습니다. 이 모형을 적용하니 매일 아침 8시에 필요한 자전거의 총 수량이 4,000대 정도로 예측되었습니다. 여기서 다시 480개 이상 대여소에 대해 아침저녁 피크 타임에 자전거가 남거나 부족한 상태의 대여소를 분류하고 대여소 규모, 규모 대비 대여율, 비인기 대여소 등으로 다시 세분화해 유사 군집을 분류했습니다. 그리고 각 군집별 특징을 고려한 시간대별 적정 보유 대수를 산출했습니다. 이를 통해 대여소 규모에 비해 자전거가 항상 부족했던 메트로센트럴역, 갤러리 플레이스역에 적정 자전거 대여 수가 각각 약 18대, 13대라는 결과를 얻었습니다.

이 예측 결과를 기반으로 자전거 재배치 시나리오를 여러 가지로 상상해 볼 수 있습니다. 자전거 위치를 바꾸는 시뮬레이션을 여러 번 반복해 가장 효율이 좋은 방법을 찾았더니, 매일 아침 500여 대의 자전거를 미리 재배치하면 전체 자전거 이용률이 약 7% 향상된다는 결과가 도출되었습니다. 동적 요금제 모델도 추가로 만들고, 공휴일이나 출퇴근 시간대에 가격을 약간 높이면 매출이 15~18% 늘어날 것이라는 분석도 나왔습니다. 이렇게 워싱턴DC 공유 자전거 서비스는 재배치 최적화를 통해 비용 절감 및 매출 증대를 이뤄냈습니다.

이처럼 기업이 데이터를 활용해 문제를 해결하는 과정은 문제 인식에서 시작됩니다. 다양한 변수와의 상관관계를 분석해 인과관계를 파악하고 이를 바탕으로 예측 모델을 생성합니다. 이후 예측 모델이 탑재된 디지털 트윈을 통해 시뮬레이션을 수행해 최적의 해결책을 찾습니다. 이러한 접근 방식은 공유 자전거 사례처럼 실제 운영에서 긍정적인 영향을 미칠 수 있는 최적의 의사 결정을 제공할 것입니다.

문제를 적기에 해결하기 위한 준비 수단

일반적으로 기업에서 문제가 발생할 때마다 도메인 전문가, 데이터 전문가, IT 전문가가 모여 도메인과 데이터에 대한 지식을 공유하고 관련 데이터를 분석해 문제를 해결하려고 합니다. 이 과정에서 많은 회의와 논의가 필요하며 시간 제약이 있는 경우 혼란이 가중될 수 있습니다.

만약 문제의 원인이 될 수 있는 다양한 요인object과 관계relation를 미리 정의해 놓고, 사람이나 컴퓨터가 이해하기 쉬운 구조로 데이터가 준비되어 있다면 문제 해결을 위한 분석이 보다 신속하게 이뤄질 것입니다. 자전거 대여소의 자전거 잔여 대수에 영향을 주는 요인을 미리 파악해 놓으면 각 요인 간의 상관관계 분석만으로도 인과관계 규명에 큰 도움이 되는 것처럼 말입니다.

이처럼 현실 세계를 개체(요인), 속성, 관계로 표현하고 이를 구조화해 인간과 컴퓨터가 모두 이해할 수 있도록 만든 의미론적 계층 구조를 '온톨로지^{ontology}'라고 합니다. 온톨로지는 다양한 개체를 하나의 언어로 연결하는 '개념 지도'입니다. 마치 지하철 노선도를 통해 복잡한 도시 구조를 한눈에 파악할 수 있듯, 온톨로지는 데이터를 연결해 조직의 다양한 구성 요소 간의 관계와 흐름을 시각적으로 명확하게 보여줍니다.

결과적으로 조직의 커뮤니케이션 효율성이 높아지고, 부서 간 업무 이해도 역시 한층 높아집니다.

오케스트레이션을 통한 기업의 데이터 기반 의사 결정 체계 진화

오케스트레이션의 개념을 이해하기 위해 퍼플렉시티^{Perplexity}의 사례를 살펴보겠습니다. 퍼플렉시티는 'AI 답변 엔진'이라는 새로운 방식을 통해, 단순히 결과 링크를 나열하는 기존 검색 엔진과 달리 질문을 이해하고 신뢰도 높은 콘텐츠를 요약해 직접 제공합니다. 검색 요청부터 콘텐츠 필터링, 정렬, 요약까지 LLM을 통합해 처리함으로써 사용자가 원하는 정보를 보다 빠르고 정확하게 얻을 수 있습니다.

이처럼 퍼플렉시티는 LLM과 검색 기술을 유기적으로 조율하는 '정보 오케스트레이터'로 기능합니다. 기업도 마찬가지로 다양한 도메인 지식, 분석 도구, LLM 등을 보유하고 있지만 이를 효과적으로 통합해 의사 결정에 활용하는 일은 여전히 어렵습니다.

하지만 최근 E2E 데이터 플랫폼이나 디지털 트윈 같은 기술의 발전으로, 분산된 데이터를 유기적으로 연결해 실무에 적용하는 사례가 늘고 있습니다. 핵심은 단순한 데이터 운영을 넘어, 이를 조율해 빠른 문제 진단과 예측 기반 전략 수립이 가능한 의사 결정 체계로 발전시키는 것입니다.

데이터 활용 전략에서 오케스트레이션의 중요성

데이터 활용 측면에서 오케스트레이션이란 다양한 데이터 소스, 처리 시스템, 분석 도구, 사용자 인터페이스를 통합해 데이터의 흐름을 자동화하고 최적화하는 전략적 접근입니다. 이를 통해 조직은 보다 빠르고 정확한 데이터 기반의 의사 결정을 내릴 수 있습니다.

첫째, 데이터 흐름을 일관되게 관리할 수 있습니다.

ERP, SCM, CRM 등 다양한 시스템에서 수집된 데이터를 표준화하고, 분석 및 시각화까지 자동화해 데이터의 정확성과 일관성을 확보합니다.

둘째, IT 인프라의 효율적인 자원 배분이 가능합니다.

서버, 네트워크, 스토리지 등 각 단계에 필요한 리소스를 최적화해 시스템 전체 성능을 향상시킵니다.

셋째, 운영 시스템과 분석 시스템 간의 신속한 데이터 동기화를 실현합니다.

예를 들어 ERP 등에서 변경된 데이터가 디지털 트윈 등 분석 시스템에 빠르게 반영되면 환경 변화에 대한 대응 속도와 정확도가 높아집니다.

결과적으로 오케스트레이션은 복잡한 데이터 환경을 효율적으로 통제하고, 반복적이고 수동적인 작업을 줄여 의사 결정의 효율성과 신뢰성을 높입니다. 새로운 기술을 개발하는 것도 중요하지만, 기존 기술을 얼마나 잘 연결하고 조율하느냐도 데이터 전략의 성패를 좌우합니다.

기업의 데이터 기반 의사 결정 체계 구축 전략

많은 기업이 데이터 기반 의사 결정 체계를 구축하기 위해 시간과 비용을 투자하지만 현실적으로 이 체계가 정착되지 못하는 이유는 단순한 업무 우선순위 충돌을 넘어 다양한 내재적 장벽이 존재하기 때문입니다.

사업 과정에서 발생한 결과를 체계적으로 기록·관리하는 일은 필수적이며, 이는 정형화된 DBMS[02] 형태로 시스템뿐 아니라 개인 기록이나 기억에 의존할 수도 있습니다. 중요한 것은 문제가 발생했을 때 보관된 데이터의 의미를 정확히 이해하고, 그 안에서 인과관계를 파악해 문제의 본질을 이해해야 합니다. 이 과정에서 반드시 고려해야 할 점들이 있습니다.

첫째, 문제의 본질을 파악하고 있는가?

문제의 증상만 쫓다 보면 본질을 놓칠 수 있습니다. 한 소비재 기업은 배송 지연의 원인을 물류로 판단했지만 실상은 실시간 재고 정보 미비로 인한 주문 오류였습니다. 문제를 해결하려면 현상의 이면에 있는 구조적 원인을 파악해야 합니다.

소비재 제조업체 A의 상품 배송 지연 문제 해결 과정

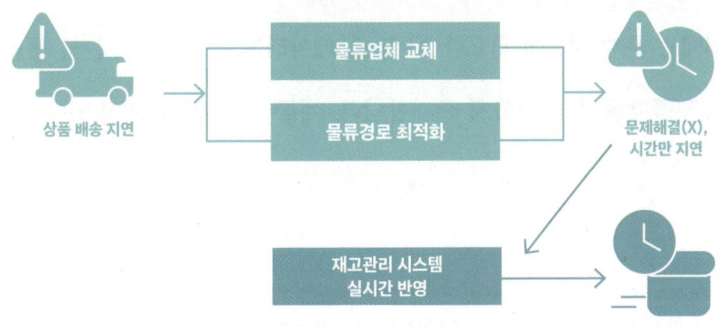

---

02   Data Base Management System. 데이터를 체계적으로 저장해 필요할 때 쉽게 찾을 수 있게 지원해 주는 시스템.

둘째, 문제 해결에 사용하는 분석 도구는 적절한가?

AI나 머신 러닝이 없어도, 단순한 스프레드시트 함수나 SQL[03]만으로도 많은 문제를 해결할 수 있습니다. 예를 들어 대규모 데이터에서 오류를 찾기 어렵더라도 유사한 고객 불만 사례를 추출해 원인을 좁혀 나갈 수 있습니다.

또한 분석 도구에 대한 접근성을 높이려는 노력도 중요합니다. 많은 기업이 데이터 사이언티스트data scientist를 양성하지만 그들이 도메인 업무를 이해하고 분석 성과를 내기까지는 시간이 오래 걸립니다. 최근에는 E2E 데이터 플랫폼[04] 제공 기업들이 도메인 전문가가 직접 데이터를 분석할 수 있도록 지원하는 CDSCitizen Data Scientist 개념을 적용하고 있습니다. 데이터 전문가가 아니더라도 도메인 지식만 있다면 원하는 데이터에 접근해 데이터를 추출하고 분석도 할 수 있도록 발전해 나가는 것이 바람직한 변화라고 생각합니다.

셋째, 참고할 만한 기술·이론을 잘 찾아서 활용하고 있는가?

퍼플렉시티는 자체 기술 없이도 기존 검색엔진과 LLM을 효과적으로 조합해 답변 엔진이라는 새로운 시장을 개척했고, 창업 3년 만에 기업 가치를 36배 끌어올렸습니다.

해외에는 문제 해결에 필요한 AI 모델, 데이터셋, 소스 코드, 논문 등을 공유하는 오픈 플랫폼이 다양하게 존재합니다. 예를 들어 허깅 페이스Hugging Face는

---

03   SQL(Standard Query Language). 관계형 데이터베이스를 관리하고 조작하기 위한 표준 언어로 데이터베이스에서 데이터를 쉽게 추가, 삭제, 수정, 조회할 수 있도록 만든 일종의 명령어.

04   E2E 데이터 플랫폼(End to End Data Platform). 현업 부서 담당자가 데이터 전문가 도움 없이도 데이터 분석 전 과정(데이터 수집 → 전처리 → 분석 → 결과 도출 → 업무 적용 → 결과 확인)을 GUI 환경에서 쉽게 처리할 수 있도록 구현.

NLP[05] 나 AI 관련 문제 해결, 깃허브GitHub는 소프트웨어 개발 및 협업, 아카이브 arXiv는 물리학·수학·컴퓨터 과학 등 다양한 과학 분야의 연구 논문을 무료로 제공합니다.

이제는 문제의 성격에 맞춰 적절한 플랫폼을 활용해 기존 자료를 참고하고 이를 우리 상황에 맞게 조정·적용하는 전략적 접근이 필요합니다.

넷째, 부서 간 데이터 사일로data silo는 없는가?

'데이터 사일로'란 부서별로 데이터를 따로 관리해 다른 부서가 접근하기 어렵고, 공유나 해석이 어려운 상태를 말합니다. 이는 기업 내 다양한 시스템(ERP, CRM 등)이 서로 다르고 데이터 포맷이나 기준이 일관되지 않아 발생합니다. 이렇게 정보가 단절되면 부서 간 협업이 어렵고 문제의 정확한 원인 파악도 힘들어집니다. 재고 데이터가 정확하지 않아 배송 지연이 발생했는데, 물류 부서는 이 정보를 공유받지 못해 배송 경로 문제로 오인한 사례처럼, 데이터 사일로는 조직 내 오해와 비효율을 초래합니다.

게다가 보안을 이유로 협업에 필요한 데이터까지 제한하면 데이터의 활용 가치가 떨어집니다. 따라서 민감 정보는 보호하되, 문제 해결과 협업에 필요한 데이터는 유연하게 공유할 수 있도록 정교한 데이터 거버넌스 전략이 필요합니다. 데이터 기반 의사 결정 체계의 정착을 위해선 이런 구조적 장벽부터 점검해야 합니다.

'상관관계는 인과관계를 의미하지 않는다'는 통계학의 기본 원칙은 문제 해결 과정에서도 중요합니다. 단순히 함께 움직이는 데이터를 원인으로 단정짓지 말고, 본질적인 인과관계를 분석해야 합니다. 이를 위해 기존의 해결 사례를 참고하고

---

05   Natural Language Processing. 자연어 처리로 컴퓨터가 인간의 언어를 이해하고 해석하며 생성할 수 있도록 돕는 인공지능의 한 분야.

적절한 도구를 활용하면 누구나 데이터 기반 의사 결정을 효율적으로 수행할 수 있습니다.

또한 기업이 보안을 이유로 데이터 공유를 제한하다 보면 오히려 데이터 사일로 문제가 심화됩니다. 하지만 정보 보호 목적이 단순한 차단이 아니라 효율적 활용임을 인식한다면 협업에 꼭 필요한 데이터는 보다 유연하게 공유될 수 있습니다. 나아가 도메인 전문가가 데이터 전문가의 도움 없이도 데이터를 손쉽게 분석할 수 있다면 문제 해결 속도와 정확도는 크게 높아질 것입니다.

CHAPTER 2

AI의 이해

인공지능이 산업 현장과 일상에서 널리 활용되면서, 그 작동 원리와 함께 온톨로지 기반의 접근 방식에 대해 살펴봅니다. 데이터를 어떻게 압축해 나가며 의미 있는 변수를 도출해 내는지에 대한 과정을 공유합니다.

2.1 AI가 작동하는 원리는 무엇일까요?

인간의 뇌와 인공 신경망

우리는 일상생활 곳곳에서 인공지능 기술을 접하며 살고 있습니다. 스마트폰의 음성 비서가 질문에 대답하고, 카메라는 자동으로 얼굴을 인식해 초점을 맞춥니다. 이러한 기능은 모두 인공지능의 발전이 가져온 실질적 성과입니다. 인공지능은 인간처럼 사고하고 행동할 수 있도록 설계된 시스템으로 언어 이해, 시각 인식, 판단, 문제 해결 등 다양한 지적 활동을 자동화하고 있습니다.

AI는 그 능력에 따라 약한 AI와 강한 AI로 나뉩니다. 약한 AI는 특정 작업에 특화된 기술로, 현재 상용화된 대부분의 인공지능이 여기에 속합니다. 반면 강한 AI는 인간 수준의 사고, 감정, 창의성을 갖춘 시스템으로, 아직은 기술적 한계로 실현되지 않았지만 미래의 목표로 활발히 연구되고 있습니다.

AI의 발전은 룰 베이스 시스템에서 출발해 기계 학습을 거쳐 딥 러닝으로 이어졌습니다. 초기에는 사람이 모든 규칙을 직접 입력해야 했지만, 기계 학습으로 데이터를 통해 스스로 규칙을 찾아내는 방식이 가능해졌습니다. 이후 딥 러닝은 인공 신경망 구조를 활용해 이미지 인식, 자연어 처리 등 기존 기술을 능가하는 성능을 보이며 AI의 대중화를 이끌었습니다.

특히 인공 신경망은 입력층, 은닉층, 출력층으로 구성되어 있으며, 각 노드는 가중치와 활성화 함수를 통해 신호를 처리합니다. 이 구조는 인간의 뇌 속 뉴런과 시냅스의 연결 방식을 모방한 것으로, 입력층은 감각기관으로 들어오는 자극을 받아들이는 역할을 하고, 은닉층은 그 정보를 조합하고 가공하는 역할, 출력층은 최종 판단을 내리는 역할을 합니다. 뇌의 뉴런이 시냅스를 통해 신호를 전달하고 일정 수준 이상의 자극이 올 때 반응하는 것처럼 인공 신경망도 일정한 역치 이상일 때만 활성화되어 다음 층으로 정보를 전달합니다. 이는 생물학적 신경계의 효율성과 선택적 반응 메커니즘을 디지털 구조로 재현한 결과라고 할 수 있습니다. 대표적으로 사용하는 렐루(ReLU) 함수는 입력값이 0보다 작으면 0으로 출력하고, 그 이상은 그대로 통과시켜 생물학적 뉴런의 활성화 원리를 모방합니다. 이러한 방식은 인간의 뇌가 일정 수준 이상의 자극에 반응하는 역치 개념과 유사하며, AI가 불필요한 노이즈를 줄이고 중요한 정보에만 반응하도록 이끌어 줍니다.

인간의 뇌와 AI

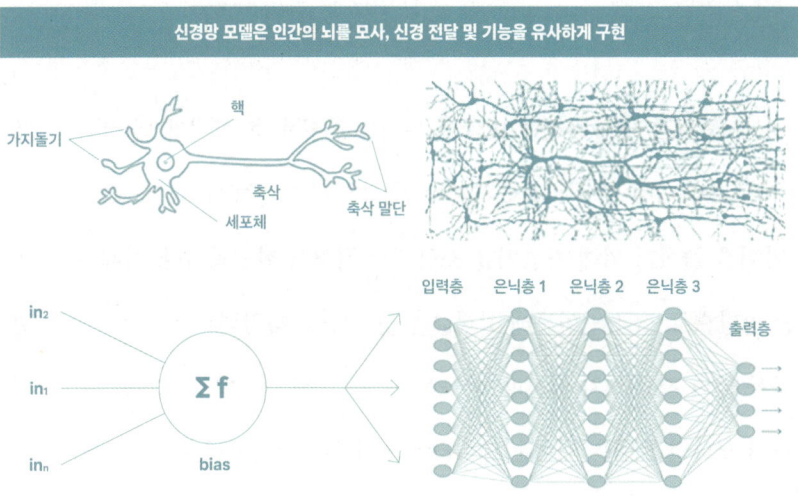

그러나 인간의 뇌와 AI는 본질적인 차이가 있습니다. 인간은 감각, 직관, 경험을 바탕으로 제한된 정보로도 창의적인 판단을 내릴 수 있으며, 종종 한두 번의 경험만으로도 개념을 형성합니다. 반면 인공 신경망은 정확한 판단을 위해 대량의 데이터를 필요로 하며 수천 번의 반복 학습을 거쳐야만 합니다. 또 인간의 사고는 유연하고 상황 맥락에 강하지만, AI는 학습한 데이터의 범위를 벗어나면 적절히 대응하지 못합니다.

인간의 뇌 vs 인공 신경망 비교

항목	인간의 뇌	인공 신경망
기본 단위	뉴런	노드(인공 뉴런)
연결 방식	시냅스를 통한 전기신호	가중치와 활성화 함수
학습 방식	반복된 경험과 자극	데이터 기반 학습 및 역전파
정보 처리	병렬적, 생물학적	병렬적 또는 순차적, 수학적 계산
자극 반응	역치 이상일 때만 반응	렐루 함수 등으로 일정 기준 이하 무시 또는 변형

AI 시스템을 개발하려면 명확한 목표를 설정한 후 양질의 데이터를 수집하고, 이를 전처리해 모델에 학습시켜야 합니다. 이 과정에서 AI는 정답과 예측값의 차이를 줄이기 위해 가중치를 조금씩 조정해서 학습합니다. 이때 오차를 줄이는 방향으로 조금씩 이동해 최적값을 찾는 경사 하강법gradient descent을 사용해 오차를 줄여 가고 오차 역전파backpropagation를 통해 네트워크 전체를 수정합니다. 학습이 끝나면 모델은 새로운 데이터에 얼마나 잘 작동하는지를 평가받고, 필요시 설정을 바꿔 가며 성능을 높입니다. 이후 이 모델은 실제 환경에 투입되어 예측과 판단을 수행하게 됩니다. 이런 반복적이고 계산 중심의 학습 방식은, 적은 경험만으로도 빠르게 배울 수 있는 인간의 직관적인 학습 방식과는 다릅니다. 모델의 성능을 평가할 때는 정확도, 정밀도, 재현율, F1-스코어(정밀도와 재현율을 조화롭게 평가하는 지표) 같은 다양한 지표를 사용합니다.

AI의 학습 방식

AI의 학습 방식은 크게 지도 학습, 비지도 학습, 강화 학습으로 나뉩니다. 지도 학습은 정답이 있는 데이터를 학습하는 방식으로, 새로운 데이터에 대해 분류나 예측을 수행합니다. 예를 들어 과거의 스팸 메일 데이터를 학습한 AI는 새로운 메일이 스팸인지 아닌지를 자동으로 분류할 수 있습니다. 비지도 학습은 정답 없이 데이터의 숨겨진 구조나 패턴을 탐색하는 방식으로, 고객 세분화나 뉴스 기사 클러스터링 등에 활용합니다. 강화 학습은 보상을 기반으로 시행착오를 거쳐 전략을 학습하는 방식으로, 알파고처럼 바둑에서 스스로 전략을 찾아내는 것이나, 자율 주행 시스템의 경로 최적화 등에 사용합니다. 이러한 학습 방식은 모델의 구조와 목표에 따라 선택하며, 데이터의 특성과도 밀접하게 연관되어 있습니다. 특히 이러한 방식이 실제로 잘 작동하려면 고품질의 학습 데이터가 필수입니다. 편향되거나 오류가 많은 데이터를 학습한 모델은 실제 환경에서도 왜곡된 판단을 내릴 수 있기 때문입니다.

단순한 기계 학습 모델은 상대적으로 해석이 쉬워 금융, 의료 등 규제가 엄격한 분야에서 활용하며, 딥 러닝은 복잡하고 비정형적인 데이터를 처리하는 데 적합합니다. 예를 들어 비정형 데이터인 의료 영상이나 손 글씨 이미지, 자연어 텍스트는 고정된 구조나 정해진 형식 없이 다양하게 표현되기 때문에 전통적인 기계 학습으로는 처리하기 어렵습니다. 딥 러닝은 이러한 데이터를 다차원 공간에서 자동으로 특징을 추출하고 패턴을 인식하는 데 뛰어나기 때문에 영상 진단, 자율주행, 음성 인식, 번역 모델 등에 널리 활용합니다. 문제의 특성과 데이터의 성격에 따라 적절한 모델을 선택하고 튜닝하는 것이 AI 개발의 핵심입니다.

AI 모델은 단순히 정해진 규칙만을 따르는 자동화 시스템이 아니라, 데이터를 기반으로 스스로 학습하고 그 결과를 바탕으로 판단과 예측을 하는 능동적인 시스템입니다. AI는 경험을 대체할 수 있는 데이터를 통해 스스로 규칙을 발견하고, 새로운 상황에서도 적용 가능한 지능적 처리를 합니다. AI 모델의 개발은 일반적으로 다음 네 단계로 이뤄집니다.

- 데이터 수집 및 전처리

  AI 모델은 먼저 문제 해결에 필요한 데이터를 모으고, 오류나 결측값을 제거하며, 숫자나 텍스트, 이미지 같은 다양한 형식을 모델이 이해할 수 있는 형태로 변환합니다. 이 과정은 학습의 정확성과 효율성을 좌우하는 필수 단계입니다.

- 모델 학습(Training)

  AI는 정제된 데이터를 활용해 입력과 출력 간의 관계를 학습합니다. 분류나 수치 예측 문제에 따라 적절한 손실 함수를 설정하고, 이를 최소화하기 위해 가중치를 조정합니다. 이때 오차 역전파와 경사 하강법 같은 알고리즘을 사용합니다.

- 모델 평가 및 개선

  학습된 모델은 평가 데이터셋으로 성능을 검증합니다. 정확도, 정밀도, 재현율, F1-스코어 등의 지표를 통해 일반화 능력을 확인하며, 필요시 하이퍼파라미터hyperparameter나 구조를 조정해 성능을 향상시킵니다.

- 모델 적용(Inference)

  성능이 검증된 모델은 실제 서비스에 배치되어 예측과 판단을 수행합니다. 금융, 의료 등 다양한 분야에서 실시간 또는 일괄 처리 방식으로 활용되며, 이 단계에서는 더 이상 학습은 이뤄지지 않습니다.

AI 모델의 작동 원리는 코드 실행 그 자체보다 데이터 기반의 반복 학습과 검증, 적용을 통한 지능적 예측 구조에 있습니다. 이 전체 프로세스를 이해하는 것은 신뢰할 수 있는 AI 시스템을 설계하고 활용하는 데 필수적인 출발점입니다. 결국 AI는 데이터를 통해 세상을 이해하고 예측하고 의사 결정을 내리는 도구로 진화하고 있으며, 이를 위한 기술적 기반은 점차 정교해지고 있습니다.

따라서 인공지능을 잘 활용하려면 기술의 원리를 올바르게 이해하고, 적절한 데이터를 선택해 문제 해결에 적합한 모델을 설계하고 운영할 수 있는 역량이 필요합니다. 대표적인 인공지능 모델을 아래와 같이 정리할 수 있습니다.

인공지능 모델별 특징과 활용 분야

모델 유형	주요 특징	활용 분야
선형 회귀	연속형 수치 예측, 해석 용이	수요 예측, 가격 예측 등
의사 결정 나무	분기 기반 의사 결정, 시각화 용이	신용 평가, 고객 분류 등
SVM	고차원 분류에 능통, 경계 구분 명확	이미지 분류, 문서 분류 등
MLP	가장 기본적인 신경망 구조, 정형 데이터 처리에 적합	간단한 분류 및 예측 과제
CNN	이미지 및 시각 데이터 처리에 특화	얼굴 인식, 자율 주행, 의료 영상 분석 등
RNN/LSTM	시계열 및 순차적 데이터 처리	음성 인식, 텍스트 생성, 기계 번역 등
트랜스포머	병렬 처리 기반의 고성능 NLP 처리 구조	챗봇, 언어모델(GPT, BERT 등)

이러한 모델들은 각기 다른 데이터 특성과 문제에 맞춰 선택되고, AI 시스템의 성능과 활용 범위를 결정짓는 중요한 요소가 됩니다. 특히 최근 주목받는 트랜스포머transformer 모델은 자연어 처리(NLP) 분야에서 성능이 뛰어납니다. 문장 내 단어 간의 관계를 동시에 파악하는 셀프어텐션self-attention 구조를 통해 병렬

처리와 맥락 이해를 모두 가능하게 합니다. BERT, GPT 같은 최신 언어모델을 이 구조를 기반으로 개발해 챗봇, 검색엔진, 자동 번역 등 다양한 분야에서 활용하고 있습니다.

AI는 인간의 사고를 모방하는 데 그치지 않고 점차 인간의 지능을 보완하고 확장하는 방향으로 발전하고 있습니다. 기계 학습과 딥 러닝은 단순한 기술적 분류를 넘어 문제의 복잡도, 데이터의 크기, 해석의 가능성, 자원 제약 등에 따라 선택 기준이 달라집니다. 따라서 AI를 효과적으로 활용하려면 각 알고리즘의 특징과 강점을 정확히 이해해야 합니다. 나아가 문제의 목적에 따라 모델 구조를 변형하거나 알고리즘을 튜닝하는 능력, 즉 모델을 상황에 맞게 조정하고 최적화하는 역량은 실제 AI 시스템 개발의 성패를 가르는 핵심 요소입니다. 단순히 모델을 선택하는 것을 넘어 학습 목적에 맞게 설계하고 개선하는 능력이야말로 인공지능 개발의 본질이라 할 수 있습니다.

2.2 AI 세계에서 온톨로지의 역할은 무엇인가요?

팔란티어와 온톨로지의 접점

주식을 하는 사람이라면 누구나 한 번쯤은 들어 봤을 미국의 데이터 분석 기업 팔란티어Palantir. 최근 주식시장에서 가장 뜨거운 관심을 받고 있습니다. 특히 우크라이나-러시아 전쟁, 이스라엘-이란 분쟁 등에서 드론 중심의 기술 전쟁이 벌어지면서 팔란티어는 국방·안보 분야에서 AI와 온톨로지를 잘 활용해 '숨은 조력자'로 주목받고 있습니다.

AI와 빅데이터 기반 기업으로 알려진 팔란티어의 성공 뒤에는 AI뿐 아니라 온톨로지라는 기술이 자리하고 있습니다. 지난 1년 동안 500% 가까운 놀라운 주가 상승률을 기록한 팔란티어, 그 비약적 성장의 배경이 된 핵심 기술, 온톨로지란 과연 무엇일까요?

온톨로지의 정의

온톨로지는 세상에 존재하는 개념을 컴퓨터가 이해하고 처리할 수 있도록 표현한 데이터 모델입니다. 개념, 개념의 속성, 그리고 이들 간의 관계를 체계적으로 정리하고 구조화해 마치 '데이터·정보·지식의 지도'처럼 작동합니다. 언뜻 비슷해 보이는 '데이터', '정보', '지식'은 엄밀하게 구분됩니다. 데이터는 단순한 사실을 표현한 것이고, 이를 특정 목적에 맞게 분석하고 의미와 맥락을 부여한 것이 정보, 이 정보를 다시 연결·분석해 패턴이나 규칙을 발견하고 일반화한 것이 지식입니다.

온톨로지를 이용하면 데이터를 정보로, 정보를 지식으로 전환해 데이터의 가치를 극대화할 수 있습니다. 즉 온톨로지를 활용하면 보다 정확한 정보를 찾을 수 있고, 논리적 추론reasoning을 통해 명시되지 않은 새로운 지식까지 도출할 수 있습니다.

AI와 온톨로지

팔란티어의 사례처럼 온톨로지를 인공지능과 결합해 활용하면 얻을 수 있는 장점이 많습니다. 이 글에서 온톨로지를 다루게 된 이유도 바로 인공지능과의 접점 때문입니다.

첫째, 자연어 처리(NLP)는 인간과 컴퓨터 간 자연스러운 상호작용을 가능하게 하는 인공지능의 핵심 분야입니다. 여기에 온톨로지를 적용하면 문맥과 맥락을 고려한 의미 기반 정보 검색이 가능해져 AI의 언어 이해 능력이 한층 향상됩니다.

둘째, AI 모델 개발에서 학습 데이터를 얼마나 잘 구축하느냐가 중요합니다. 온톨로지를 활용하면 이미 공유된 지식을 재사용할 수 있어 AI 개발에 드는 시간과 비용을 절감할 수 있습니다. 온톨로지는 도메인 지식을 체계적으로 표현한 것으로, 도메인 전문가의 지식과 경험이 반영되어 있습니다. 예를 들어 팔란티어가 구축한 국방·안보 분야의 온톨로지를 얻는다면 이 분야를 잘 모르는 사람도 드론 타깃 예측 AI 시스템을 빠르게 만들 수 있습니다. 또는 사이버 보안 분야의 온톨로지를 활용하면 창업 초기 솔루션 기업도 보안 위협을 자동으로 탐지하고 대응하는 시스템을 효율적으로 개발할 수 있습니다.

셋째, 온톨로지는 AI 모델의 성능 향상에도 기여합니다. 온톨로지 데이터에 담긴 설명을 기반으로 모델 성능에 영향을 끼치는 학습 데이터 변수를 추출할 수 있습니다. 또한 검증된 설명 변수만 선별해 구축한 온톨로지를 재사용하면 보다 관련성 높은 지식 기반 데이터로 학습이 가능해져 모델 성능을 향상시킬 수 있습니다.

넷째, 온톨로지는 AI 시스템에 도메인 지식 기반의 논리적 추론 능력을 더할 수 있습니다. 또한 설명 가능성explainability을 바탕으로 AI가 도출한 예측 결과의 타당성을 검증할 수 있습니다. AI 모델이 예측한 결과와 온톨로지 기반의 추론 결과를 비교함으로써 결과를 보완할 수 있습니다.

온톨로지 응용(기술) 분야

온톨로지와 AI가 결합할 때 강력한 인공지능 시스템을 구축할 수 있습니다. 그렇다면 온톨로지가 실제로 어떤 기술 분야에서 활용되고 있으며, 앞으로 어떤 영역으로 확장될 수 있을지 인공지능 중심의 기술 분야를 중심으로 살펴보겠습니다.

온톨로지 응용 분야(기술 분야 중심으로)

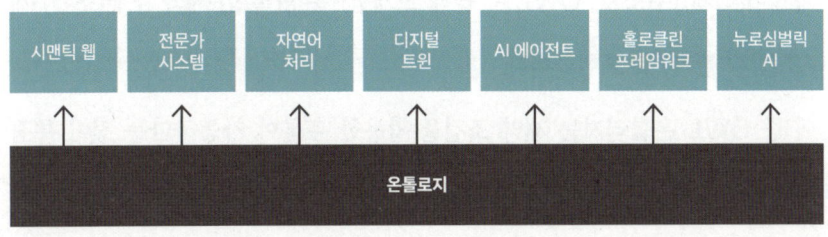

모든 응용 기술은 그 목적에 따라 온톨로지를 필요로 하며, 공통적으로는 온톨로지가 제공하는 데이터, 정보, 지식 수준이 해당 응용 기술의 수준을 결정합니다.

예를 들어 '시맨틱 웹'에서는 웹 데이터를 표준화된 형태로 표현해 상호 운영성을 확보할 수 있고, '전문가 시스템'에서는 특정 분야의 전문 지식을 제공할 수 있습니다. '자연어 처리' 분야에서는 자연어의 모호성을 해소하고 풍부한 배경지식과 추론 능력을 더할 수 있습니다. '디지털 트윈' 분야에서는 현실 세계를 가상 공간에 복제해 예측과 시뮬레이션을 가능하게 하며 'AI 에이전트'는 복잡한 환경에서도 자율적으로 문제를 해결하고 지능적 의사 결정을 내릴 수 있습니다.

또 '홀로클린^{HoloClean} 프레임워크'에서는 데이터의 의미를 정의해 오류 탐지와 정제 작업을 수행할 수 있습니다. 그리고 '뉴로심벌릭^{NeuroSymbolic} AI⁰²' 분야에서는 온톨로지를 지식 기반으로 활용해 강력한 추론 및 학습 능력을 확보할 수 있습니다.

온톨로지의 구성

온톨로지는 컴퓨터가 이해하고 처리할 수 있도록 만든 데이터 표현 방식입니다. 이를 구현하기 위해 주로 RDF^{Resource Description Framework}와 OWL^{Web Ontology Language}이라는 표준 언어로 작성합니다. RDF는 데이터를 '주어(주체)-서술어(관계)-목적어(객체) 구조'로, OWL는 '클래스(개념)-속성(특성)-제약 조건(조건)-계층 구조(상속 관계)'로 표현합니다.

이 중 OWL 온톨리지는 제약 조건을 활용한 추론이 가능하다는 점이 특징입니다. 예를 들어 '현금 인출 거래'의 경우, 이 거래에는 사용자, 금액, 거래 시간 등의 속성이 있습니다. 또한 사용자는 거래 시간 간격이라는 속성도 가질 수 있습니다. 거래는 정상 거래와 비정상 거래로 구분할 수 있습니다. 이때 거래 시간 간격의 최솟값과 거래 금액의 최댓값을 제약 조건으로 설정하면 거래 시간 간격이 60초 미만, 인출 금액이 100억 원을 초과하는 경우, 거래는 자동으로 두 번의 비정상 거래라고 판단될 수 있습니다.

---

01   홀로클린 프레임워크는 인공지능(머신 러닝)을 활용해 대규모 데이터셋의 복잡한 오류를 자동 탐지.

02   뉴로심벌릭 AI는 학습과 추론 능력 향상을 위해 인공 신경망의 패턴 인식의 강점과 논리적 추론 능력을 효율적으로 처리할 수 있는 상징을 결합한 시스템.

온톨로지 샘플

```
<rdf:RDF
xmlns:rdf="http://www.w3.org/1999/02/22-rdf-syntax-ns#"
xmlns:owl="http://www.w3.org/2002/07/owl#"
xmlns:rdfs="http://www.w3.org/2000/01/rdf-schema#"
xmlns:transaction="http://example.org/transaction#">

<owl:Ontology rdf:about="http://example.org/transaction"/>

<owl:Class rdf:about="http://example.org/transaction#User">
 <rdfs:subClassOf rdf:resource="http://www.w3.org/2002/07/owl#Thing"/>
 <rdfs:label>사용자</rdfs:label>
</owl:Class>

<owl:Class rdf:about="http://example.org/transaction#Transaction">
 <rdfs:subClassOf rdf:resource="http://www.w3.org/2002/07/owl#Thing"/>
 <rdfs:label>거래</rdfs:label>
</owl:Class>

<owl:Class rdf:about="http://example.org/transaction#NormalTransaction">
 <rdfs:subClassOf rdf:resource="http://example.org/transaction#Transaction"/>
 <rdfs:label>정상 거래</rdfs:label>
</owl:Class>

<owl:Class rdf:about="http://example.org/transaction#SuspiciousTransaction">
 <rdfs:subClassOf rdf:resource="http://example.org/transaction#Transaction"/>
 <rdfs:label>의심스러운 거래</rdfs:label>
</owl:Class>

<owl:ObjectProperty rdf:about="http://example.org/transaction#hasUser">
 <rdfs:domain rdf:resource="http://example.org/transaction#Transaction"/>
 <rdfs:range rdf:resource="http://example.org/transaction#User"/>
 <rdfs:label>거래 사용자</rdfs:label>
</owl:ObjectProperty>

<owl:DatatypeProperty rdf:about="http://example.org/transaction#amount">
 <rdfs:domain rdf:resource="http://example.org/transaction#Transaction"/>
 <rdfs:range rdf:resource="http://www.w3.org/2001/XMLSchema#decimal"/>
 <rdfs:label>거래 금액</rdfs:label>
</owl:DatatypeProperty>

<owl:DatatypeProperty rdf:about="http://example.org/transaction#time">
 <rdfs:domain rdf:resource="http://example.org/transaction#Transaction"/>
 <rdfs:range rdf:resource="http://www.w3.org/2001/XMLSchema#dateTime"/>
 <rdfs:label>거래 시간</rdfs:label>
</owl:DatatypeProperty>

<owl:DatatypeProperty rdf:about="http://example.org/transaction#timeInterval">
 <rdfs:domain rdf:resource="http://example.org/transaction#User"/>
 <rdfs:range rdf:resource="http://www.w3.org/2001/XMLSchema#integer"/>
 <rdfs:label>거래 시간 간격(초)</rdfs:label>
</owl:DatatypeProperty>
```

```
<owl:Restriction>
 <owl:onProperty rdf:resource="http://example.org/transaction#amount"/>
 <owl:maxInclusive rdf:datatype="http://www.w3.org/2001/
XMLSchema#decimal">10000000.0</owl:maxInclusive>
</owl:Restriction>
<owl:Restriction>
 <owl:onProperty rdf:resource="http://example.org/transaction#timeInterval"/>
 <owl:minInclusive rdf:datatype="http://www.w3.org/2001/
XMLSchema#integer">60</owl:minInclusive>
</owl:Restriction>
<transaction:NormalTransaction rdf:about="http://example.org/
transaction#Transaction1">

 <rdfs:label>정상 거래 1</rdfs:label>
 <transaction:hasUser rdf:resource="http://example.org/transaction#User1"/>
 <transaction:amount rdf:datatype="http://www.w3.org/2001/
XMLSchema#decimal">1000000.0</transaction:amount>
 <transaction:time rdf:datatype="http://www.w3.org/2001/
XMLSchema#dateTime">2025-10-27T10:00:00</transaction:time>
</transaction:NormalTransaction>

<transaction:SuspiciousTransaction rdf:about="http://example.org/
transaction#Transaction2">
 <rdfs:label>비정상 거래 2</rdfs:label>
 <transaction:hasUser rdf:resource="http://example.org/transaction#User2"/>
 <transaction:amount rdf:datatype="http://www.w3.org/2001/
XMLSchema#decimal">11000000.0</transaction:amount>
 <transaction:time rdf:datatype="http://www.w3.org/2001/
XMLSchema#dateTime">2025-10-27T10:01:00</transaction:time>
</transaction:SuspiciousTransaction>

<transaction:User rdf:about="http://example.org/transaction#User1">
 <rdfs:label>정상거래자(신정원)</rdfs:label>
 <transaction:timeInterval rdf:datatype="http://www.w3.org/2001/
XMLSchema#integer">120</transaction:timeInterval>
</transaction:User>

<transaction:User rdf:about="http://example.org/transaction#User2">
 <rdfs:label>의심스러운 거래자(신ㅇㅇ)</rdfs:label>
 <transaction:timeInterval rdf:datatype="http://www.w3.org/2001/
XMLSchema#integer">30</transaction:timeInterval>
</transaction:User>
```

AI 성공의 열쇠, 온톨로지

온톨로지는 단순한 데이터를 넘어 개념과 관계를 구조화하고 의미를 부여하는 데이터 모델입니다. 정보를 구조화하고 지식을 논리적으로 표현하기 때문에 데이터의 가치를 한층 더 높여 줍니다. 특히 인공지능 시스템에 온톨로지를 결합하면 더욱 강력한 인공지능 시스템을 구축할 수 있습니다. AI 지능 향상, 개발 시간과 비용 절감, 예측 성능 향상, 논리적 추론 능력 제고 등이 가능합니다.

인공지능 시스템은 크게 컴퓨팅 인프라, 데이터, 모델(알고리즘) 세 축으로 구성됩니다. 이 중 GPU를 비롯한 인프라는 크게 발전했고, 다양한 분야에서 AI 모델도 개발하고 있습니다. 인프라와 알고리즘은 상황에 맞춰 가장 우수한 기술을 선택해 사용할 수 있지만, 데이터는 아직 그렇지 못합니다. 목적에 맞게 바로 사용할 수 있는 고품질의 공유 지식 데이터가 많지 않기 때문입니다.

결국 거의 모든 산업에서 AI가 핵심 성공 요인이라면, 그 AI를 가능하게 하는 핵심 성공 요인은 바로 온톨로지입니다.

2.3 AI 에이전트는 무슨 일을 할까요?

AI 에이전트^{AI Agent} 시대로 접어들고 있습니다. 기존 AI가 질의응답 중심의 반응형 시스템이었다면 AI 에이전트는 자율적 판단과 실행 능력을 갖춘 능동형 시스템입니다. AI 가치 사슬이 모델 성능 중심에서 연결성과 실행력 중심으로 재편되면서 정보 제공에서 업무 자동화로의 패러다임 전환이 가속화되고 있습니다.

AI 에이전트와 전통적인 AI와의 차이점

AI 에이전트로의 진화는 단순한 기능 확장이 아닙니다. 의사 결정 프로세스에서 발생하는 시간과 비용의 비효율성을 근본적으로 제거합니다. 전통적 AI가 정보 제공 후 인간의 판단과 별도 실행을 요구했다면 AI 에이전트는 정보 분석부터 자동 실행까지 일관된 프로세스로 처리합니다.

이런 변화는 우연이 아닙니다. 2022~2024년은 누가 더 정확한 답을 내느냐가 핵심인 'AI 모델 성능 경쟁' 시대였습니다. 하지만 2025년부터는 '연결성과 실행력 경쟁' 시대입니다. 여기서 중요한 깨달음은 아무리 똑똑한 AI라도 행동으로 옮기지 못하면 실질적인 도움이 되지 않는다는 것입니다. 실제 문제 해결과 결과 달성이 새로운 가치 기준이 되었습니다.

이런 변화 뒤에는 흥미로운 AI 비용 구조의 역설이 존재합니다. AI를 만들기 위한 '훈련 비용'은 급증하고 있지만 AI가 답을 도출하는 '추론 비용'은 급락하고 있다는 점입니다. 한 보고서에 따르면 2024년 1억 달러였던 거대 언어 모델 훈련 비용이 2025년에는 100억 달러까지 치솟을 것으로 전망됩니다.[03] 이는 소수 기업의 독점을 초래하게 됩니다. 반면 토큰당 추론 비용은 최근 2년 사이 99.7% 나 하락하면서 AI 산업의 대중화와 활용의 확산을 이끌고 있습니다. 결국 누구나 AI를 사용할 수 있지만 어떻게 사용하느냐가 더 중요해진 것입니다.

AI 가치 사슬의 변화

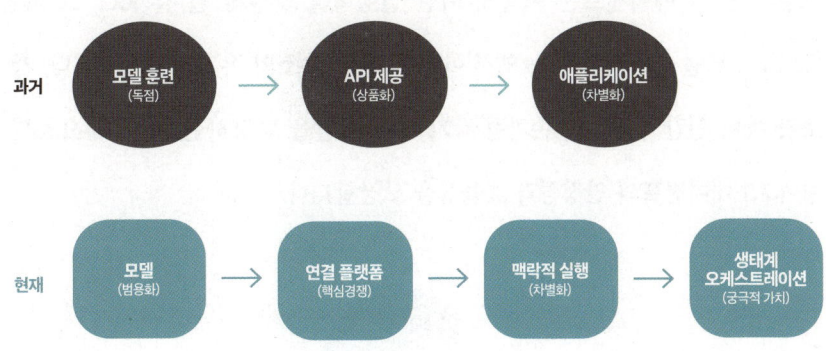

AI 비용 구조의 변화는 AI 가치 사슬도 완전히 바꿔 놓았습니다. 과거에는 더 좋은 모델을 만드는 것이 핵심이었다면 이제는 모델 자체는 범용화되었고, 어떻게 연결하고 실행하는지에 승부가 달렸습니다. 세일즈포스Salesforce가 대표적인 예로, 자체 AI 모델이 오픈AI나 구글보다 뛰어나지는 않습니다. 하지만 수많은 기업 시스템과 연결되어 실제 업무를 처리할 수 있는 에이전트포스Agentforce를 통해 AI 에이전트 시장에서 선두를 달리고 있습니다.

---

03   BOND, Trends – Artificial Intelligence, 2025

이제 AI의 경쟁력은 '얼마나 유능한가'가 아니라 '얼마나 유용한가'에 달렸습니다. 다양한 서비스와 연결되어 실제 가치를 창출할 수 있는 능력, 연결성과 실행력으로 생태계를 오케스트레이션orchestration하고, 이용자가 원하는 결과를 신속 정확하게 실현해 내는 역량, 바로 이것이 AI 에이전트의 궁극적인 경쟁력입니다.

AI 에이전트의 구성

그렇다면 AI 에이전트는 어떻게 이런 실행력을 갖추게 된 걸까요? 그 비밀은 'LLM – 모델 – 딜리버리 & 액션'이라는 구성 요소의 유기적 협업입니다. 각 요소가 마치 인간의 뇌, 몸, 손처럼 각기 다른 역할을 담당하는데 이 세 요소의 균형이 AI 에이전트의 안정성과 효율성을 보장합니다.

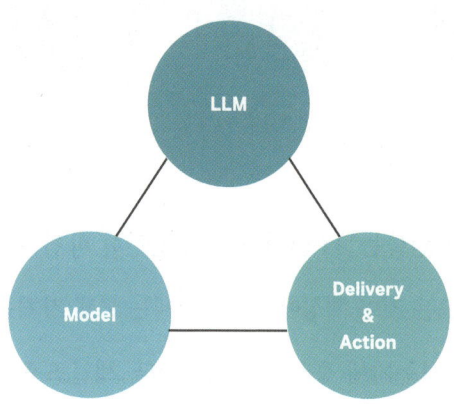

또한 각 요소의 독립적 성능보다 통합될 때의 시너지가 전체 효율성을 좌우한다는 사실입니다. 이를 수식으로 표현하면 다음과 같습니다.

$$Decision\_Quality = f(LLM\_Understanding \times Model\_Expertise \times execution\_Capability)$$

- **LLM**Large Language Model

의사 결정 의도를 해석하는 LLM(대규모 언어 모델)은 AI 에이전트의 두뇌 역할과 동시에 사람과 AI 모델을 잇는 인터페이스 역할을 합니다. 비정형 업무 요청을 구조화된 실행 계획으로 변환하는데, 분기 실적 분석 보고서 작성 요청을 받으면 우선 데이터 수집 범위를 결정하고 분석 프레임워크를 선택합니다. 이어서 보고서 형식을 결정하고 배포 대상을 식별합니다. 하지만 LLM만으로는 전문적 판단을 내리기 어렵습니다. 일반적인 언어 이해는 뛰어나지만 특정 도메인의 깊이 있는 지식이나 실시간 데이터 처리에는 한계가 있는데, 이때 전문화된 모델이 필요합니다.

- **모델**model

도메인 전문성을 제공하는 특화된 모델들이 각 영역별 의사 결정을 지원합니다. 재무 모델은 순 현재 가치(NPV Net Present Value)와 내부 수익률(IRR Internal Rate of Return) 계산을 통해 투자 의사 결정을 돕습니다. 리스크 모델은 위험 가치(VaR Value at Risk)와 스트레스 테스트를 수행하고, 운영 모델은 공급망 최적화와 재고 관리를 담당합니다. 모델은 특정 분야의 전문성을 담당하는데, 의료 모델은 증상을 분석하고 진단을 지원합니다. 각 모델은 수년간 축적된 해당 분야의 데이터와 경험을 학습해 숙련된 직원만큼 전문적 판단을 내릴 수 있습니다.

- **딜리버리 & 액션**delivery & action

실행 자동화는 AI 에이전트를 진정한 에이전트로 만드는 핵심 요소입니다.

LLM의 판단과 모델의 전문 지식을 실제 행동으로 옮깁니다. API를 통해 ERP 시스템에서 데이터를 추출하고, 보고서를 자동 생성해 배포하고, 승인 워크플로우를 실행합니다.

세 요소의 시너지가 발휘될 때 AI 에이전트의 진정한 가치가 드러납니다. 각각 따로 존재한다면 단순한 도구에 불과하지만, 유기적으로 연결되면 숙련된 개인 비서 같은 능력을 발휘합니다. 더 중요한 것은 이 세 요소가 지속적으로 학습하고 발전한다는 점입니다. 사용자의 피드백을 통해 LLM은 더 정확한 이해력을 갖추게 되고, 모델은 더 정교한 전문성을 축적하며, 딜리버리 & 액션은 더 효율적인 실행 방법을 찾아갑니다.

- **멀티 에이전트 시스템** multi agent system

복합적 의사 결정은 다중 에이전트 협업으로 처리됩니다. 예를 들어 신제품을 출시할 때 실행하는 의사 결정은 우선 마케팅 에이전트가 시장 분석과 포지셔닝을 담당하고, 재무 에이전트가 손익 시뮬레이션을 수행하며, 운영 에이전트가 생산 계획을 수립합니다. 리스크 에이전트가 위험 요소를 평가한 후 코디네이터 에이전트가 이러한 결과를 종합해 최종 의사 결정을 도출합니다. 이는 마치 실제 기업의 프로젝트 팀처럼 작동합니다. 각자의 전문성을 발휘하면서도 공통의 목표를 향해 협력하는 선순환 구조가 AI 에이전트를 점점 더 유능한 동반자로 거듭나게 합니다.

AI 에이전트 확산의 영향

AI 에이전트는 조직 운영 방식의 근본적 변화를 가져올 것입니다. 중간 관리층은 정보 전달자에서 전략적 의사 결정자로 역할이 변화하고, 실무진은 단순 작업에서 창의적 문제 해결로 업무가 고도화됩니다. 의사 결정 프로세스는 계층적 승인에서 실시간 자동화로 전환될 것입니다. 구체적으로 공급망 관리에서 원자재 가격 상승 시 대체 공급 업체를 자동 발굴하고 계약 조건을 협상하며 조달 계획을 수정합니다. 고객 관리에서는 이탈 징후를 분석하고 맞춤형 유지 캠페인을 실행하며 효과를 측정합니다. 재무 관리에서는 잉여 자금을 감지하고 수익률을 분석해 단기 투자 상품의 매수와 매도를 자동 실행합니다.

우리의 일상생활에도 변화가 찾아옵니다. 쇼핑 영역에서는 완전 자동화된 상거래가 실현됩니다. "겨울옷 필요해"라는 한마디로 AI 에이전트가 사용자의 선호도, 예산, 필요 시기를 고려해 최적의 상품을 찾고 주문을 완료합니다. 이를 에이전틱 커머스agentic commerce라고 합니다. 마스터카드의 에이전트 페이agent pay가 대표적인 사례인데, 이러한 에이전틱 커머스 기반의 자율 쇼핑 시장이 2025년에 이미 1,360억 달러 규모에 달할 것으로 예상됩니다.

금융 서비스는 초개인화된 자동 관리 시스템으로 편익을 제공할 것입니다. 월급이 입금되면 AI 에이전트가 시장 상황을 고려해 생활비, 저축, 투자 비율을 최적화해 자동 배분합니다. 투자 위험이 감지되면 실시간으로 포트폴리오를 조정하고 세금 절약 방안까지 자동 실행합니다. 로보 어드바이저가 이미 200억 달러 이상의 자산을 관리하며 이러한 변화를 선도하고 있습니다. 이런 변화가 가져올 핵심 키워드는 자율성, 개인화, 효율성입니다.

자율성의 확산

AI 에이전트는 사용자의 개입 없이도 복잡한 작업을 완수합니다. 이는 인간이 더 창의적이고 전략적인 업무에 집중할 수 있게 해 줍니다. 단순 반복 업무는 AI가 담당하고, 인간은 의사 결정과 관계 구축에 집중하는 새로운 분업 구조가 만들어집니다.

초개인화 서비스

개인의 선호도, 행동 패턴, 상황을 실시간으로 학습해 맞춤형 서비스를 제공합니다. 획일화된 서비스에서 벗어나 개인 맞춤형 경험이 표준이 되는 시대가 옵니다.

극한 효율성 추구

AI 에이전트는 24시간 작동하며 동시에 여러 작업을 처리합니다. 이로 인해 업무 처리 속도가 기하급수적으로 향상되고 비용은 대폭 절감됩니다. 하지만 이는 동시에 새로운 디지털 격차를 만들 수 있어 AI 에이전트 활용 능력이 개인과 기업의 경쟁력을 좌우하게 될 것입니다.

2.4 AI 시대, 데이터는 어떻게 보호해야 할까요?

해킹과 정보 유출 사고가 이어지면서 AI 전환에 대한 불안도 함께 커지고 있습니다. 흥미로운 점은 이러한 사고는 종종 새로운 기술을 도입하거나 업무 방식을 개선하는 과도기에 발생한다는 것입니다. 익숙한 프로세스가 해체되고 새로운 워크플로우가 자리 잡는 순간, 간과했던 정보 보호의 '약한 연결 고리'가 드러납니다. 최근 금융회사의 AI 전환이 본격화되면서 "프로세스 변화는 정보 보호의 빈틈을 만든다"라는 명제를 진지하게 받아들여야 할 때가 온 것입니다.

AI가 재편하는 금융의 변화

AI는 금융 업무의 풍경을 빠르게 재편하고 있습니다. 이제 고객 응대의 최전선은 AI가 고객 요청을 1차로 분석하고 단순 업무를 처리하며, 복잡한 상담만 직원에게 연결하는 방식이 표준처럼 자리 잡고 있습니다. 최근에는 일부 창구 업무를 AI로 대체하는 가상 영업점까지 출현하고 있습니다. AI 기반 이상 거래 탐지 시스템(FDS)은 수많은 거래 패턴을 실시간으로 학습하며 정교하게 금융 사기를 예측하고, 마스터카드나 비자 같은 글로벌 카드 회사는 AI 에이전트가 결제를 자동으로 대행해 주는 에이전틱 커머스 도입에 박차를 가하고 있습니다. 국내 보험회사들도 보험금 지급 업무는 물론, 고객의 건강 상태나 위험 요인을 평가해 가입 가능 여부와 보험료를 결정하는 언더라이팅underwriting 과정까지 AI가 맡으며, 전반적인 업무 프로세스가 빠르고 효율적으로 바뀌고 있습니다.

새로운 기술로의 전환은 업무 프로세스의 변화와 불가분의 관계에 있습니다.

AI가 기존 직원의 역할을 대행하게 되면 여러 단계의 절차가 하나로 압축되고, 레거시 시스템과 최신 AI 플랫폼을 연동하는 작업은 단순한 기술 접목을 넘어 전체 프로세스의 재설계로 이어집니다. 익숙했던 업무 프로세스가 해체되고 그 자리에 새로운 연결 고리가 형성되는 전환의 순간에 예상치 못한 정보 보호의 빈틈이 생겨나게 됩니다.

변화의 급소: 프로세스 변경 시 드러나는 취약점

그렇다면 업무 프로세스가 바뀌는 시점에 어떤 약한 고리가 생겨날 수 있을까요?

첫째, 권한 관리의 사각지대가 발생할 수 있습니다. 기존 시스템과 신규 시스템의 권한 구조가 복잡하게 얽히면서 접근 권한 관리에 빈틈이 생길 수 있습니다. 이 빈틈은 데이터에 대한 통제력 분산으로 이어집니다. 필요 이상의 과도한 권한이 부여되거나, 역할 간 충돌이 발생해 데이터의 흐름을 추적하고 관리하기 어려운 상황이 발생할 수 있습니다. 실제로 지난해 한 글로벌 금융 서비스 회사는 파일 전송 시스템을 업그레이드하는 과정에서 변경된 접근 권한과 인증 절차의 즉각적인 갱신이 이뤄지지 않아 약 400GB의 내부 정보가 유출되는 사고를 당했습니다. 시스템 변경 과정에서 생긴 접근 권한의 사각지대를 간과한 결과입니다.

둘째, 임시 연결 지점에서의 취약성입니다. 기존 시스템과 새로운 시스템을 연동하기 위해 급조된 API, 데이터 변환 서버, 임시 저장 공간 등은 충분한 보안 검토 없이 운영하는 경우가 많습니다. 이런 임시 구성 요소는 새로운 공격 표적이 되기 쉽습니다. 담당 업무의 변경도 통제를 느슨하게 만듭니다. 노르웨이의 한 공공기관에서는 사내 시스템을 클라우드로 전환하는 과정에서 약 320만 명의 개인정보가 3개월간 외부에 노출되는 사고가 있었습니다. 시스템 전환 테스트를 위해 마련한 개인정보 저장 공간이 누구나 접근 가능한 상태로 방치되었던 것입니다. 이처럼 임시로 만든 테스트 환경의 약한 연결 고리가 전체 시스템의 안전성을 무너뜨릴 수 있습니다.

셋째, 사회 공학적 위협이 증가할 수 있습니다. 프로세스가 바뀌는 과도기에는 구성원과 이해관계자들이 새로운 시스템에 익숙해지기까지 일정 기간 혼란이 발생합니다. 이 시기에는 '무엇이 정상적인 요청'인지 판단하기 어렵기 때문에 사회 공학적 공격의 성공 가능성이 높아집니다. 공격자는 특히 상대적으로 정보 보호 의식이 낮고 검증 절차가 허술한 협력 업체 직원 등을 노려 '정당한 업무 관행'처럼 가장해 내부 정보 접근을 시도할 수 있습니다.

넷째, 감사 및 모니터링 시스템에 공백이 생길 수 있습니다. 새로운 프로세스와 시스템을 도입할 때 기존의 모니터링 및 감사(로그) 시스템이 이를 제대로 추적하지 못하는 경우가 종종 발생합니다. 이로 인해 공격이 발생해도 해당 시스템에 대한 접근 기록이나 데이터 이동 로그가 제대로 남아 있지 않아 사후 추적이나 원인 분석에 어려움을 겪게 됩니다. 최근 발생한 여러 정보 유출 사고에서 피해 규모 파악과 초기 대응이 늦어진 주요 원인으로 신규 시스템에 대한 모니터링 부재가 지적된 바 있습니다.

약한 연결 고리를 강하게: AI 시대 체계적인 정보 보호 강화 전략

이러한 문제를 해결하고 안전한 혁신을 이루려면 프로세스 전체 과정에 체계적인 정보 보호 관리 체계를 구축해야 합니다. 프로세스 변경을 계획하는 초기 단계부터, 변화가 가져올 정보 보호 영향을 면밀히 진단해야 합니다. 예를 들어 접근 권한이 어떻게 바뀌는지, 데이터는 어떤 경로로 이동하는지, 신규 시스템과 기존 시스템을 연결하는 지점에 보안상 위험은 없는지 등을 구체적으로 식별하고 문서화하는 작업이 선행되어야 합니다.

실제 변경 과정에서는 접근 통제, 암호화, 모니터링 등 정보 보호 요소 전반을 단계적으로 강화하는 접근이 필요합니다. 제한된 범위에서 시작해 점진적으로 확대하되, 각 전환점마다 검증을 거치며 '기본적으로 아무것도 신뢰하지 않는다'는 '제로 트러스트zero trust 원칙'을 견지해야 합니다. 특히 AI 시스템의 경우 가명 또는 익명화된 데이터로 먼저 학습시켜 유효성을 확인하고, 이후 실시간 정보 접근과 권한 부여를 단계적으로 확장하는 방식이 안전합니다.

변경이 완료된 이후에는 지속적인 모니터링 체계 구축이 핵심입니다. AI의 모든 데이터 처리 과정을 실시간으로 추적하고, 비정상적인 외부 시스템 접속, 대량 데이터 조회, 평소와 다른 정보 전송 패턴 등 이상 징후를 즉시 탐지할 수 있어야 합니다. 또한 업무 프로세스 변화로 인해 혼란이 발생했을 때는 사회공학적 공격에 취약해지기 쉬우므로, 기술적인 안전 조치 강화와 함께 내부 직원 및 협력 업체 등 이해관계자들의 인식 제고와 통제 관리도 반드시 병행되어야 합니다.

기업에게 AI 전환은 더 이상 선택이 아닌 생존의 문제입니다. 하지만 혁신의 빛이 밝아질수록 그 그림자 또한 짙어집니다. 변화의 순간에 드러나는 숨은 빈틈을 간과한다면 혁신으로 얻는 이득보다 잃는 것이 훨씬 클 수도 있습니다. AI 시대의 정보 보호는 변화의 과정에서 필연적으로 발생하는 약한 연결 고리를 샅샅이 살펴보고 관리하는 데서 시작합니다. 바꾸기 전에 진단하고, 바꾸는 과정에서 검증하며, 바꾼 뒤에는 철저히 점검하는 가장 기본적인 정보 보호 원칙을 꼼꼼히 이행할 때 비로소 AI의 혜택을 안전하게 누릴 수 있습니다.

CHAPTER 3

AI 기반 금융 모델링

신용정보원이 업무 프로세스 개선을 위해 개발한 모형들을 소개합니다. 기업의 성장 드라이버는 어디에 있는지, 신용평가 모형은 어떻게 설계하는지, 인슈어테크는 어떤 모습으로 구현하는지, 문제는 어떻게 분류하는지, 그리고 인공지능은 문제의 지점을 어떻게 포착하고 어떤 개선안을 제시하는지를 살펴보겠습니다.

3.1 기업의 성장 드라이버는 어떤 것일까요?

01 MOTIVATION

- 재무 성과 중심의 기존 기업 평가 방식은 잠재력 성장 예측에 한계
- 정확한 기업 성장 예측을 통해 유망 기술 기업을 발굴해 금융 지원 효과를 높이고, 지속 성장이 가능한 기업 생태계 조성

02 MODELING

- 기업의 기술력, 재무, 거시경제 데이터 등을 기반으로 기업의 성장 가능성을 예측하는 머신 러닝 모형
- 매출·고용을 성장 지표로 삼고, 다양한 데이터를 설명 변수로 활용해 모형의 정확도를 제고. 예측 정확도 향상과 가용 데이터 범위 등을 고려해 모형 최적화
- 설명 가능 AI(XAI) 기법인 피처 중요도 분석과 SHAP 분석 실시

03 SCALE-UP

- 금융 지원 연계 및 기업 성장 컨설팅 서비스 등을 통해 기업 성장 예측 모형의 활용도 향상 추진
- 기업의 성장 예측 점수를 산출하고, 이를 기반으로 유망 기업을 선별해 금융 지원이 연계되도록 은행에 제공
- 개별 기업의 성장 가능성을 진단하고 기업 성장에 어떤 요소가 영향을 미쳤는지를 분석한 시각화 서비스 제공

기업 성장 예측 모형 개발 배경 및 목적

기업은 빠르게 변하는 환경에서도 생존과 성장을 지속해야 합니다. 그러나 가속화된 기술 발전과 글로벌 경쟁 심화로 기업 경영환경의 불확실성이 크게 증가하면서, 기업의 미래 생존 가능성을 예측하는 것이 그 어느 때보다 어려워졌습니다. 이러한 변화 속에서 기존의 자금회수 가능성에만 초점을 맞춘 리스크 중심의 기업 평가방식은 한계를 드러내고 있습니다. 단순히 대출금을 안전하게 회수할 수 있는지만을 판단하는 소극적 접근법으로는, 빠르게 변화하는 시장에서 진정한 기회를 포착하기 어렵기 때문입니다.

이제는 '어떤 기업을 지원해야 효과가 큰가', '성장의 핵심 동력은 무엇인가' 등 성장 관점의 평가가 중요해졌습니다. 단순한 자금 공급을 넘어 기업과 투자자가 장기간에 걸쳐 상생할 수 있는 관계를 구축하는 것이 절실히 요구되기 때문입니다.

이에 신용정보원은 고유 역량, 기술력, 재무, 거시경제 데이터를 종합 분석해 성장 가능성을 예측하는 AI 모형을 개발했습니다. 이 모형은 투자자에게 "이 기업에 투자할 가치가 있는가?"라는 질문에 답을 줍니다. 예컨대 한 스타트업이 2년 내 성장 가능성이 높다는 예측은 투자 판단의 근거가 됩니다.

또한 기업 내부적으로는 '무엇을 보완해야 성장할 수 있을까?'에 대한 전략적 방향을 제시합니다. 예를 들어 기술력은 좋지만 특허 등록이 부족한 기업에 대해, 특허 등록을 통한 권리 강화가 매출 증대로 이어질 것을 조언할 수 있습니다.

결국 이 모형은 데이터 기반으로 불확실한 미래를 해석해 투자자에게는 유망기업을 선별하는 기준을, 기업에는 성장 전략을 제시합니다. 이를 통해, 기존의 리스크 중심 평가에서 벗어나 성장 중심의 새로운 평가 패러다임을 제공하고 투자자와 기업의 장기적 상생 관계를 구축하는데 기여합니다.

기업 성장 예측 모형 설명

기업 성장 예측 모형은 기업의 기술 관련 정보를 바탕으로 미래 성장 가능성을 예측하는 머신 러닝 모형입니다. 이는 '성장 타깃 설정 및 데이터 수집 → 모형 설계(개발 방향 설정) → 모형 최적화 → 모형 해석'의 4단계로 이뤄집니다.

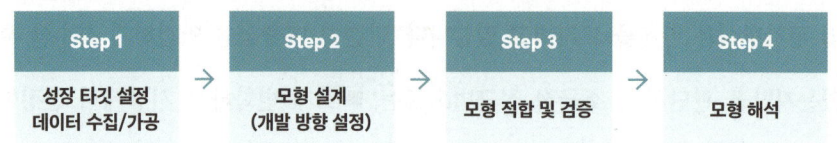

기업 성장 예측 모형의 출발점인 1단계는 '기업의 성장을 어떻게 정의할 것인가'에 있습니다. 신용정보원은 문헌 조사, 전문가 의견, 타 기관 사례 등을 바탕으로 통계적 검증을 거쳐 '매출'과 '고용'을 대표 지표로 선정했습니다. 이때 성장률뿐 아니라 금액, 인원수 등의 절대적 증가도 함께 고려하는 것이 중요하다고 판단했습니다.

예를 들어 '2년 연속 매출 10% 증가', '매출 5,000만 원 이상 증가', '직원 수 증가'라는 조건을 모두 충족하는 기업을 성장 기업으로 정의할 수 있습니다. 또한 성장을 예측하려면 성장 예측에 필요한 신뢰할 수 있는 데이터를 확보해야 합니다. 신용정보원은 모형의 변별력과 안정성을 높이기 위해 다양한 데이터를 수집하고, 이상치나 결측치를 제거하는 정제하는 작업을 수행했습니다. 그리고 수집한 데이터를 바탕으로 각 기업의 특성을 보다 정확히 파악하기 위한 파생 항목을 생성합니다. 이 과정에서는 개별 기업의 절대적인 수치뿐만 아니라, 동일 업종 내 다른 기업들이나 유사한 특성을 지닌 기업군과 비교한 상대적 지표를 산출합니다. 구체적인 예를 들어보면, A기업의 연구개발비가 10억원이라는 절대적 수치만으로는 해당 기업의 혁신 역량을 정확히 평가하기 어렵습니다. 하지만 이를 '매출액 대비 연구개발비의 비율이 15%', '해당 비율은 동업종 평균 대비 1.8배 높은 수준'이라는 상대적인 지표로 제시하면 해당 기업의 연구개발 투자 수준을 보다 명확하게 파악할 수 있습니다. 이러한 벤치마크 기반의 파생 항목들은 각 기업이 속한 시장 환경과 경쟁 상황을 반영해 보다 정교한 성장 예측을 가능하게 합니다.

기업의 성장 가능성 판별에 관한 정보

구분		주요 활용 데이터	
		기초 항목	파생 항목
고유 역량	직원 수	직원 수, 직원 수 전년대비 증감 등	- 전년 대비 증감량/증감률 - 기술인력수 대비 비율 - 매출액 대비 비율 - 총자산 대비 비율 - 업력 대비 비율 - 종업원수 대비 비율 - 동업종 평균 대비 비율 - 동기술분류코드 평균 대비 비율 - 유사기업 평균 대비 비율
	기술인력	기술인력수, 기술인력 수준(특급-고급-중급-초급-기타) 가중합, 연구개발인력수, 연구개발인력 수준(특급-고급-중급-초급-기타) 가중합 등	
기술력	인증	인증 보유건수, 고난이도 인증 보유건수(고난이도 인증 : NEP, NET), INNOBIZ 인증여부, 벤처기업 인증여부 등, 수상실적수, 고난이도 수상실적수(고난이도 수상 : 장영실상, 기술대상)	
	연구개발 조직	기업부설연구소 보유여부, 공인연구개발전담부서 보유여부, 기업부설연구소 보유기간 등	
	연구 개발비	연구개발비, 업종평균 연구개발투자비율 등	
	기술실적	기술개발실적수, 기술상용화실적수, 제품상용화실적수 등	
	지적 재산권	특허 등록 누적 보유건수, 실용신안 등록 누적 보유건수, 등록 특허의 청구항수/인용문헌수 등	
	기술경험	경영주 기술경험기간, 경영주 공인자격증, 경영주 학위, 경영주 기술경험 가중합 등	

기업의 성장 가능성 판별에 관한 정보

구분		주요 활용 데이터
거시경제	국내 산업동향지수	생산지수, 출하지수, 재고지수, 가동률지수 등
	국내 수출/수입액	수출액, 수입액 등
	국내 제조업/서비스업 생산지수	제조업 생산지수, 서비스업 생산지수, 소매판매액지수 등
	국내 고용지표	고용지표 취업자수, 고용지표 실업자수 등
	국내 건설지표	건축허가현황, 건축물착공현황 등
	국내 경기 실사지표	기업경기실사지수실적, 기업경기실사지수전망 등
	국내 통화공급	국내 통화공급 M0, M1, M2 등
	국내 금리	기준금리, 시장금리(KORIBOR) 등
	미국 산업생산지수	산업생산지수, 광공업생산지수 등
	미국 국가활동지수	연은 국가 활동지수 등
	미국 통화공급	미국 통화공급 M0, M1, M2 등
	미국 금리	미국채 2년물 금리, 10년물 금리, 장단기금리차 등
	GDP	국내 GDP, 국내 업종별 GDP, 미국 GDP
	기타	글로벌 유가 등
재무역량	성장률 관련 재무비율	총자산증가율, 재고자산증가율, 유동자산증가율, 영업이익증가율 등

2단계인 모형 설계에서는 예측 성능을 높이기 위해 기업을 특성이 유사한 그룹으로 세분화segmentation해 각 그룹에 최적화된 모형을 개발해야 합니다. 신용정보원은 이를 위해 기업 유형(법인, 개인사업자), 총자산 규모, 업종(제조, 비제조)을 기준으로 총 6개의 세그먼트(SEG1~SEG6)를 정의했습니다. 이전 단계에서 정제된 데이터는 이 기준에 따라 세그먼트별로 분류해 모형 개발에 활용합니다.

이때 모형에 투입되는 데이터는 관찰 기간의 차이가 존재합니다. 예를 들어

TCB[01] 데이터는 기업이 최근 3년 내 평가를 받은 경우처럼 관찰 기간이 짧을 수 있습니다. 반면 직원 수, 특허·인증 보유, 재무 성과와 같은 항목은 기업 업력에 비례해 장기간 관찰이 가능하며, 거시경제 지표도 장기 데이터를 확보할 수 있는 항목입니다. 이에 따라 신용정보원은 관찰 기간이 긴 데이터를 활용하는 '장기 모형'과, 관찰 기간이 짧은 데이터를 기반으로 하는 '단기 모형'을 각각 개발하고 이를 결합해 기업 성장 예측 모형을 설계했습니다.

기업 성장 예측 모형

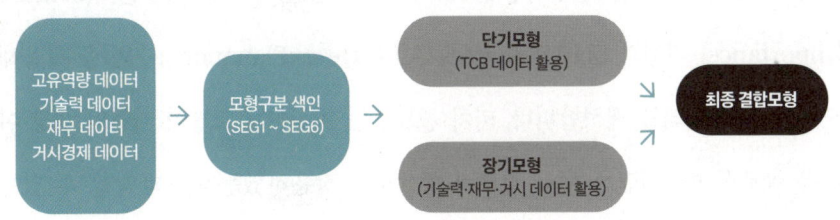

3단계 모형 최적화는 활용할 변수와 적용할 머신 러닝 알고리즘을 결정하는 단계입니다. 이를 위해 설명 변수(TCB, 기술력, 재무, 거시경제)와 목표 변수(기업 성장 여부) 간의 통계적 유의성을 분석해 예측에 효과적인 변수만 선별합니다. 예를 들어 특허 건수처럼 성장에 유의미한 변수는 포함되고 부채 비율처럼 관련성이 낮은 변수는 제외됩니다.

선정된 데이터를 바탕으로, 장단기 결합 모형에 적합한 머신 러닝 알고리즘을 찾는 테스트 모델링을 진행합니다. 이는 목적지(성장 예측)에 도달하기 위해 최적의 교통수단(알고리즘)을 고르는 과정에 비유할 수 있습니다.

---

01   기술신용평가(TCB): 기업이 가진 기술이 얼마나 가치 있고 믿을 만한지를 등급으로 표시한 기업 기술 평가 모형으로, 기업의 기술이 좋은지, 사업성이 높은지를 판단하는 지표로 활용.

여러 알고리즘의 예측 성능은 $\overset{02}{AR}$ 등으로 비교되며, 최종적으로 XGBoost 가 채택되었습니다. XGBoost는 작은 결정들을 반복적으로 보완해 최종 판단을 내리는 알고리즘으로, 마치 오답노트를 복습하며 정확도를 높여 가는 학습 방식과 유사합니다. 정확하고 빠른 계산 능력 덕분에 복잡한 기업 금융 데이터를 효과적으로 처리할 수 있는 강점이 있습니다.

4단계 모형 해석 단계에서는 단순히 성장 가능성을 예측하는 것뿐만 아니라, 왜 그런결과가 나왔는지 그 근거를 명확하게 제시하는 것이 중요합니다. 이를 위해, 신용정보원은 '설명가능한 AI(XAI)' 기법인 피처 중요도 분석(Feature Importance) 기법과 SHAP(Shapley Additive exPlanations) 기법을 활용해 모형의 작동 원리를 해석합니다. 피처 중요도는 머신러닝 모델이 기업의 성장 여부를 예측할 때, 어떤 유형의 정보가 중요하게 작용하였는지를 파악할 수 있는 분석 기법입니다. 일례로, 기업의 연구소 보유 여부로 기업을 분류했을 때 성장 기업과 비성장 기업이 명확하게 구분된다면, 해당 변수는 높은 중요도 점수를 받게 됩니다. 피처 중요도 분석 결과 기업 고유 역량, 기술력, 거시경제 변수가 성장 예측에 가장 큰 영향을 미친 반면, 과거 재무 성과의 영향은 상대적으로 낮게 나타났습니다. 이는 기업 성장 예측에서 과거 실적보다 현재의 역량과 외부 환경을 중점적으로 살펴보는 것이 중요하다는 점을 시사합니다.

---

02   Accuracy Ratio. 모형이 얼마나 예측을 잘하는지를 나타내는 점수로, 100점에 가까울수록 정확하게 예측했다는 것을 의미.

SEG별 변수 중요도 분석

정보영역	SEG1	SEG2	SEG3	SEG4	SEG5	SEG6
기업 고유 역량	25.9	30.8	**44.0**	**54.1**	8.5	2.6
거시 변수	30.7	30.0	12.6	16.0	38.5	51.0
재무 정보	4.6	6.8	8.7	9.9	8.2	3.7
기술력 정보	38.8	32.4	34.8	20.1	44.7	42.7

　다만, 피처 중요도는 각 변수의 전체적인 중요도를 알려줄 뿐, 해당 변수가 예측값을 높였는지 낮췄는지의 방향성이나 개별 기업이 왜 성장기업으로 예측되었는지 설명해 주지 못합니다. 예시로 'A기업이 왜 성장 유망 기업으로 선정되었나요?'라는 질문에 대해 '연구개발비 지출이 평균적으로 중요했습니다'라고만 답할 수 있습니다. 연구개발비가 많았기 때문에 성장 확률이 높아졌는지, 아니면 다른 변수와의 조합으로 오히려 낮아졌는지 파악할 수 없다는 한계가 존재합니다.

　이러한 한계를 보완하기 위해 개별 기업의 성장 예측 근거를 명확히 제시할 수 있는 SHAP 분석이 필요합니다. SHAP는 각 기업별로 특정 설명 변수가 성장 예측에 미친 영향력과 방향성을 수치화하는 기법입니다. 예를 들어 A사의 SHAP 분석값이 특허 보유 건수는 +20%, 업종 평균 대비 생산 인력 수는 -10%이라면, 해당 기업은 기술력은 우수하나 생산 인력이 다소 부족해 인력 확충을 통해 성장 가능성을 제고할 수 있음을 의미합니다.

기업 성장 예측 모형 확장성

신용정보원은 금융기관에 성장 가능성이 높은 기업을 선별 제공함으로써 성장 유망 기업이 금융 인센티브를 제공받을 수 있도록 은행권 업무를 지원합니다. 신용정보원이 보유한 기업의 정보를 성장 예측 모형에 투입하면 기업별 성장 예측 확률(또는 등급)이 산출됩니다. 이 중 성장 예측 확률이 높은 기업의 정보를 은행권에 제공합니다. 성장 유망 기업 정보를 활용해 금융기관은 대출 영업이 필요한 기업을 발굴하는 시간과 비용을 절감할 수 있고, 기업은 금융 혜택 지원을 받음으로써 기업 금융 시장의 선순환 구조 형성에 기여할 수 있습니다.

기업 세그먼트 예시

구분	세그먼트	기업구분	자산총계	업종	상장정의
	SEG1		20억 이상	제조	(2년 연속) 매출액 10% 증가 & 매출액 5천만원 증가 & 종업원수 증가
	SEG2	법인		비제조	
●	SEG3		20억 미만	제조	
	SEG4			비제조	(2년 연속) 매출액 10% 증가 & 매출액 5천만원 증가 & 종업원수 유지 또는 증가
	SEG5	개인		제조	
	SEG6			비제조	

특성 중요도

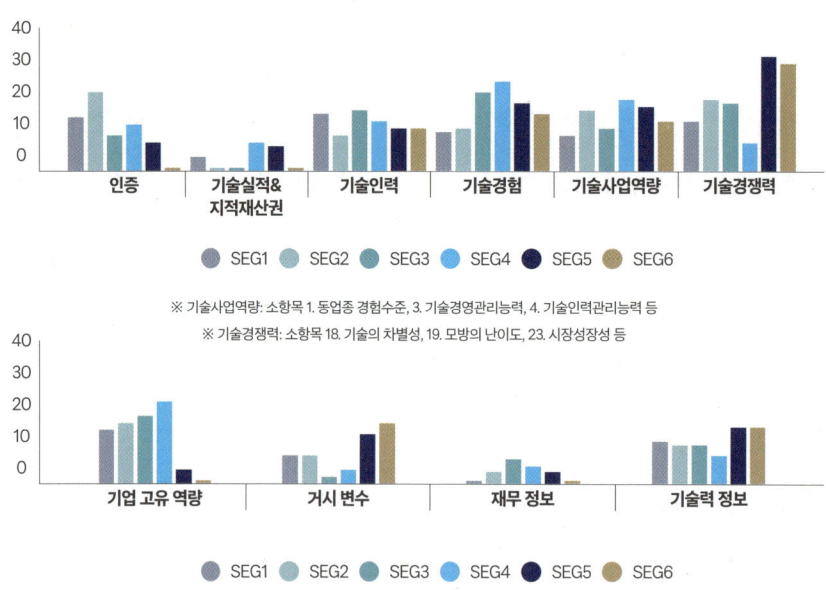

SEG1 SEG2 SEG3 SEG4 SEG5 SEG6

※ 기술사업역량: 소항목 1. 동업종 경험수준, 3. 기술경영관리능력, 4. 기술인력관리능력 등
※ 기술경쟁력: 소항목 18. 기술의 차별성, 19. 모방의 난이도, 23. 시장성장성 등

SEG1 SEG2 SEG3 SEG4 SEG5 SEG6

SHAP 분석

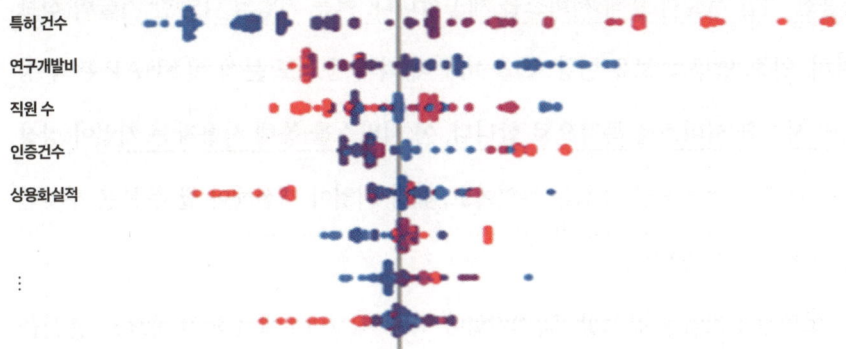

특허 건수
연구개발비
직원 수
인증건수
상용화실적

특허 건수 분포

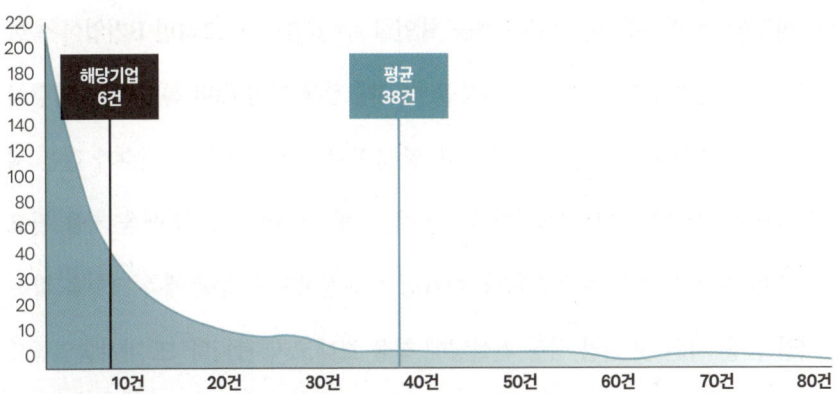

해당기업
6건

평균
38건

연구 개발비 분포

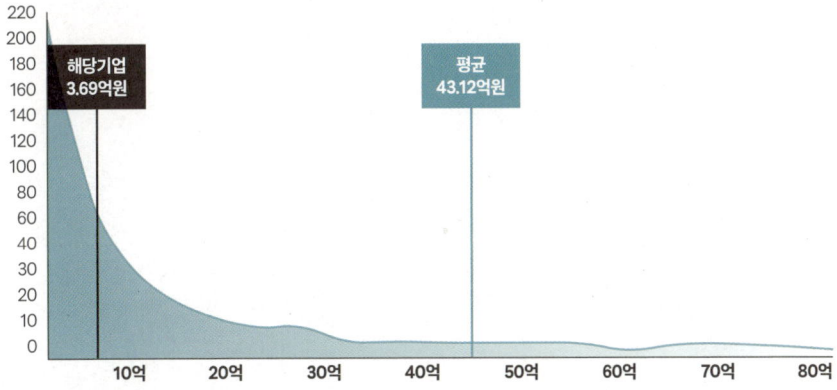

해당기업
3.69억원

평균
43.12억원

신용정보원은 기업 성장을 위한 컨설팅 활동을 지원하기 위해 성장 모형을 활용한 기업 기술력 분석 서비스를 제공합니다. 이는 기업의 다양한 기술력 정보 (특허, 인증, 연구소 보유 현황 등)를 비롯해 피처 중요도 분석 및 SHAP 분석 정보의 시각화 서비스를 목적으로 합니다. 이 서비스를 통해 사용자는 기업이 성장하기 위해 가장 중요한 요소는 무엇이고, 해당 기업이 개선해야 할 부분은 무엇인지 진단할 수 있습니다.

일례로 B기업을 분석할 때, B기업이 속한 세그먼트에서 피처 중요도 분석을 통해 기술력 카테고리가 성장 예측에 주로 활용되며, SHAP 분석을 통해 '특허 건수가 성장에 큰 영향을 미친다'는 것을 확인할 수 있습니다. 그러면 B기업이 속한 세그먼트 내 타 기업과 특허 보유 현황을 비교해 경쟁 기업 대비 특허 보유 역량이 어느 정도 수준인지 진단할 수 있습니다. 만약 B기업의 특허 보유 건수가 같은 세그먼트 내 평균보다 낮다면, B기업이 성장을 위해서 특허 보유 역량을 키울 필요가 있다는 진단을 내릴 수 있습니다. 이처럼 신용정보원은 성장 예측 모형을 활용해 기업 금융 지원 및 기업 성장 컨설팅에 힘을 보태고자 합니다. 또 비기술업종으로도 모형의 설계 범위를 확장해 금융 생태계 전반에 데이터 혁신이 함께 이뤄지도록 노력하겠습니다.

3.2   기술력 있는 기업은 어떻게 선별할까요?

01 **MOTIVATION**

- 기술력을 보유했으나 은행과 기업 간 정보 비대칭으로 인해 기술금융 혜택을 받지 못하고 있는 중소기업을 발굴하고 추천해 주는 서비스
- 기술 기업에는 우대금리, 한도 상향 등 실질적 혜택을, 은행 및 TCB사에는 영업 기회를 제공함으로써 기술금융 취지 강화 및 견고한 성장 지원

---

02 **MODELING**

- TCB 이력이 없는 기업의 T등급 획득 가능성을 예측하는 모형 개발
- 유사 기업군 평균 T등급을 적용한 통계 모형으로 간단한 예측 가능. 단, 실제 결과와 차이 발생 우려
- 보완을 위해 XGBoost 기반 AI 모형 개발, 기준 등급 이상 획득 확률을 타깃으로 설정. 입력 변수는 기술 정보, 기업 고유 역량, 재무 정보로 구성

---

03 **SCALE-UP**

- 선별된 기술 기업 추천 리스트를 은행권에 제공
- 향후 기업 성장성 모형과의 조합을 통해 기술력뿐 아니라 성장 잠재력이 있는 기업 정보 또한 기관별 맞춤형으로 제공할 예정
- TCB 전 평가 대상 기업에 대한 예측 T등급을 AI 모형을 통해 미리 예측해 볼 수 있는 시스템으로 확장 가능

기술금융과 정보 비대칭

기술금융이란 기술력을 보유하여 미래 수익 창출이 기대되는 중소·벤처기업에 창업, R&D, 사업화 등 기술혁신 전 과정에 필요한 자금을 기술 평가에 근거해 공급하는 제도입니다. 담보력이나 재무 성과가 다소 부족하더라도 기술력이 우수하다면 대출 금리나 한도 측면에서 혜택을 주기 위해 2014년 7월 도입되었습니다. 기술금융은 리스크 위주의 기존 은행 여신 관행을 개선하고 자금 조달이 어려운 기술 기업에 유동성을 지원하는 마중물 역할을 하며, 2025년 현재 기술 신용 대출 잔액은 총 300조 원가량입니다. 이는 중소기업 대출의 약 30%를 차지하며 우리나라 중소기업 금융 생태계에서 하나의 큰 축으로 자리매김했습니다.

기업이 보유한 기술력을 바탕으로 우대금리 등의 혜택을 받을 수 있는 좋은 제도와 상품이 있음에도 기업과 금융기관 사이의 상호 정보 비대칭으로 인해 원활한 자금 공급이 이루어지지 않는 사례가 빈번히 발생하고 있습니다. 충분한 기술력을 갖췄으나 기술금융 제도에 대한 이해가 부족한 경우, 또 이러한 제도가 있는지조차 모르는 기업, 그리고 신규 고객 발굴이 절실하지만 어떤 기업이 어떤 기술력을 갖고 있는지, 또 그 기술이 기술 신용 대출 대상이 되는지 등 정보나 인사이트가 부족한 은행 영업점이 해당됩니다.

기술 신용 대출의 우대금리 같은 혜택을 지원받으려면 먼저 신용정보법에 의거해 인가를 획득한 기술신용평가사로부터 기술신용평가(TCB)를 받아 기준 이상(10등급 체계에서 6등급 이상)의 기술 등급(T등급)을 받아야 합니다. 은행 입장에서는 평가를 진행했지만 그 결과가 기준 등급에 미달되었을 경우 기술 신용 대출 상품 적용이 불가능할뿐더러 평가 수수료 등 평가 의뢰에 따른 추가적 절차와 비용이 발생하므로 기술력 보유 여부에 대한 확신이 서지 않으면 대출 심사 단계에서 기술금융을 배제하고 진행하기도 합니다.

신용정보원은 기술금융과 정보의 비대칭 해결을 위해 다양한 속성의 내·외부 빅데이터를 결합하고 분석해서 기술 평가 이력이 없는 기업도 기술력 보유 여부를 사전에 예측할 수 있는 AI·통계 기반 모형을 개발했습니다. 그 결과를 바탕으로 기술력 보유 기업 리스트를 은행에 추천하는 서비스를 제공하고 있습니다. 이를 통해 기술 기업에는 우대금리, 한도 상향 등 실질적인 혜택을 주고, 은행과 기술신용평가사에는 영업 기회를 제공해 기술금융의 취지를 강화하고 선순환을 통한 기술금융의 견고한 성장을 지원하고 있습니다.

기술기업 판별을 위한 데이터 기반 통계모형

기업
기술력을 바탕으로
금리 우대 등 혜택을 받을 수 있지만,
기술금융제도에 대한 이해가 부족

기술력 보유기업 추천

은행
차주 발굴이 절실하나,
기업 기술력에 대한 정보가 부족
(기존고객, 관계 미형성 기업 등)

기술금융 참여자 간 정보 비대칭을 해결해 줄 수 있는 연결고리 역할 수행

이 기업은 시장성 있는 기술력을 보유한 기업인가? TCB를 받았을 때 기술금융 지원에 요구되는 기준 등급 이상을 받을 수 있을까?

추천 기업을 선별하려면 먼저 이 물음에 대한 해답, 즉 개별 기업에 대한 기술 등급 예측이 필수적입니다. 이를 위해 신용정보원이 보유하고 있는 기업 기술 데이터 및 신용 데이터와 외부 기관으로부터 수집한 데이터를 통해 기술력 보유 여부를 예측하는 모형을 개발했습니다. 기술력 보유 여부 판단 모형의 경우, 모형을 운영하는 데에서 대상 기업이 기준 이상의 기술 등급을 받을지 여부를 쉽고 간단하게 판별할 수 있도록 하는 것이 가장 중요한 모형 개발 목표였습니다. 따라서 예측 성능(부도 변별력)이 무엇보다 중요한 신용평가 모형처럼 정교한 모형 개발은 불필요하다는 판단을 내렸고, 그 결과 과거 기술 평가를 받았던 약 50만 건의 TCB DB를 바탕으로 심플한 통계 데이터 기반의 모형을 개발하게 되었습니다.

통계 모형은 '특성이 비슷한 유사 기업군의 평균 기술 등급을 통해 후보 기업의 기술 등급을 쉽고 빠르게 예측한다'는 간단한 아이디어에서 출발했습니다. 그래서 유사 기업군을 정의하기 위해 기업의 특성이 잘 드러나는 변수를 선정했습니다. 이 변수들은 기업의 속성을 대표해 기술 등급과의 통계적 유의성이 존재하면서도, 향후 모형 운영을 위해 기술 평가 이력이 없는 기업에 대해서도 쉽게 수집 가능한 정보여야 했습니다. 여러 후보 변수 중에서도 기업이 영위하고 있는 업종(한국표준산업분류체계 중분류 기준), 업력(창업 기업 여부), 기업 규모와 관련된 직원 수 및 매출액, 기술력을 대표할 수 있는 특허 등 5개의 변수를 선정했습니다. 각 조건에 따라 유사 기업군을 분류하는 기준은 아래 표와 같습니다. 조건별로 구간을 나누는 기준은 기업의 분포 비중을 고려해 결정했으며, 이 기준에 따라 전체 50만 개의 중소기업을 약 7,500개의 '유사 기업군'으로 묶었습니다.

유사 기업군 분류 기준(업종 외 조건)

구분 조건 (구성비)	그룹 1	그룹 2	그룹 3	그룹 4
업력	~3년 (초기 창업)	~7년 (창업)	~15년	15년 초과
	13.5%	21.8%	31.8%	32.8%
직원 수	~5명	~14명	~74명	74명 초과
	47.9%	26.3%	21.8%	4.0%
매출액(2년 평균)	~1억 원	~3억 원	~10억 원	10억 원초과
	33.1%	20.1%	17.4%	29.3%
등록 특허	0건	1~2건	3건 이상	-
	71.2%	14.4%	14.4%	

　예를 들어 전기 장비 제조업을 영위하기 위해 10년 전에 설립했으며 직원은 10명, 2년 평균 매출액 2억 원, 등록 특허는 2건인 A업체를 가정해 보겠습니다. 위의 유사 기업군 분류 체계에 따라 A업체는 업종 C28, 업력 그룹 3, 직원 수 그룹 2, 매출액 그룹 2, 특허 그룹 2에 해당합니다. 신용정보원에 적재된 TCB DB 기준 A업체와 동일 기업군(28/3/2/2/2)에 속하면서 기술 평가 이력이 있는 유사 기업 수는 총 282개이며 이들의 평균 기술 등급은 4.68입니다. 따라서 A업체 역시 4.68 내외의 기술 등급을 받을 것이라는 예측이 가능해집니다.

　다만 통계 모형은 쉽고 간단하게 기술 등급을 예측하는 것을 목표로 개발한 모형으로 5개의 조건만으로 기업군을 분류하고 해당 기업군의 기술 등급의 단순 산술 평균을 예측치로 사용합니다. 따라서 유사 기업군 내 기술 등급의 분포에 따라 예측 성능이 달라질 수 있습니다. 아래 그림의 기업군 A와 같이 후보 기업이 속하는 유사 기업군의 기술 등급 분포가 평균 주변에 대부분 모여 있는, 폭이 좁은 정규분포 형태를 이룰 경우 평균값이 그 기업군의 기술 등급을 대표한다고 볼 수 있습니다. 그러나 반대로 기업군 B처럼 기술 등급 분포가 넓게 펼쳐져 있거나 한쪽으로 치우쳐 있는 경우에는 통계 모형의 기술 등급 예측치와 실제 평가 결과 사이에 일정 부분 간극이 발생할 가능성이 있습니다.

유사 기업군 기술 등급(T등급) 분포 예시

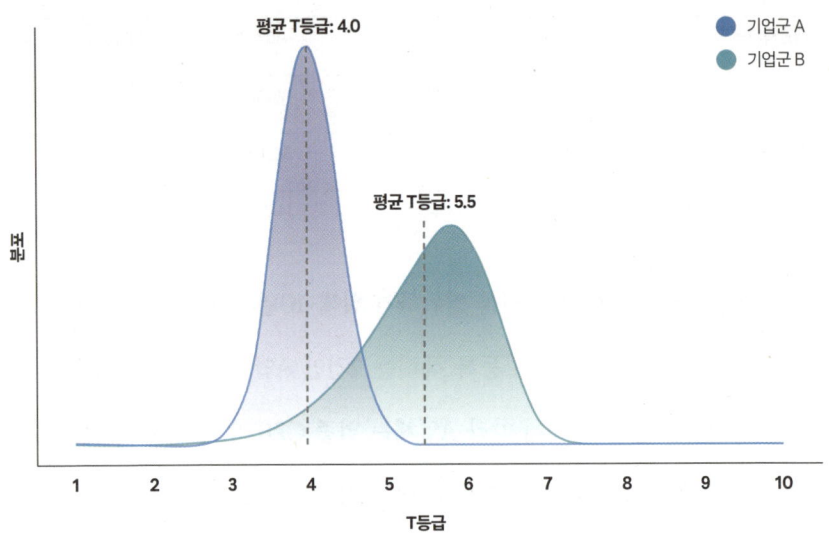

AI 방법론을 통한 모형의 고도화

앞서 설명한 통계 모형의 한계를 보완하면서도 쉽고 빠르게 후보 기업의 기술 등급을 예측하기 위해 AI 방법론의 적용을 검토할 수 있습니다. AI 기반 분류 모형은 후보 기업의 기술력 보유 여부에 대한 확률(기준 이상 기술 등급을 받을 확률)을 결괏값으로 하는 것으로, 신용정보원의 경우 이미 기술 평가 기반의 기업 성장성 모형을 개발한 경험과 노하우, 데이터를 보유하고 있기에 쉽게 접근할 수 있었습니다.

후보 설명 변수(x)로는 통계 모형 개발 과정과 동일하게 기업의 속성을 잘 드러내면서도 쉽게 수집 가능한 정보들이 선정되었습니다. '기업 성장성 모형' 개발에 사용한 기초 항목 중 기술 평가 결과를 제외한 항목인 업력, 업종, 직원 수, 인증, 수상, IP, 연구개발 조직, 재무 데이터 등이 그 대상입니다. 모형의 목표 변수(y)인 '기술력 보유 여부'는 아래 표2와 같이 정의할 수 있습니다. 특정 기술 등급 이상 기업을 '기술력 보유 기업'으로 정의하는 방식으로, 기술력 보유 여부를 가르는 기준 등급을 어떻게 설정하느냐에 따라 모형 개발 방법이나 추천 기업 선별 기준 등이 달라질 수 있습니다.

AI 모형 개발을 위한 기술 기업 정의

기술 기업 정의 (기준 기술 등급)	구성비	특징
4등급 이상 (기술력 우수)	20% 내외	• 불균형 모형(여/부 비율 차이가 큰 경우, CB 모형과 유사) • 불균형 보정을 위해 XGBoost 모형 개발 시 하이퍼파라미터 세팅 필요
5등급 이상 (기술력 보통 이상)	60% 내외	• 균형 모형(여/부 비율 유사, 6 : 4) • 추천 기업 선별 시 우수 기업 필터링 위해 모형 결괏값에 대한 스레숄드^{threshold} 조정 필요

모형 개발 알고리즘은 여러 머신 러닝 방법론의 장단점, 성능, 복잡도, 개발 난이도 등을 종합적으로 고려해 기술력 보유 여부 판별 목적에 부합할 것으로 판단되는 의사 결정 나무$^{decision\ tree}$ 기반의 분류 모델인 XGBoost 알고리즘을 선정했습니다. XGBoost 알고리즘은 다양한 설명 변수를 조합해 나무 구조를 통해 해당 기업이 기술력을 보유했는지 여부를 판단합니다. 학습 과정 중 잘못된 예측을 하는 부분을 반복적으로 보완하면서 의사 결정 나무를 차곡차곡 쌓아 모형을 적합하는 방식으로, 예측 정확도를 높이면서도 과적합을 방지하는 성능이 탁월합니다.

후보 변수의 유의성 분석, 설명 변수 선정, 모형 적합, 파라미터 튜닝, 성능 평가$^{Accuracy,\ Precision,\ Recall,\ AR}$ 등 세부적인 모형 개발 과정은 '기업 성장성 모형'과 동일한 절차로 진행됩니다. AI 기반 기술력 보유 여부 판별 모형 개발이 완료되면, 통계 모형을 대체해 보다 양질의 추천 서비스를 제공할 것이라고 기대합니다.

기술력 보유 기업 추천 서비스 운영 방향

신용정보원은 앞서 설명한 '기술력 보유 여부 판별 모형'을 활용해 기술금융 혜택을 제공할 기술 기업 추천 리스트를 은행권에 제공합니다. 모형을 통해 산출된 결괏값(기술력 보유 가능성)이 일정 수준 이상이어야 한다는 조건 외에도, 은행 영업점에서의 활용 가능성을 높이고자 후보 기업의 재무 상황, CB사 신용 등급, 신용 공여 내역 등을 종합적으로 고려해 추천 기업을 선별하며 업종, 지역, 사업자 번호 같은 일반적인 기업 정보는 물론 특허, 인증, 연구개발 전담 조직 보유 현황 등 기술금융 취급 시 필요한 정보 또한 제공합니다. 은행은 기술 기업 리스트를 신규 고객 발굴 및 마케팅 용도로 활용하며, 추천받은 기술 기업에 대한 적극적인 기술금융 지원에 나설 것으로 기대됩니다.

현재는 '기업 성장성 모형'과 결합해 기술력과 성장 가능성을 모두 갖춘 유망 기업을 추천하는 서비스도 추진 중입니다. 또한 이 AI 모형은 TCB 전 예비 등급을 예측하는 시스템으로도 확장 가능성이 있으며, 추가 데이터와 현장 피드백을 반영해 지속적으로 고도화할 예정입니다.

3.3 신용평가 모형은 어떻게 만들어질까요?

⬡ 01 MOTIVATION

- 현재 개인 신용평가 모형을 운영하는 CB사 간 모형 성능에 일정 부분 차이 존재
- CB사 신용평가 모형의 원천 데이터는 신용정보원의 신용정보에 기반하며, 이에 신용정보원의 정보만을 이용한 표준화된 신용평가 모형을 개발, 배포함으로써 CB사 신용평가 모형의 성능 제고

⬡ 02 MODELING

- 기존 CB사가 운영하는 모형을 고려해 AI 기반 모델과 로지스틱 기반 모델 2개를 구축했고, 거시경제 변수를 반영해 신용평가에 있어 경기 불황·호황을 고려할 수 있도록 설계

⬡ 03 SCALE-UP

- 향후 개인 사업자, 기업 검증용 평가 모형을 개발, 배포해 CB사의 신용평가 모형 경쟁력 제고

신용점수의 의미

"○○○ 님은 전월보다 신용점수가 5점 상승했습니다."

"○○○ 님의 신용점수로 대출 승인 확률은 99%입니다."

현재 대출이 있거나 향후 대출할 예정인 소비자들이 매달 본인이 사용하는 금융 애플리케이션을 통해 받아 보고 있거나, 앞으로 받아 볼 알림 문구입니다. 개인의 신용을 기반으로 대출을 받는 신용 대출의 경우 신용점수가 필수입니다. 신용점수는 개개인의 금융거래 행태에 대한 정보를 기반으로 개인이 향후 1년 이내에 연체할 확률을 0점에서 1,000점까지 점수화한 지표입니다. 신용점수가 낮은 경우 대출이 거절되거나 높은 금리로 대출을 이용해야 하기도 합니다.

이처럼 신용점수는 우리의 일상생활과 밀접하게 연결되어 있지만, 신용점수가 실제로 어떻게 산출되는지 관심을 갖는 사람은 드뭅니다. 신용 대출을 받을 수 있는 가능성이나 금리 정도가 사람들의 중요 관심사이며, 신용점수 산출 과정은 개개인의 의사 결정과 한 발자국 동떨어져 있는 것도 사실입니다.

그러나 우리나라 법률에서는 '소비자 설명 요구권[03]'으로 자신의 신용점수가 어떻게 산출되었는지 CB사 및 금융기관이 소비자에게 설명할 의무를 부여했습니다. 따라서 개개인의 의사 결정과는 무관하지만 사람들은 신용점수가 어떻게 산출되었고, 어떻게 하면 신용점수가 상향하는지 CB사나 금융기관에 문의할 수 있으며, 만약 신용점수가 잘못되었다면 정정을 요청할 수도 있습니다.

---

03   신용정보의 이용 및 보호에 관한 법률.

신용평가 모형으로 산출하는 신용점수

신용점수는 신용평가 모형을 통해 산출합니다. 신용평가 모형은 기본적으로 개개인의 금융거래 행태를 기반으로 개인이 향후 1년 내에 연체할 확률을 예측해 점수화한 지표입니다. 금융거래 행태에는 과거 연체 정보, 현재 대출 현황 정보, 신용카드 사용 정보, 현재 나의 대출 금리 정보 등이 활용됩니다. 따라서 대출을 처음 받거나 금융거래 이력이 빈약한 신 파일러thin filer는 신용점수에 불이익이 있을 수 있습니다. 그러나 빅데이터 시대인 요즘은 통신비 납부 정보 같은 대체 정보를 활용하기 때문에 신 파일러의 불이익도 많이 감소했습니다.

신용평가 모형을 운영하는 CB사와 금융기관은 법에서 명시한 '소비자 설명 요구권'을 따라야 합니다. 신용평가 모형을 통해 신용점수를 산출할 때, 일반 소비자가 이해하기 쉬운 신용평가 모형을 구축하고 소비자가 이에 대한 설명을 요구할 경우 그에 응할 의무가 있습니다.

로지스틱 모형의 장단점과 제약 사항

실제 현재 대한민국 CB사의 대표적인 개인신용평가 모형은 전부 로지스틱logistic 모형으로 구성되어 있습니다. '대출액이 클수록 연체 확률이 높다' 혹은 '소득이 높을수록 연체 확률이 낮다' 같은 일관적인 선형 관계를 단조성monotonicity이라고 합니다. 로지스틱 모형의 장점은 개인의 신용평가 모형을 구성하는 평가 항목의 단조성에 기반해 직관적 설명이 가능하다는 점입니다.

반면 로지스틱 모형은 평가 항목 개수에 제한[04]이 있고, 단조성을 만족하지 않

---

04   통상적으로 로지스틱 모형은 20개 이내의 평가 항목으로 구성할 때 최적의 성능을 보임.

는 평가 항목은 사용에 제약이 따른다는 것이 단점입니다. 하지만 로지스틱 모형의 단점과 제약 사항은 AI 모형을 통해 충분히 극복 가능합니다. AI 모형은 일반적으로 모형에 사용하는 평가 항목 개수에 제한이 없으며, 단조성을 만족하지 못하는 변수도 사용할 수 있다는 것이 큰 장점입니다.

그런데 소비자의 알 권리를 강조한 현재의 법률 체계가 한편으로는 신용평가 모형의 제약으로 작용하기도 합니다. 현재의 법률 체계상 신용평가 모형은 설명에 대한 직관성을 필수로 요구하기 때문에 대한민국 개인신용평가 모형은 AI 기술의 접목과 활용에 많은 제약이 따르는 것이 사실입니다.

신용평가 모형과 신용점수는 결국 개개인의 금융 행태를 기반으로 1년 내에 각각의 개인이 연체할 확률을 점수화한 것입니다. 통상적으로 20개 이내의 평가 항목을 기반으로 구성하는 로지스틱 모형에 평가 항목 개수에 제한이 없는 AI 모형을 결합한다면, 그 목표인 '사람'을 더 상세하고 면밀하게 평가할 수 있습니다. 이로 인해 신용평가 모형의 성능 또한 자연스레 상승하게 됩니다.

AI 기술을 접목한 개인신용평가 모형

현재 신용정보원은 신용정보법 제26조의3에 따라 개인신용평가체계 검증위원회를 운영하고 있습니다. 개인신용평가체계 검증위원회는 현재 개인 CB 라이선스와 개인 사업자 CB 라이선스를 보유한 CB사의 공시 모형[05]에 대한 검증을 수행하며 검증 내용은 다음과 같습니다.

---

05   각 사 홈페이지 내에 전 국민 대상 혹은 대표 모형으로 공시되어 있는 모형.

신용정보원은 검증 업무 차원에서 AI 기술을 활용한 개인신용평가 모형을 구축해 CB사에 배포했습니다. 이는 CB사가 사용하는 데이터의 근간이 신용정보원임을 고려해서 신용정보원이 제공하는 신용 관련 정보만을 이용해 표준화된 모형으로 제공하면, 각 CB사는 자사의 신용평가 모형과 비교해 전체적인 신용평가 모형 생태계의 경쟁력이 제고될 수 있기 때문입니다. 이에 신용정보원은 각 CB사가 활용할 수 있도록 로지스틱 개인신용평가 모형과 AI 개인신용평가 모형인 XGBoost와 LightGBM을 개발해 배포했습니다.

통상적으로 모형의 성능은 변별력(AR, KS)[06]과 안정성(PSI)[07]으로 판단하는데, AI 모형인 XGBoost와 LightGBM의 변별력과 안정성이 모두 뛰어날 뿐 아니라 로지스틱 모형에 비해 성능이 월등한 것으로 확인되었습니다.

모형별 예측 정확도

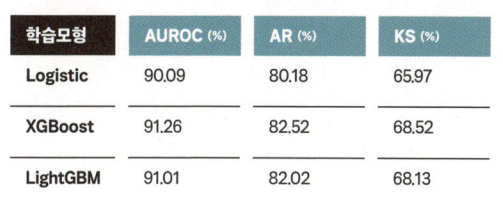

학습모형	AUROC (%)	AR (%)	KS (%)
Logistic	90.09	80.18	65.97
XGBoost	91.26	82.52	68.52
LightGBM	91.01	82.02	68.13

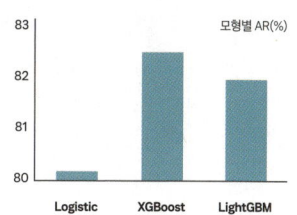

모형별 AR(%)

---

06   AR>=40, KS>=30일 경우 적정 이상의 변별력.

07   PSI<=0.10일 경우 모형이 안정적임으로 판단.

이처럼 개인신용평가 모형에 AI기술을 접목한 결과, 모형의 성능과 안정성은 일정 부분 개선되었습니다. 그러나 소비자 설명 요구권의 충족이 절대적으로 필요한 현재 상태에서는 AI 모형의 도입과 활용에 제약이 있습니다. 하지만 이는 얼마든지 조율 가능한 영역입니다. 소비자 설명 요구권과 신용평가 모형의 성능이 어느 정도 수준까지 치환될 수 있는지를 파악하고 중·장기적으로 접근한다면 '소비자 설명 요구권의 충족'과 '신용평가 모형의 성능 개선' 두 마리 토끼를 잡을 수 있을 것이라 기대합니다.

3.4 기술금융은 어떻게 진화할까요?

MOTIVATION

- 기술금융은 혁신적인 기술을 보유한 기업에 자금을 공급하고 기술 혁신을 지

  원하여 성장 동력을 확보할 수 있도록 지원하는 핵심적인 금융 수단

MODELING

- 기업이 속한 업종 및 산업별로 성장에 미치는 정량적 요인과 정성적 요인이 서

  로 다르고 각각의 우선순위도 상이함

SCALE-UP

- 텍스트 중심의 기술금융 서비스(TDB 보고서)에서 성장요인과 위험요인을 포

  착할 수 있는 모델링 등 양질의 수요자 맞춤형 서비스로 진화

기업의 성장동력과 기술금융

유럽의 한 기업이 2024년 말 파산을 신청한 사건은 배터리 산업에서는 엄청나게 큰 이슈였습니다. 배터리 산업은 고도의 기술과 자본이 필요한 산업으로 평가되는데, 이 기업은 전 세계 배터리 산업의 성장을 이야기할 때 빠지지 않던 기업이었기 때문입니다. 이 기업의 파산 원인에는 여러 요인이 있을 수 있겠지만, 결국 배터리 산업에서 가장 중요한 성장동력인 '기술'을 소홀히 하면서, 글로벌 배터리 시장에서 결국 뒤처지고 만 것으로 볼 수 있습니다.

이 사례를 통해 보더라도, 기업의 성장 동력은 글로벌 시장에서의 수요와 그 기업이 보유한 혁신적인 기술이 결합되어 불꽃을 만들어 내야만 갖춰질 수 있는 것이라고 할 수 있습니다.

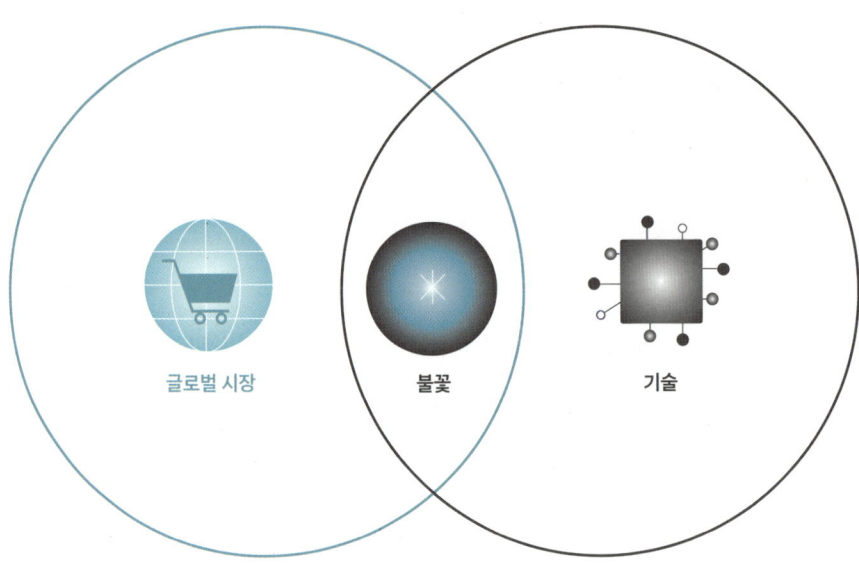

글로벌 시장   불꽃   기술

기술금융은 바로 이러한 혁신적인 기술을 가진 기업의 성장 동력을 확보하고 신속한 재기와 산업 생태계 확장을 지원할 수 있는 핵심적인 금융 수단이라 할 수 있습니다. 그래서 기술혁신이 기존의 통념과 틀을 넘어서는 기업의 혁신적인 활동이라고 본다면, 기술금융은 부채 금융Debt Financing의 영역에서 제조업 등의 각종 혁신 산업에 자금을 공급하고 기술 혁신을 지원하는 중요한 도구라고 할 수 있습니다.

금융권은 기업이 기술 기반의 미래 성장 동력을 확보할 수 있도록 기술평가 인프라와 역량을 축적해야 하며, 기술을 평가해 자금을 지원하는 전반적인 금융 시스템은 자본 시장과 ESG 등의 다른 영역으로도 확장되어야 할 필요가 있습니다.

업종, 산업별로 보면, 테크놀로지 수준이나 시장성, 디지털 전환 속도, 자금지원 현황, 안정적인 공급망 구축 여부 등 기업의 성장에 영향을 미치는 세부적인 요인이 서로 다릅니다. 또한 각각의 요인의 중요도 역시 서로 다를 수밖에 없습니다. 이런 내용을 쉽게 이해할 수 있도록 아래 그림처럼 히트맵heatmap 형태로 업종 및 산업별 우선순위 요인을 표현했습니다.

또한 업종, 산업별로 정성적으로 고려해야 할 요인에 대해서도 아래 그림처럼 상세하게 나열했습니다. 이 그림들을 통해 어떤 업종이 어떤 요인을 우선순위로 삼아야 하는지, 어떤 요인이 중요한지 파악할 수 있습니다.

주요 산업별 성장 요인 및 중요도(정량)

	AI·Data	Tech	인적자원	자금	사업역량	시장	공급망	정책지원	규제·ESG	Macro
기계	5	3	6	4	1	7	2	8	9	7
화학·소재	7	1	4	2	9	8	3	5	6	7
전기전자	2	1	4	2	6	7	5	9	8	9
바이오·헬스케어	5	1	3	2	7	8	9	3	6	8
ICT	1	1	3	5	4	4	9	7	7	9
금융·핀테크	1	7	4	2	6	5	9	8	3	5
리테일	5	7	6	4	2	1	3	9	8	3
에너지	7	4	8	5	9	6	3	1	2	10
건설	7	6	8	1	9	3	4	2	5	4
농수산	6	5	7	4	8	3	1	2	9	10

1 2 3 4 5 6 7 8 9 10

주요 산업별 성장 요인 및 중요도(정성)

	기술발전·시장성	디지털 전환	자금지원	기술평가·분석	공급망
기계 (수송·로봇)	기반기술 정밀가공, 소재, 제조공정, 동력·에너지, 제어·자동화 등 / 혁신기술 친환경차(전기·수소차), 자율 주행차, 차세대 항공, 제조·서비스 로봇, 첨단제조장비, 신소재(경량화·고강도·고기능성), 초연결, 안전성 / 시장성장 혁신기술 중심 성장세	자율주행 AI 기반 충돌회피, 원격제어 등 → 자율주행 레벨↑, 글로벌 경쟁력↑ / 스마트제조 공정자동화·최적화, 로봇 활용 → 생산성·수율↑, 비용↓, 제품경쟁력↑ / 맞춤생산 고객 맞춤형 설계·생산·제품 생산시간 단축, 신규 BM 창출	산업생태계 및 클러스터 조성 부품사 를 위한 중기대출 확대 *다수의 중소기업이 참여하는 구조 *금리우대, R&D·설비투자 우선지원 등 실증 기반 구축 등을 위한 정부지원 확대(현지 공장 신축 등)	평가요소 생산설비, 공급망, 개발실적 등 개발·생산·사업화 가능성 중심의 평가 / 혁신기술발굴 사업화 가능성 판단 ▶ 기업·기술경쟁력 강화 / 기술융합촉진 융합가능성 판단 등을 통한 사업화 가능성↑	공급망 복잡성 다양한 부품소재 기술·기업의 밀접한 연계 구조 자동차 ▶ 근거리, 신속 부품 조달 구조 ▶ 수직계열화 / 글로벌 소싱 국산화율향상 친환경 차량 등의 낮은 국산화율 ▶ 부품기업 지원체계 마련 필요
전기전자 (반도체·디스플레이·이차전지)	기반기술 장비 반도체), 소재, 설계, 공정, 제조, 자동화, 클린룸 등 / 혁신기술 이종집적 3차원 적층, Cool 반도체, 초미세 공정, 맞춤형 그린 자유형상 디스플레이, AR/VR, 고연정성, 지속가능 및 저탄소공정 소재 등 / 시장성장 지속적인 시장 성장동력 성장력 보유	AI탑재 AI 탑재 모바일·IT 기기 수요 증가·디스플레이 산업에서 새로운 성장동력 / AI대응 AI 대응 반도체 개발 주력·인공지능 작업의 고도화, 효율성 향상 / 스마트제조 공정자동화 및 최적화 ▶ 생산성·수율↑, 비용↓, 제품경쟁력↑	혁신기술 개발 등을 위한 R&D 산업생태계 및 클러스터 조성, 부품사 를 위한 중기대출 확대 *금리우대, R&D·설비투자 우선지원 등 글로벌 진출 지원(무역금융 등) *국내 보다는 세계 시장 관점 접근	평가요소 기술개발동향 세계), 생산설비, 공급망, 혁신기술 수준, 파급성 등 기술개발 촉진 빠른 개발·사업화 안착·개발속도가 사업화 경쟁력으로 작용 / 기술융합촉진 융합가능성 판단 등·연관기술 매칭 등을 통한 사업화 가능성↑	과독점 희토류, 전아금속, 발광·기판, 리튬·코발트·니켈 등 필수 소재의 공급망 이슈 (수입의존도↑) *국산화, 데이터베이스화 등 전후방연계성 다양한 부품소재 기술·기업의 밀접한 연계 구조, 사업화 성공 → 막대한 이윤
정보통신 (차세대 통신)	기반기술 네트워크, 통신, S/W, 보안, 센서, 반도체, 단말기, 클라우드 등 / 혁신기술 5G 성능 향상, 6G, 초고속·초광대역 통신, 네트워크 자동화, 통신 커버리지 향상, 지능형 무선 엑세스, 초저손실·고신뢰성 통신, 지능화 서비스 등 / 시장성장 차세대 통신 부문 투자 활발	효율개선 AI 기반 채널추정, 자원할당, 빔포밍 등 통신 효율 극대화 → 초고속·초광대역 통신 원천기술 개발 / AI대응 자율주행, 원격수술, 오감 홀로그램 통신 등의 서비스 구현·인공지능 구현을 위한 기반 인프라 / 서비스개선 보안성능·네트워크 품질 개선, 개인맞춤형 서비스 구현, 의사결정 지원 등	차세대 통신 인프라 구축을 위한 정부지원 확대·국내 선제적 구축 추진, 실증 역할 수행·글로벌 진출 기반 마련 부품사 (소재 제조) 를 위한 중기대출 확대 *금리우대, R&D·설비투자 우선지원 등·핵심 소재부품 공급망 이슈 해소 기술선점을 위한 정부 R&D 지원 확대	평가요소 기술개발·시장동향(세계), 혁신성(동업계 대비 성능 수준), 타분야 파급성 등 원천기술 기술차별성 및 사업화 가능성 판단 역할·핵심소재·공정에 대한 원천기술 확보 / 기술융합촉진 융합가능성 판단 등·연관기술 매칭 등을 통한 사업화 가능성↑	소재공급망 높은 기술장벽으로, 5G/6G 통신 소재는 미·일·독에서 수입 원천기술 확보 노력 필요 ▶ 국가 전략 산업으로 중점 지원 / 소수업체 과점 막대한 인프라 비용과 보안 문제로 소수 업체가 과점하는 구조 ▶ 수직적인 조직화 경향
에너지	기반기술 터빈, 태양광모듈, 발전시스템, 연료전지, 저장 시스템, 전력망, 수소액화, 에너지관리 등 / 혁신기술 청정연료발전, 수소연료전지, 재생에너지 태양광·풍력), 지능형전력망, 에너지 저장(ESS), 수소화 그린수소), 에너지 고효율화 산단건물, 자원순환, CCUS 등 / 시장성장 탄소중립 이슈로 성장예상	효율개선 에너지 자원공급·발전, 전력망 운영, 유지관리망 전반의 효율 개선 *(예) AI 기반 스마트 전력망, 스마트 변전소 / AI확대 에너지 수요 변동성·탄소 배출량 감축 등의 이유로 적용 확대 예상 특히, 높은 중앙집중화·재생 가능 에너지로의 원활한 전환이 가능해 질 것으로 전망	산·학·연 참가하는 대형 통합형 R&D 지원·2030 NDC 달성 을 목표로 투자 확대·대형 터빈 등에 대한 실증 기반 마련 부품사를 위한 중기대출 확대·금리우대, R&D·설비투자 우선지원 등 청정에너지 생산설비, 지능형전력망 등에 대한 투자 관련 자금지원 확대	평가요소 기술개발·시장동향 세계), 혁신성(규모, 효율 등 고려), 탄소저감 효과, 경제성, 사회적 수용성, 환경영향 등 사업화 가능성 생산효율·설비규모 등을 감안 차별성 및 사업화 가능성 판단·기술·사업화 가능성 기업 발굴 친환경 전환 친환경 제품 우수 적용 유도	화석연료 공급망 높은 해외 자원 의존도로, 수급·가격에 직접적 영향·청정에너지로의 전환을 통한 공급망 안정화 노력 필요 / 소재공급 안정화 태양광 소재 등에 공급망 이슈 존재 ▶ 국산화, 데이터베이스화 등
재료화학 (탄소중립)	기반기술 신소재, 나노기술, 제조공정, 촉매기술, 재활용 기술 등 / 혁신기술 나노소재, 신기능성 소재, 경량 소재, 친환경 공정 및 제품, 제조 비용 절감 등 / 시장성장 전반적으로 성숙기 시장	소재개발 가속화 데이터·인공지능·계산 도구를 활용한 신소재개발·데이터 수집·가공, 디지털 공정, 물성평가 등 고도화 산업응용 확대 빅데이터 플랫폼 구축·산업별 소재의 개발부터 적용까지 지원 친환경·저비용공정 탄소중립 공급망 경색 대응 가능 디지털 공정 도입·산업 지속가능성, 신규 BM 창출	핵심소재 대응, 첨단소재 경쟁력 유지·우대금융 지원 확대 친환경 공정 전환, 친환경·고부가 소재 개발 분야 지원 확대 세정, R&D, 공급망 대응 등과 관련한 정부지원 확대	평가요소 생산역량, 소재 기술수준, 공정, 생산성·수익성 등 사업 안정성 및 성장가능성 / 사업화 가능성 판단·기업·기술경쟁력 강화, 투자효율성 증대 고부가 산업구조 전환 전방산업 대응 제품 개발·스페셜티 확대를 통한 생존전략 실행	미래공급망 확보 원료 원재료 확보, 소재 종합지원, 핵심 소재 집중 투자예산 / 친환경 규제 대응 소재, 공정, 제품에 이르는 탄소중립 이행을 통한 안정적 공급망 선제 구축 / 시장글로벌 글로벌 기업의 선점 시장에 신규진입을 위한 기업경쟁력 강화에 집중
바이오	기반기술 바이오 소재 탐색·설계, 의약품·에너지 소재 제조, 진단·의료기기 등 / 혁신기술 바이오 파운드리, 신약 개발, 이식형 의료기기, 영상진단, 바이오 에너지, 식량 품종 개발 등 / 시장성장 전반적으로 성숙기 시장	AI플랫폼 AI기반 바이오 통합 플랫폼·바이오파운드리 기술개발·산업화 디지털 헬스케어 바이오 빅데이터 시스템, 진단치료 솔루션 정밀 의료기기·빅데이터 활용, 맞춤형치료 동향상 융합기술 바이오 수소·디젤설계·식량분야, 친환경생화효능·설계 및 제조기술 최적화 등	바이오산업 투자 활성화 방안 수립 *바이오 기업 상장 및 투자 심리 위축 정부지원 확대, 규제개선 등 확대 글로벌 진출 지원(무역금융, 기술수출 등)	평가요소 기술 신규성과 우위성, 지재권 전략, 자본 제재, 기술개발 역량 등 종합 평가 / 사업화 가능성 정부지원, 투자 등 자금 조달 용이성, 기술 인력 등 사업화 경쟁력 판단 / 기술융합촉진 IT 기술 융합능력 판단 등·바이오·IT 융합, AI활용 플랫폼 기술사업화 가능성↑	과독점 미국, 유럽 등 바이오 분야 표준화, 인증 선점, 기술 보호 (규제) 정책 / 수급균형 제조 기반시설의 해외화 / 기술혁신가속화 글로벌 기업의 기술혁신 생태계 구축 유리

신용정보원의 기술금융 서비스는 고온 고압으로 밥을 짓는 압력밥솥과 비슷하다고 생각합니다. 압력밥솥에 넣는 쌀과 같이 기술, 기업, 평가 데이터를 수집하고, 이를 압축하고 요리(분석)해 수요자 맞춤형 밀도 높은 양질의 콘텐츠를 생성하는 것입니다. 신용정보원은 이러한 서비스를 통해 금융회사의 기술금융 평가와 여신 의사결정 시스템을 획기적으로 개선하고 효과적으로 지원하고 있습니다.

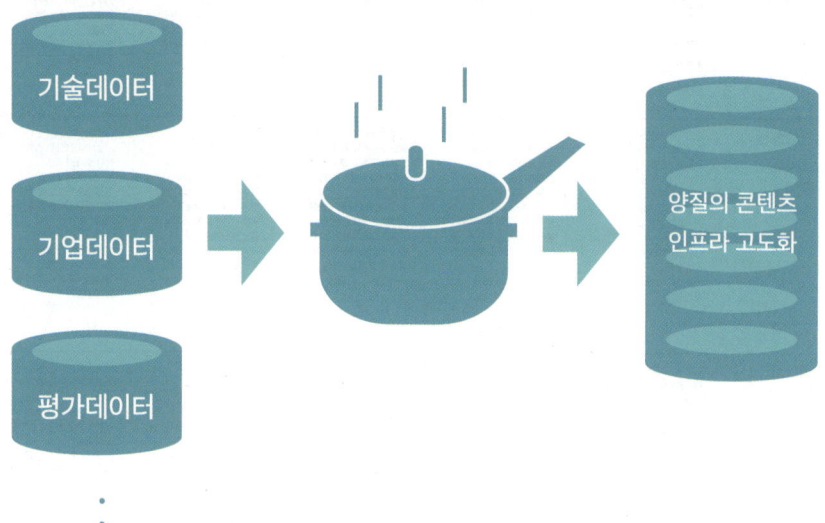

3.5 개인 사업자의 업종별 부도율은 어떻게 모델링되나요?

01 MOTIVATION

- 경기 변동에 상대적으로 취약하고 기업 재무 정보의 신뢰도가 낮은 개인 사업자에 대해 일반 법인 부도율(위험) 예측 모형 적용이 가능한지 의문

- 기존 부도율 예측 모델에서 활용하는 거시경제 변수에 개인 사업자에 대한 가공된 신용정보를 설명 변수로 함께 활용 검토하고, AI 기술을 적용해 최대 성능 모형을 찾고자 함

02 MODELING

- 거시경제 지표(거시 변수), 신용정보(미시 변수)를 설명 변수로 하는 업종별 부도율 예측 모형으로, 다양한 AI 서브 모델을 구축하고 성능 평가를 통해 최대 성능 모델의 중요 변수 추출

03 SCALE-UP

- 개인 사업자 업종별 부도율 예측(리스크 관리) 영역에서 유용한 신용정보가 검증됨에 따라 개인 사업자뿐 아니라 재무 정보가 부족하거나 신뢰도가 떨어지는 중소기업, 자영업자, 소상공인의 리스크 관리를 위해서도 신용정보의 대안적 활용 가능

부도율 예측의 필요성

'자영업자 보릿고개'라는 말, 들어보셨나요? 최근 경기 침체로 가계 소비가 얼어 붙으면서 자영업자들이 큰 어려움을 겪고 있습니다. 한국경제인협회에서 자영업자 500명을 대상으로 실시한 설문 조사에 따르면 10명 중 4명이 '3년 내 폐업을 고려하고 있다'고 답했습니다. 업종별로 보면 특히 음식점업과 소매업 등에서 폐업률과 부도(돈을 못 갚는 상태)율이 높게 나타납니다. 시기적으로는 2022년 팬데믹 이후 지금까지도 개인 사업자의 폐업률과 부도율이 사회적 이슈이며, 이를 해결하고자 정부의 각종 지원 정책이 이어지고 있습니다.

이런 상황에서 업종별 부도율을 예측할 수 있다면, 개인 사업을 준비하는 이들은 상대적으로 부도율이 높은 업종을 피할 수 있고, 개인 사업자에게 대출을 제공하는 금융기관도 해당 사업자의 업종 정보를 참고해 리스크를 예측하고 관리할 수 있습니다. 그럼 부도율을 결정하는 변수는 무엇일까요? 예측이 가능한 방법이 있을까요?

자영업자, 소상공인, 개인 사업자, 이 세 용어는 비슷하게 쓰이지만 분명한 차이가 있습니다. 먼저 개인 사업자란 부가가치세와 소득세 납부 의무가 있는 사업자로, 세금을 내는 명의가 개인인 경우를 뜻합니다. 자영업자는 개인 사업자를 포함하지만 사업자 등록이 되지 않은 프리랜서도 포함되며 보다 넓은 개념입니다. 소상공인은 종업원 수나 연 매출 등이 일정 기준 이하인 사업자를 의미하며, 개인 사업자도 있지만 법인 사업자도 포함됩니다. 이처럼 개념의 차이는 분명하지만 실생활에서는 자영업자, 소상공인, 개인 사업자를 혼용해 사용하는 경우가 많습니다.

소상공인 자영업자 종합 대책 (출처 새출발 희망 프로젝트, 2024년 7월)

법 인	개 인		무등록사업자
소상공인 : (2021) **734만 개** (기업)			
∴ 중기부, 「중소기업 기본 통계」			
(간판 없는 소상공인, 복수 사업자 포함)			
법인 : 72만 개	개인 : 662만 개		
	개인 사업자 : (2022) **843만 명**		
	∴ 국세청, 「국세통계연보」		
	(사업자등록 기준, 복수 사업자 포함)		
	일반 : 505만 명	간이 : 208만 명 면세 : 129만 명	
	자영업자 : (2024.4 기준) **562만 명** (인구)		
	∴ 통계청, 「경제활동인구조사」		
	(사업자 등록이 없는 농어민, 노점상 등 포함)		

대출 등 신용거래가 있는 개인 사업자의 신용정보는 신용정보법에 따라 법인 사업자와 마찬가지로 신용정보원에서 집중 관리합니다. 개인 사업자는 법적으로는 기업으로 분류되지만 본질적으로 대표자 개인의 속성에 크게 영향을 받습니다. 이러한 성격 때문에 보다 종합적이고 정교한 예측 분석이 필요합니다.

AI 기반 부도율 예측 모형 개발

'AI 기반 개인 사업자 업종별 부도율 예측 모형'은 경기 변동에 상대적으로 취약하고 기업 재무 정보의 신뢰도가 낮은 개인 사업자에게 법인 대상 부도 예측 모형을 그대로 적용하기 어렵다는 문제의식에서 출발했습니다. 이 모델의 목표는 개인 사업자의 업종별·월별 부도율을 보다 정밀하게 예측하는 방법을 찾는 것입니다. 이를 위해 두 단계의 분석을 수행했습니다. 1단계에서는 재무 정보 대신 신용정보가 부도율 예측에 얼마나 유용한지를 검증했고, 2단계에서는 여러 AI 기법을 적용해 가장 예측 성능이 뛰어난 모형을 도출했습니다.

예측에 활용할 변수는 통계 검증을 거쳐 거시 변수를 선정하고, 미시 변수는 통계적 검증과 최대 성능을 보인 AI 모형에서 중요 변수 분석을 통해 산출했습니다. 이렇게 선정된 변수들을 기반으로, 최종 입력 변수를 고정한 상태에서 다양한 AI 기법의 성능을 비교 평가해 최적의 예측 모형을 도출했습니다.

모형은 대조 모형과 실험 모형, 두 가지로 나뉩니다. 대조 모형은 전통적인 회귀 모델 중 하나인 리지 회귀ridge regression를 활용했고, 실험 모형에는 머신 러닝과 딥 러닝 기법을 적용했습니다.

1단계: 부도율 예측 시 신용정보의 유용성 검증

예측 모델 개발에 앞서 관련 문헌 조사와 전문가 토의를 거쳐 거시 변수와 미시 변수 후보를 정의했습니다. 먼저 거시 변수는 국가 전체의 경제 상황이나 업종 전반의 흐름을 반영하는 지표로, 총 33개를 선정했습니다. 여기에는 주택 시장 소비자 심리 지수, 설비 투자 지수, 콜 금리, 기준 금리 등 '최종 수요' 관련 변수부터 고용률, 고용자 수, 설비 투자 실적 같은 '노동 공급' 관련 변수, 유가와 생산자 물가지수 등 '물가·임금' 관련 변수, 국고채 금리, KOSPI, 원·달러 환율 같은 '통화·금융' 변수, 그리고 수출액 등 '국제수지' 관련 변수까지 고루 포함됩니다.

한편 미시 변수는 개인 사업자의 세부적인 신용 특성을 반영한 지표로, 총 170개를 정의했습니다. 여기에는 대표자 개인의 신용정보와 사업체의 기업 신용정보가 모두 포함됩니다. 개인 변수에는 개인 대출 잔액, 비은행권 대출 잔액, 카드 대출 잔액, 연체 잔액 등이, 기업 변수에는 원화 대출 잔액, 운전자금 대출 잔액, 비은행권 대출 잔액, 카드 대출 잔액, 연체 잔액 등이 포함됩니다. 이 외에도 개인과 기업 신용정보를 결합하거나 가공해 만든 복합 변수가 있는데, 예를 들면 '전체 대출 중 사업자 대출이 차지하는 비율' 등이 해당됩니다.

개인 사업자 부도율 예측을 위한 주요 후보 변수

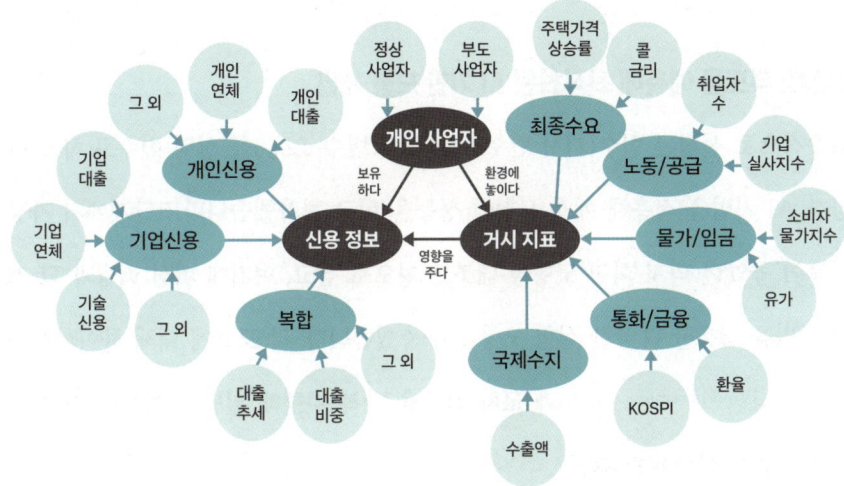

거시 변수와 미시 변수 후보 중 통계적 검증을 통해 예측에 의미 있는 변수들만 선별했습니다. 특히 미시 변수는 모델 성능 기반 분석까지 더해 최종적으로 중요한 변수를 채택했습니다.

예측 모형은 두 가지로 나뉩니다. 하나는 거시 변수만 이용하는 대조 모형, 다른 하나는 거시 변수와 미시 변수를 함께 활용하는 실험 모형입니다. 실험 모형에서는 개인 신용정보, 기업 신용정보, 그리고 이를 결합한 복합 신용정보를 조합해 다양한 모델을 실험했으며, 그중 가장 예측력이 뛰어난 모델을 도출했습니다. 그 결과 개인 사업자의 부도율을 예측할 때 신용정보원이 보유한 신용정보를 함께 활용하면 예측력이 약 3.48% 향상된다는 사실이 확인되었습니다. 특히 개인과 기업의 신용정보를 가공해 만든 복합 신용정보가 가장 효과적이었고, 그다음은 개인 신용정보, 기업 신용정보 순으로 유용성이 높았습니다. 즉 개인 사업자 부도율 예측에는 개인과 기업 신용정보를 함께 활용한 변수가 가장 유의미하다는 점이 드러났습니다.

2단계: 부도율 예측에 최적화된 AI 기반 모형 개발

최종적으로 선정된 변수(거시 변수 5종, 미시 변수 12종)를 설명 변수로 하고 다양한 AI 기법을 적용해 예측 모형의 성능을 비교 평가했습니다. 1단계에서 가장 성능이 좋았던 리지 회귀 모형을 대조 모형으로 삼고, 여기에 머신 러닝과 딥 러닝 기법을 적용한 다양한 실험 모형을 구축했습니다. 각 모델에 대해 하이퍼파라미터 튜닝hyperparameter tuning 과 교차 검증을 반복 수행해 일반화 성능이 가장 우수한 모델을 선택했습니다.

그 결과 딥 러닝 기법 중 하나인 DNNDeep Neural Network이 가장 뛰어난 성능을 보였습니다. 특히 거시 변수만 활용했던 1단계의 모형과 비교해 예측 성능이 약 4.74% 개선되었습니다. DNN 모형은 5개의 노드를 갖춘 3개의 히든 레이어로 구성되었으며, 그 외 파라미터 설정값은 하이퍼파라미터 튜닝을 통해 정의했습니다.

AI 기반 부도율 예측, 그 가능성과 의미

개인 사업자 업종별 부도율을 예측할 때, 신용정보가 설명 변수로서 얼마나 유용하게 쓰일지를 확인했습니다. 특히 대표자의 개인 신용정보와 사업체의 기업 신용정보를 모두 활용하되, 정보의 조합 방식이나 적용하는 AI 알고리즘에 따라 예측력이 달라진다는 점도 살펴봤습니다.

검증을 통해 가장 성능이 뛰어난 AI 모형과 핵심 변수를 도출하고, 이를 바탕으로 향후에는 변수 확장이나 생성형 AI 접목 등 다양한 방식으로 모델을 고도화할 수 있을 것으로 기대됩니다. 나아가 이 모델은 개인 사업자뿐 아니라 재무 정보가 부족하거나 파악이 어려운 소상공인, 자영업자, 창업 기업 등의 리스크 예측에도 활용할 수 있습니다.

이 부도율 예측 AI 모형은 2023년에 특허로 등록되었습니다.[08] 특허의 핵심은 거시경제 변수에 신용정보를 결합해 정교한 미시 변수를 만들고, 다양한 AI 서브 모델을 실험해 예측력이 가장 높은 모델을 찾아낸 점입니다. 공개 데이터의 부재, 접근 방법의 한계 등으로 예측이 어렵다고 여겼던 개인 사업자의 리스크 관리에 하나의 해법을 제시한 사례입니다. 앞으로 정책 설계부터 금융기관의 대출 심사까지 다양한 영역에서 이 모델이 실질적인 도움을 주기를 기대합니다.

---

08   '신용정보를 활용한 인공지능 모형 기반 개인 사업자 부도율 예측 방법 및 장치',
      신용정보원 등록특허 10-2505632

3.6 기업의 미래 시장 규모는 어떻게 추정할 수 있을까요?

01 MOTIVATION

- 시장 규모 산정에 활용 중인 통계청 출하액 자료는 2년 후 발표[09]로 인한 최신성 한계 존재

- 평가 기관의 최신 시장 자료 수요에 대응하기 위해 통계청 발표 전 수집된 기업 DB를 기반으로 시장 규모 예측 필요

02 MODELING

- 통계청 조사 방식 및 선행 연구 기반으로 표준산업분류별 데이터 구성

- 기업별 생산품, 재무 데이터를 정제하여 다양한 모델·변수 테스트

- 산업별 시장 규모 예측을 위한 최적의 알고리즘 개발 및 검증

03 SCALE-UP

- 기업 데이터 기반 예측 모델로 시장·산업 변화에 적절한 예측 가능성 확인

- 산업 특성(안정성, 경기 민감도 등)에 따라 선형·비선형 모델 적용

- 향후 산업 리스크, 기술 성장성 등 다양한 분야로 확장 가능

---

09   2022년 출하액을 2024년 5월경 발표.

기업 재무 정보 기반 시장 추정 모델 개발 배경

신용정보원은 은행 및 기술신용평가기관이 기업의 기술 신용을 평가할 때 활용할 수 있도록 품목별 시장 규모를 추정한 보고서를 제공합니다. 이 보고서는 통계청이 발표하는 표준산업분류[10]에 따른 8자리 품목별 출하액 자료를 바탕으로 작성합니다.

하지만 통계청 자료는 조사 대상과 방법이 정교한 만큼 통상 2년의 시차를 두고 발표합니다. 예를 들어 2022년 자료는 2024년 중반에야 확인할 수 있습니다. 이로 인해 특히 기술 변화 속도가 빠른 산업 분야에서는 최신 시장 정보를 반영하기 어렵다는 한계가 있습니다.

이 문제를 해결하기 위해 기업 집단의 재무 정보를 활용해 제품별 출하액을 추정하는 방법을 개발했습니다. 기업의 손익계산서나 사업보고서에 있는 매출액과 수익 구조는 분기 또는 반기 단위로 비교적 빨리 최신 데이터를 확보할 수 있습니다. 이를 표준산업분류체계에 따라 정리해 분석함으로써 통계청 발표 전이라도 시장 규모를 추정할 수 있도록 했습니다.

규모 추정 모델 개발 단계

이 모델은 기존 시장 보고서의 시의성 한계를 보완할 수 있으며, 더 빠른 정보를 제공할 수 있습니다. 이는 시장 분석뿐 아니라 기술 평가, 투자 판단, 정책 결

---

10   표준산업분류는 알파벳 및 숫자 8자리로 구성되며 앞부분부터 대분류(알파벳 A~U), 중분류(2자리), 소분류(3자리), 세분류(4자리), 세세분류(5자리), 품목분류(8자리)로 분류.

정 등 다양한 분야에서 더 믿을 수 있는 자료로 사용할 수 있습니다.

모델 개발 단계

시장 규모를 잘 추정하려면 먼저 정확한 데이터가 필요합니다. 이번에 개발한 모델은 통계청의 기업 분류 체계(세세분류 5자리 코드)를 기반으로, 산업별로 세부 제품군과 관련 기업 리스트를 정리하는 것에서 시작했습니다. 이후 신용정보원이 보유한 기업 데이터를 활용해 기업별 매출액 등 주요 재무 정보를 추출하고, 이를 바탕으로 기업의 특성과 생산 제품의 양을 파악했습니다.

이렇게 수집한 데이터를 표준산업분류 기준과 연결함으로써 기업 재무 정보와 산업별 시장 데이터를 함께 분석할 수 있는 기반을 마련했습니다. 이 과정에서는 연도별 데이터를 시간의 흐름에 따라 정리하고, 누락되었거나 이상치로 판단되는 값들을 수정했습니다. 예를 들어 기업 매출 데이터에 일부 연도가 비어 있을 경우, 선형 보간법을 적용해 앞뒤 값을 참고해 자연스럽게 연결했습니다. 시장 데이터의 경우 통계청이 제공한 연도별 품목별 출하액을 사용하되, 코드 오류나 비정상적인 수치를 제거하고 2008년부터 2022년까지 최소 4년 이상 데이터가 확보된 품목만 분석에 활용했습니다.

다음 단계에서는 품목별 출하액과 개별 기업의 매출 사이의 관계를 분석했습니다. 이를 위해 '피어슨 상관관계 분석' 기법을 적용해 해당 품목 시장의 흐름을 잘 반영하는 핵심 기업들을 찾아냈습니다. 분석에는 과거 10년 치 데이터를 모두 사용하되, 최근 5년 치 데이터에 더 높은 가중치를 부여함으로써 시장의 최신 변화를 반영했습니다.

마지막으로 모델링 과정에서는 다양한 예측 알고리즘을 적용했습니다. 시장 데이터는 대체로 일정한 흐름을 보이지만 금융 위기나 팬데믹 같은 돌발적 외부 변수로 인해 급격한 변동이 발생하기도 합니다. 이러한 특성을 고려해 선형 회귀 모델처럼 단순한 예측 방식과, 트리 기반 모델 같은 비선형 예측 방식 모두를 비교하고 품목별로 가장 예측력이 우수한 알고리즘을 선택했습니다.

다양한 예측 알고리즘 종류

평가기준 : 조정 RMSE(평균 제곱근 편차)
▪ 최근 년도 평가에 가중치(2022: 4, 2021: 2, 2020: 1)를 부여

가장 기본이 되는 방식은 'OLS 회귀분석regression(최소 자승 회귀)'이라는 선형 모델입니다. 이 방식은 기업의 매출과 전체 시장 규모가 일정한 비율로 움직인다는 가정하에 예측을 수행합니다. 구조가 단순해서 빠르게 예측하지만 시장이 급격히 변화하거나 복잡하게 움직이는 경우에는 한계가 있습니다.

그래서 더 정교한 예측을 위해 비선형 모델도 함께 사용했습니다. 예를 들어 랜덤포레스트나 XGBoost 같은 모델은 다양한 변수 사이의 복잡한 관계를 반영해 예측의 정확도를 높일 수 있습니다. 또 다른 예로 'MLPMulti-Layer Perceptron 회귀분석 다층 퍼셉트론'은 인공 신경망을 활용한 모델로, 데이터 안에 숨은 패턴을 찾아내는 데 강점이 있어 복잡한 시장 변화에도 잘 적응합니다.

이렇게 다양한 모델을 비교하고 평가하면서 각 품목에 가장 적합한 모델을 골라 적용했습니다. 모델의 성능은 예측 오차RMSE(평균 제곱근 편차)를 기준으로 평가했고, 최근의 시장 흐름을 더 정확히 반영하기 위해 최신 연도에 더 많은 가중치를 주는 방식으로 테스트했습니다.

모델의 예측력이 실제로 얼마나 정확한지 확인하기 위해 '롤백 테스트'라는 방식도 활용했습니다. 예를 들어 2011년부터 2020년까지의 데이터를 학습용으로 사용하고, 그 이후 연도인 2021년, 2022년의 시장 규모를 실제로 예측해보는 식입니다. 테스트 기간이 가까울수록 시장 변화가 더 뚜렷하게 반영되기 때문에 2022년 예측에는 더 큰 가중치를 주는 방식으로 정확도를 평가했습니다. 이렇게 테스트를 반복하며 예측 모델이 실제 시장과 얼마나 일치하는지를 확인했고, 그 결과 평균적으로 약 7% 수준의 낮은 오차율을 보였습니다.

예측 정확도를 높이기 위해 어떤 기업 데이터를 활용할지 선별하는 과정도 중요했습니다. 전진 선택forward selection, 후진 제거backward elimination, 단계적 선택법stepwise selection 등 다양한 변수 선택 기법을 테스트했으며, 특히 전진 선택법에 변수 조합을 추가로 고려하는 알고리즘을 개발해 예측력이 높은 변수 구성을 찾아냈습니다. 그 결과 단순 상관관계 기반 방식보다 약 5배 높은 예측 정확도를 달성했습니다.

최종적으로 약 1,350개 품목에 대해 모델 학습 및 최적 모델 선택을 진행했고, 가장 많이 사용한 모델은 OLS 회귀분석(약 40%)이었습니다. 이는 기업 매출과 시장 규모 간의 선형적 관계가 뚜렷한 품목에서 특히 효과적이었습니다. 하지만 시장 구조가 복잡하거나 예외적 흐름이 많은 품목의 경우는 비선형 모델인 랜덤포레스트, XGBoost(약 39%)나, 인공 신경망 기반의 MLP 회귀 모델(약 31%)이 더 뛰어난 성능을 보이기도 했습니다.

예측 오차는 평균 약 7% 수준으로, 기존에 자주 사용하던 단순 평균 성장률 방식(CAGR)의 평균 오차 약 38%에 비해 훨씬 정확도가 뛰어났습니다. 특히 예측 오차가 5% 이내인 품목이 전체의 80% 이상이고, 1% 이내인 품목도 약 40%에 달해 높은 신뢰도를 입증했습니다.

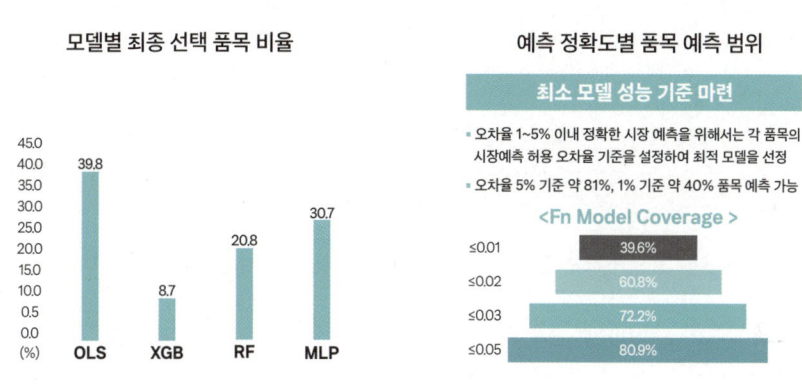

모델 개선 및 적용 방안

이번에 개발한 예측 모델은 과거 데이터를 기반으로 안정적인 결과를 도출했지만 실제 활용에서는 예측 결과가 달라질 수 있는 한계도 존재합니다. 이를 보완하기 위해 앞으로는 최신 기업 데이터를 더 많이 반영하고, 시간의 흐름에 따른 데이터 누락도 체계적으로 보완할 예정입니다. 특히 최근 3년 치 데이터에만 지나치게 집중되지 않도록 향후에는 최근 5년 치 데이터를 균형 있게 반영해 모델이 과적합되지 않도록 개선할 계획입니다.

또한 기업의 주요 제품 정보를 보다 정확하게 분류할 수 있도록 언어 기반 분류 모델을 도입해 예측에 사용되는 기업 선별 과정도 더욱 정교하게 개선할 예정입니다. 이를 통해 품목별 시장 규모 예측의 정확도를 높이고 다양한 산업군에 맞춤형 모델을 적용할 수 있게 됩니다.

앞으로는 신용정보원이 구축 중인 차세대 시스템과 연동해 최신 데이터를 자동으로 반영하고 예측 결과를 바로 시장 보고서로 만들 수 있도록 준비하고 있습니다. 이를 통해 정책 기관, 은행, 기술평가기관 등 다양한 주체가 보다 빠르고 신뢰할 수 있는 시장 정보를 실무에 활용할 수 있을 것으로 기대됩니다.

3.7 미래 성장 가능성이 높은 품목을 추천하기 위한 방법이란?

01 MOTIVATION

- 금융기관이 혁신 기업에 적절한 금융을 지원하기 위해서는 혁신 기업에 해당하는 지 선제 판단이 필요, 객관적이면서도 효율적으로 판단할 수 있는 방법 강구

- AI 언어분류 모델을 활용해 혁신 성장 금융 수혜를 받지 못한 기업을 대상으로 가장 적합하다고 판단되는 혁신 성장 공동 기준 품목[11] 제시

02 MODELING

- AI 언어분류 모델 중 BERT 모델을 활용해 혁신 성장 금융 미수혜 기업에 대해 적절한 혁신 공동 기준 품목 추천

- 학습 데이터를 목적 적합성에 따라 분류해 순차적 학습 전략 및 키워드 강화 학습을 통해 모델 성능 향상 및 활용성 제고

03 SCALE-UP

- 언어분류 모델은 비정형 데이터(텍스트)를 정형 데이터(분류 코드)로 예측·변환 하는 기능이 있어, 목적에 따라 다양한 텍스트 기반의 분류 업무에 활용 가능

- 다양한 혁신 분야에서 더 많은 성장 기업을 발굴해 나갈 수 있는 확장성 기대

---

11 정부 부처, 금융기관 등이 최신 기술·산업 트렌드, 정부 정책 등을 포괄해 마련한 혁신 성장 분야에 대한 기준(9개 대분류, 31개 중분류, 240개 품목으로 구성).

혁신 성장 인텔리전스 시스템(IGS)

우리의 미래를 선도하는 혁신 성장 산업에 자금이 효율적으로 집중되는 것은 매우 중요합니다. 항공, 조선 해양 등 제조·모빌리티 테마에 지속적으로 금융이 투입되어 우리나라 경제에 큰 역할을 하고, 반도체 테마에도 혁신 금융 투입 추이가 빠르게 증가하며 AI 발달 속도에 발맞춰 가고 있습니다.

이러한 이유로 신용정보원은 혁신 성장 인텔리전스 시스템(IGS)을 구축해 정책금융기관 및 주요 시중은행의 혁신 금융 데이터를 한데 모아 관리하고 있습니다. 이렇게 모인 DB를 기반으로 데이터를 가공·결합·분석하고 이를 다시 금융기관들과 공유하며 하나의 혁신 성장 금융 생태계를 조성합니다.

IGS라고 하는 혁신 성장 생태계 안에서 금융기관은 감이 아닌 데이터를 기반으로 혁신 기업을 발굴 및 지원하고, 금융 당국 또한 정책금융 자원을 효과적으로 배분할 수 있게 됩니다. IGS가 혁신 성장 분야 관련 종합 정보 플랫폼이라면, 혁신 성장 분야를 정의하고 판단할 수 있는 기준은 무엇일까요?

혁신 성장 분야를 판단하는 범용성 있는 지표, 혁신 성장 공동 기준

혁신 성장 공동 기준이란 정부와 금융기관이 특정 분야나 기업의 혁신성을 판단할 수 있도록 최신 기술 동향과 산업 트렌드, 정부 정책을 포괄해 공동으로 마련한 기준입니다. 막연히 혁신 성장 분야라고 하면 스펙트럼이 너무 넓고 그 경계가 모호합니다. 그래서 전문가들의 자문을 토대로 혁신 성장 분야를 총 240개의 세부 품목(2025년 최신 개정 기준)으로 분류했습니다.

테마	분야	품목코드	품목
A 제조·모빌리티	A01 제조공정	A01001	3D머신비전
		A01002	3D·4D프린팅
		A01003	자율제조·스마트팩토리 솔루션
		A01004	미세가공기술
		A01005	이종소재접합기술
		A01006	지능형기계
		A01007	첨단소재가공시스템
		A01008	개인맞춤형 제품생산시스템
		A01009	비파괴 검사
		A01010	하이브리드 제조
		A01011	고부가표면처리기술
		A01012	스마트 패키징
	A02 로봇	A02001	제조로봇
		A02002	서비스로봇
	A03 항공·우주/방산	A03001	드론(무인기)
		A03002	항공기
		A03003	인공위성
		A03004	우주발사체 및 시스템
		A03005	첨단 방산
		A03006	AAM/UAM(항공 모빌리티)
	A04 모빌리티	A04001	첨단 철도시스템
		A04002	전기·하이브리드차
		A04003	자율주행차
		A04004	전기·수소차 충전 인프라/서비스
		A04005	퍼스널모빌리티 인프라/서비스
		A04006	수소전기차
		A04007	첨단운전자지원시스템
	A05 조선·해양	A05001	심해저·극한환경 해양플랜트
		A05002	고효율·친환경 선박
		A05003	자율운항선박

테마	분야	품목코드	품목
B 소재·부품	B06 미래유망소재	B06001	기능성 탄소소재
		B06002	전도성 잉크
		B06003	압전·열전소자
		B06004	초전도체
		B06005	미세캡슐
		B06006	바이오 화학소재
		B06007	나노소재·부품
		B06008	슈퍼섬유
		B06009	스마트섬유
		B06010	이온성 액체(이온 전도체)
		B06011	복합재료
		B06012	경량화 소재
		B06013	엔지니어링 플라스틱
		B06014	고기능성 촉매
		B06015	자극반응성 소재
		B06016	기능성 특수유리
		B06017	기능성 분리막
		B06018	고분자 첨가제
		B06019	초고강도 고기능 금속
		B06020	친환경섬유
	B07 핵심부품·센서	B07001	자외선발광다이오드(UVLED)램프
		B07002	차세대 전자소자
		B07003	스마트조명
		B07004	3차원 이미지센서
		B07005	3차원 터치기술
		B07006	바이오센서
		B07007	고해상도 이미지센서
		B07008	융·복합센서
		B07009	라이다(LIDAR)

테마	분야	품목코드	품목
C 에너지	C08 신재생에너지	C08001	태양광발전
		C08002	바이오매스 에너지
		C08003	재생열에너지
		C08004	해양에너지
		C08005	풍력발전
		C08006	신재생에너지 하이브리드시스템
	C09 원자력·핵융합	C09001	원자력발전
		C09002	차세대원자로·SMR
		C09003	원전플랜트 해체
		C09004	방사성폐기물 처리
		C09005	원전연계 공정열원생산 신규
		C09006	핵융합에너지 신규
	C10 에너지저장	C10001	에너지저장장치(ESS)
		C10002	슈퍼커패시터
	C11 에너지효율향상	C11001	초임계CO2 발전시스템
		C11002	C11002 가스터빈 발전
		C11003	에너지 가스변환
		C11004	무탄소 가스발전
		C11005	액화기술
		C11006	폐열회수
		C11007	에너지 하베스팅
		C11008	고온환원처리 시스템
		C11009	스마트그리드
		C11010	분산에너지 시스템
		C11011	지능형 공조시스템
		C11012	동적송전용량 측정기술
		C11013	스마트 직류배전
		C11014	초고압직류 송배전
		C11015	가정용에너지 관리
		C11016	제로에너지빌딩
		C11017	히트펌프 신규

테마	분야	품목코드	품목
C 에너지	C12 이차전지	C12001	리튬이온배터리
		C12002	차세대 이차전지
		C12003	배터리에너지 관리체계
		C12004	무선충전
		C12005	이차전지 재사용·재자원화
	C13 수소·연료전지	C13001	수소에너지
		C13002	연료전지 발전
		C13003	원전연계 수소생산
D 환경·스마트 농축수산	D14 환경개선	D14001	대기오염관리
		D14002	소음진동관리
		D14003	수질오염관리
		D14004	실내공기질 관리
		D14005	친환경 냉매
		D14006	탄소포집/활용/저장(CCUS)
		D14007	토양정화
		D14008	통합환경관리서비스
		D14009	스마트 상하수도
		D14010	친환경 연료
	B07 핵심부품·센서	D15001	금속자원 재자원화
		D15002	담수화
		D15003	모듈러 건축
		D15004	신재생발전시스템 재자원화
		D15005	유니소재화 제품
		D15006	재제조
		D15007	전자폐기물 업사이클링
		D15008	폐자원에너지
		D15009	플라스틱 업사이클링
	D16 스마트 농축수산	D16001	수직농법
		D16002	스마트 농업
		D16003	스마트 어업

테마	분야	품목코드	품목
D 환경·스마트 농축수산	D17 그린바이오	D17001	곤충사육
		D17002	농업용 미생물
		D17003	종자 개발·육종
		D17004	동물용 의약품
		D17005	식품소재/첨가물
		D17006	천연추출물
	D18 푸드테크	D18001	간편식
		D18002	케어푸드
		D18003	대체식품
		D18004	푸드 업사이클링
E 바이오헬스	E19 정밀의료 (치료·진단)	E19001	재생의료
		E19002	인공장기
		E19003	의료용 임플란트
		E19004	장내미생물치료
		E19005	동반진단
		E19006	액체생체검사
		E19007	분자진단
		E19008	유전자 진단
		E19009	의료 데이터 활용 임상·비임상 예측
		E19010	유전자 활용치료
		E19011	첨단의료영상 진단기기
		E19012	신경자극 의료기기
		E19013	가상현실기반 의료기기
		E19014	첨단 고령친화기기
		E19015	독립형 의료기기 소프트웨어
		E19016	의료용 로봇
		E19017	안과용 레이저
		E19018	의료정보 서비스
		E19019	맞춤형 디지털헬스케어
		E19020	의료용 생체적용 소재

AI 기반 금융 모델링

테마	분야	품목코드	품목
E 바이오헬스	E20 차세대 제약·의약품	E20001	제약·바이오의약품 생산시스템
		E20002	바이오시밀러
		E20003	바이오신약
		E20004	경피약물전달
		E20005	개량신약
		E20006	혁신신약
		E20007	나노약물 전달체
		E20008	바이오베터
		E20009	합성생물학(바이오파운드리)
	E21 뷰티테크	E21001	혁신형 화장품
		E21002	미용 의료기기
F ICT·디지털	F22 통신·인프라	F22001	5G/6G 통신
		F22002	차량간통신(V2X)
		F22003	사물인터넷(IoT)
		F22004	고주파 무선통신 기술
		F22005	가시광통신(Li-Fi)
		F22006	방송통신인프라
		F22007	RFID
		F22008	실시간 위치추적 시스템(RTLS)
		F22009	오픈랜(Open RAN)
	F23 디지털 전환	F23001	스마트물류시스템
		F23002	확장현실 및 기반·응용기술
		F23003	스마트홈
		F23004	웨어러블 디바이스
		F23005	디지털트윈
		F23006	XaaS
		F23007	로봇 프로세스 자동화(RPA)
		F23008	재난안전관리시스템
		F23009	스마트시티
		F23010	3차원 건설정보 모델링(BIM)
		F23011	메타버스

테마	분야	품목코드	품목
F ICT·디지털	F24 소프트웨어 응용/ 사이버보안	F24001	실감형콘텐츠 제작 소프트웨어
		F24002	블록체인
		F24003	사이버보안
		F24004	저작권 보호기술(DRM/CAS)
		F24005	소프트웨어정의(SDN)
		F24006	임베디드 소프트웨어
		F24007	게임엔진
G 반도체· 디스플레이	G25 반도체	G25001	3D집적회로
		G25002	전력반도체소자
		G25003	시스템반도체
		G25004	차세대 메모리
		G25005	반도체 장비
		G25006	칩렛 신규
		G25007	반도체 소재
	G26 디스플레이	G26001	디스플레이 소재
		G26002	스크린리스·입체영상 디스플레이
		G26003	OLED 디스플레이
		G26004	플렉서블 디스플레이
		G26005	디스플레이 장비
		G26006	무기발광 디스플레이
H 인공지능	H27 AI 인프라 및 핵심모델	H27001	기계학습·딥러닝
		H27002	지능형 상황진단 및 분석
		H27003	멀티모달 모델
		H27004	사용자 인터페이스 기술(HMI)
		H27005	AI칩
		H27006	온디바이스 AI 기술
	H28 데이터 분석·컴퓨팅	H28001	에지컴퓨팅
		H28002	메모리중심 컴퓨팅
		H28003	클라우드 컴퓨팅

AI 기반 금융 모델링

테마	분야	품목코드	품목
H 인공지능	H28 데이터 분석·컴퓨팅	H28004	빅데이터
		H28005	데이터시각화
		H28006	시맨틱기술
		H28007	차세대 데이터저장
		H28008	슈퍼컴퓨팅
		H28009	양자컴퓨팅
	H29 AI 융합서비스	H29002	지능형교통체계
		H29003	지능형 사회간접자본 유지관리
		H29004	AI 분석 및 예측 솔루션
		H29005	AI 휴머노이드
		H29006	AI 기반 콘텐츠 개발
		H29007	AI 고객경험(CX)
I 융합지식 서비스	I30 지식서비스	I30001	하이브리드형 MICE
		I30002	융합관광
		I30003	애드테크
		I30004	에듀테크
		I30005	디지털/콘텐츠디자인
		I30006	제품/시각정보디자인
		I30007	혁신 모바일서비스
		I30008	공유경제 플랫폼
		I30009	구독·경험서비스
		I30010	ESG 정보 서비스
		I30011	핀테크
		I30012	글로벌 의료서비스
	I31 미디어· 콘텐츠 융합	I31001	게임
		I31002	방송·영화·애니메이션 콘텐츠
		I31003	케이팝(K-pop)
		I31004	웹툰/웹소설
		I30005	디지털 시각특수효과 (VFX; Visual Effect)

혁신 성장 공동 기준은 제조·모빌리티나 소재·부품 같은 제조 관련 분야부터 최근 큰 화두인 인공지능까지 전 분야에 걸쳐 체계화되어 있습니다. 이렇게 혁신 성장 분야라고 하는 다소 추상적인 개념을 명확한 기술과 산업 또는 공정 명칭으로 정의함으로써 혁신 성장 공동 기준이라는 하나의 객관적인 기준으로 혁신 분야를 판단할 수 있게 되었습니다.

혁신 성장 테마·분야별 품목 구성

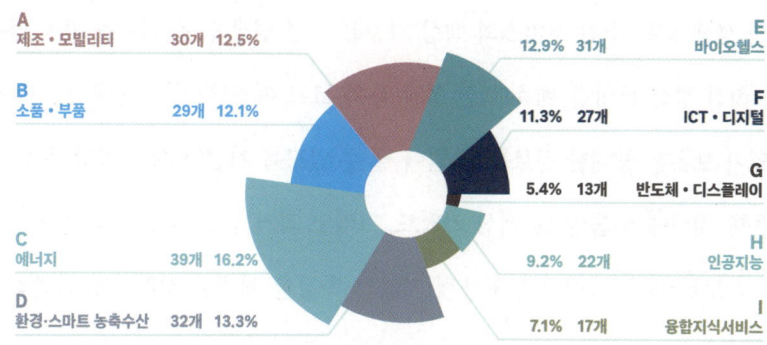

A 제조 · 모빌리티	30개 12.5%		12.9% 31개	E 바이오헬스	
B 소품 · 부품	29개 12.1%		11.3% 27개	F ICT · 디지털	
			5.4% 13개	G 반도체 · 디스플레이	
C 에너지	39개 16.2%		9.2% 22개	H 인공지능	
D 환경·스마트 농축수산	32개 13.3%		7.1% 17개	I 융합지식서비스	

AI 혁신 성장 품목 추천 서비스의 필요성

금융기관은 기업의 혁신 성장 여부를 판단하기 위해 혁신 성장 공동 기준에 따른 적절한 품목 분류가 필요합니다. 이는 대출, 보증, 투자 등 혁신 금융 지원의 출발점이기 때문입니다. 그러나 240여 개에 이르는 다양한 품목과 기술 정의를 모두 숙지하고 심사에 적용하는 것은 현실적으로 어려운 일입니다. 담당자의 전문성이나 경험에 따라 품목 해석이 달라질 수 있고, 이로 인해 심사의 일관성이나 업무 효율성에 한계가 있습니다.

이러한 어려움을 해결하고자 신용정보원은 AI 기술을 활용한 'AI 혁신 성장 품목 추천 서비스'를 개발했습니다. 이 서비스는 기업의 주요 제품이나 서비스를 분석해, 해당 기업이 속할 가능성이 높은 혁신 성장 품목 상위 3개를 자동으로 추천합니다. 이를 통해 담당자는 모든 품목을 일일이 확인하지 않아도 되고, AI가 제시한 후보 중 가장 적절한 항목을 선택하면 됩니다. 또한 분야별로 연관성이 높은 기업 목록까지 함께 제공해, 금융기관이 혁신 기업을 보다 적극적으로 발굴하고 선제적인 마케팅에 활용할 수 있도록 합니다.

다중 언어분류 모델, BERT

AI 혁신 성장 품목 추천 서비스의 핵심 기능은 혁신 성장 금융 지원을 받지 않은 기업의 혁신 성장 분야를 예측(혁신 성장 품목 코드 매칭)해 추천해 주는 것입니다. 기업이 보유한 방대한 정보를 잘 읽어 낼 수 있도록 기업의 제품 설명, 혁신 성장 품목별 정의에서 뽑아 낸 핵심 키워드, 그리고 과거 금융 지원을 받은 기업의 정보까지 모두 학습 데이터로 활용해 기업의 특성을 최대한 정확하게 파악하고자 했습니다.

이때 중요한 것은 단순히 학습 데이터의 양을 늘리는 것이 아니라 AI가 이를 올바르게 이해하도록 만드는 과정입니다. 여러 언어와 새로운 단어까지 유연하게 처리할 수 있는 다중 언어Multilingual BERT 모델을 선택했고, 한국어 기술 용어까지 잘 반영되도록 토크나이저tokenizer를 조정해 나갔습니다. 다중 언어 BERT 모델은 미리 학습하지 못한 단어도 단어 조각wordpiece을 통해 습득합니다. 예를 들어 '텔레매틱스'라는 단어를 익히기 위해 '텔, ##레, ##매, ##틱, ##스'와 같은 형태로 학습합니다.

다중 언어 BERT 모델의 단어 습득 과정

모델명	특징
Multilingual BERT	[CLS] its 텔레매틱스 its intelligent transport system
	['[CLS]', 'its', '텔', '##레', '##매', '##틱', '##스', 'its', 'intelligent', 'transport', 'system'

한국어 이해뿐 아니라 학습 데이터 준비 과정에도 상당한 주의를 기울였습니다. 오류가 있는 데이터를 그대로 학습시키면 AI의 분류 성능이 크게 떨어질 수 있기 때문에 일일이 데이터를 살펴보고 부정확한 부분을 수정하는 작업에 많은 시간을 쏟았습니다.

모델링 학습 절차

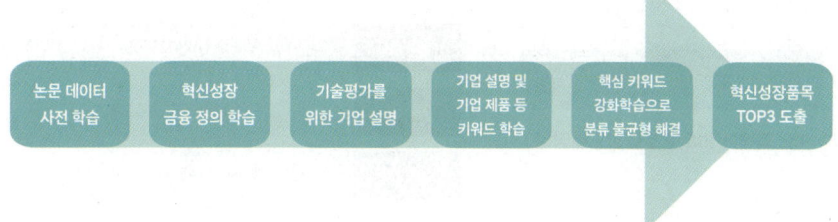

설계 과정에서의 특징으로는, BERT 모델이 사람처럼 단계적으로 학습할 수 있도록 설계했습니다. 먼저 기존 논문을 활용해 한국어에 대한 기본 이해를 학습하고 이후 혁신 성장 품목, 기업 기술 및 분류 체계에 대한 지식을 순차적으로 습득했습니다. 이를 바탕으로 AI는 단순 키워드가 아닌 문맥을 이해하면서 정확한 분류가 가능해졌습니다.

마지막 단계에서는 실제 운영에서 자주 발생하는 분류 오류를 개선하기 위해 강화 학습을 적용했습니다. 예를 들어 특정 장비가 반복적으로 잘못 분류되는 문제를 해결하고자 관련 키워드를 추가 학습해 정확도를 높였습니다. 과도한 조정을 피하기 위해 모델 상태를 점검하며 필요한 범위 내에서만 조정했습니다. 완성된 모델은 플랫폼 내에 DB화되어 지속적인 업데이트와 고도화를 통해 운영되고 있습니다.

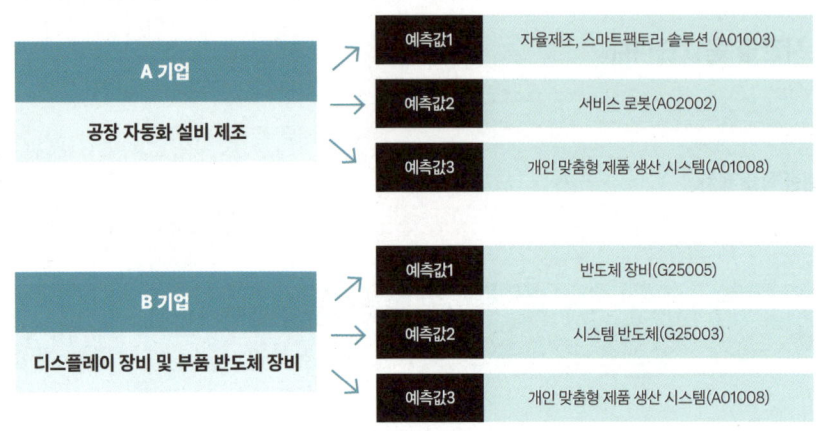

AI 혁신 성장 품목 추천 서비스의 지향점

2025년 3월 IGS 플랫폼을 통해 AI 기반 혁신 성장 품목 추천 서비스가 금융기관에 정식 도입되었습니다. 금융기관이 기업을 조회하면 해당 기업에 적합한 혁신 성장 품목 상위 3개(Top 3)를 AI로부터 제안받아, 보다 신속하고 일관성 있게 심사할 수 있습니다. 이로써 심사의 인적 오류가 줄고 업무 효율성이 크게 향상될 것입니다. 또한 금융기관은 AI를 활용해 특정 기술 분야의 유망 기업을 선제적으로 발굴하고, 마케팅과 투자 전략에 활용할 수 있습니다. 이를 통해 혁신 기업의 발굴과 지원이 촉진되고, 혁신 금융이 신성장 동력으로 이어지는 선순환 구조가 구축될 것으로 기대됩니다. 이 서비스는 궁극적으로 금융기관이 적시에 혁신 기업을 지원하고 우리 경제의 미래 성장을 견인하는 것을 목표로 합니다.

3.8 인슈어테크는 어떤 모습일까요?

01 MOTIVATION

- 보험 산업의 지속 가능한 성장을 위해 AI를 포함한 인슈어테크의 필요성 대두

- 신용정보원의 빅데이터를 활용해 인수 심사 자동화 등 복잡한 보험 업무의 AI 기반 효율화 추진

- 다양한 행위자 간 관계를 지급 보험금 네트워크 분석 시스템으로 분석해 보험 산업 특화 AI 기반 분석 플랫폼 구축

02 MODELING

- 고객의 가입·청구·지급 이력을 머신 러닝으로 분석해 보험금 조기 지급 확률과 관련 지수 산출

- 자동차보험과 건강보험 등[12] 사고 간 연관성을 탐지해, 급격한 지급 변동이나 의심 거래 정황을 모니터링하고 이에 대한 네트워크 분석 통계 제공

03 SCALE-UP

- 네트워크 분석과 AI 인수 심사를 결합해 정밀하고 신뢰도 높은 리스크 평가 기반 마련

- 보험 산업 주요 업무를 아우르는 AI 분석 플랫폼으로, 소비자 편익과 시장 건전성 동시 제고

---

12   실손 의료보험, 암 보험, 치아 보험 등.

인슈어테크 정의

'인슈어테크insurtech'는 '보험insurance'과 '기술technology'의 합성어로 AI, 빅데이터, 핀테크 등의 첨단 기술을 활용해 보험 산업의 효율성을 높이고 고객 경험을 향상 시키는 것을 의미합니다. 2010년대 초반 미국과 유럽에서 기존 보험 산업의 비효 율적 구조를 디지털 기술로 혁신하려는 시도에서 출발했습니다. 특히 2015년에 설립한 미국의 레모네이드Lemonade사는 인공지능 기반의 챗봇을 통해 '3초 가입, 3분 청구'라는 간편한 보험 서비스로 주목받았고, 이로 인해 AI 기반의 디지털 보험 서비스가 전 세계적으로 확산되기 시작했습니다.

2018년 전후로 국내에서도 본격적인 인슈어테크 바람이 불기 시작했습니다. 금융위원회의 '금융 규제 샌드박스' 도입과 '디지털 금융 종합 혁신 방안' 발표 등 은 인슈어테크의 성장을 제도적으로 뒷받침했고, 이를 바탕으로 카카오페이 손 해보험 같은 디지털 기반 보험회사가 등장했습니다. 이들 회사는 모바일 중심의 간편한 가입 절차, 실시간 보험료 계산 등 기존 보험과는 차별화된 고객 경험을 앞세워 시장에서 입지를 넓혀 가고 있습니다. 한편 기존 보험회사도 다이렉트 자 동차보험, 모바일 청구 간소화 등 디지털 기반 서비스를 선보이며 변화에 대응하 고 있습니다.

이처럼 인슈어테크는 이제 보험 산업 전반의 변화를 이끄는 핵심 동력으로 자리 잡고 있습니다.

AI 기반 인슈어테크 플랫폼은 보험 계약과 지급 관련 빅데이터를 기반으로 '보험 AI 에이전트' 역할을 수행합니다. 인수 심사부터 지급 심사, 사후 조사에 이 르기까지 보험 산업의 주요 업무 전반을 종합적으로 지원하고 있습니다.

AI 기반 인수 심사 자동화 지원 시스템

현재 보험회사들은 가입 설계와 인수 심사 영역의 디지털 전환을 위해 머신 러닝 등 AI 기술을 적용하고 있습니다. 그러나 각 사가 보유한 데이터만으로는 충분한 학습량을 확보하기 어려워 AI 성능 향상에 한계를 겪고 있습니다. 이뿐 아니라 AI 기술 기반 솔루션 개발 시 상당한 비용이 들기 때문에 이를 보험사별로 부담하면 업계 전체적으로 막대한 비용이 발생합니다.

'AI 기반 인수 심사 지원 시스템'은 이러한 한계를 해소하기 위한 것입니다. 이 시스템은 보험 계약 및 지급 관련 빅데이터를 기반으로, 계약 유지율이나 보험금 조기 지급 같은 인수 심사 결과를 변수(y값)로 설정해 분석하고, 이를 학습한 AI 모델을 통해 개인별 지수를 산출합니다. 또한 공통 인프라에 시스템을 구축함으로써 보험사별로 발생하는 비용을 줄일 수 있습니다. 중소형 보험사도 신속한 인수 심사 서비스를 제공함으로써 더 많은 소비자들이 빠르고 간편하게 보험에 가입할 수 있는 환경이 마련될 것으로 기대됩니다.

AI 기반 인수 심사 지원 시스템

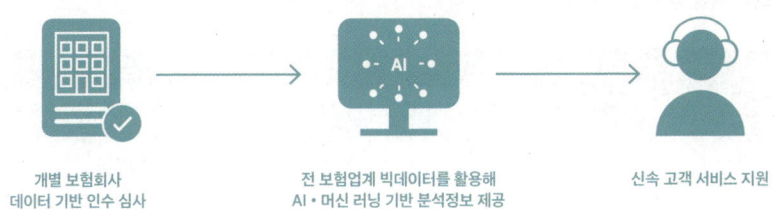

개별 보험회사
데이터 기반 인수 심사

전 보험업계 빅데이터를 활용해
AI · 머신 러닝 기반 분석정보 제공

신속 고객 서비스 지원

인수 심사 자동화 지원 시스템은 머신 러닝 지도 학습 기반의 시스템입니다. 지도 학습은 크게 회귀 모형과 분류 모형classification으로 나뉘며, 회귀 모형은 특정 금액이나 연속성이 있는 결괏값을 예측할 때, 분류 모형은 둘 이상의 범주 중

하나를 예측할 때 사용됩니다. AI 기반의 인수 심사 자동화 지원 시스템은 이 중 분류 모형이 적용됩니다.

모델을 구성하려면 결과 변수(y값)와 입력 변수(x값)를 설정해야 합니다. 결과 변수는 암, 심혈관, 실손 등 상품의 특성이나 질병 입원, 상해 통원, 질병 진단 등 위험·지급 사유에 따라 설정합니다. 예를 들어 '계약 체결 이후 3년 이상 보험료 납부', '계약 체결 2년 이내 보험금 지급' 등은 실제 보험사 인수 심사에서 활용하는 대표적인 결과 변수입니다. 이에 대응하는 입력 변수는 '실손보험 유지 기간', '총 납입 보험료 n원 이상', '자동차 부상 치료비 보험금 2년 내 3회 이상 지급'과 같은 주요 지표를 선정해 구성합니다.

이후 수집된 모델, 결과 변수, 입력 변수를 토대로 모델링 방법과 변수 조합을 다양하게 바꿔 가며 최적의 조합을 찾아갑니다. 각 모델에서는 결과 변수와 상관도가 높은 입력 변수를 선별해 성능을 제고합니다. 또한 그래디언트 부스팅 머신GBM, 랜덤포레스트RF, 서포트 벡터 머신SVM 등 다양한 머신 러닝 기법을 적용해 비교하고, 성능 평가 지표를 기준으로 가장 우수한 모델을 '챔피언 모델'로 채택합니다.

머닝 러신 기법 성능 평가 지표

머신 러닝 기법	머신 러닝 성능 평가 지표		
	KS 통계량	누적 향상도	ROC 곡선 아래 면적
GBM* Gradient Boosting Machine	0.66	5.82	0.91
RF RandomForest	0.61	5.62	0.90
SVM Support Vector Machine	0.52	4.73	0.85

* 세 가지 평가 지표에서 상대적 우위를 차지한 GBM을 챔피언 모델로 채택

분석 결과는 모델에 사용한 입력 변수와 함께 산출된 지수 형태로 제공합니다. 보험사는 신용정보원으로부터 제공받은 지수와 입력 변수 정보를 자사 인수 심사 시스템에 내재화해 신속 인수 심사 대상자를 판별합니다.

보험 네트워크 분석 시스템

보험 네트워크 분석 시스템은 보험 계약 및 지급 빅데이터를 바탕으로, 사고 관계자가 과거 다른 사고에서 반복적으로 등장한 정황을 식별해 제공합니다. 이를 통해 보험금 지급 심사 및 특별 조사 팀(SIU) 업무를 지원하는 보험업권 내 FDS 에이전트[13] 역할을 수행합니다.

자동차보험 네트워크 분석 개념도

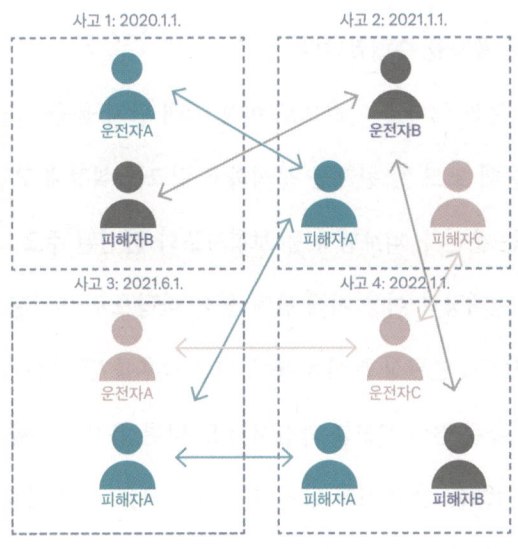

---

13   FDS 에이전트(Fraud Detection System Agent)는 AI 에이전트에서 파생된 개념으로, 보험업권의 전반적인 이상 거래 탐지 업무를 지원하는 지능형 시스템을 의미.

네트워크 분석은 객체 간의 관계와 구조를 분석해 숨겨진 패턴 등을 파악하는 빅데이터 분석 방법론 중 하나입니다. 데이터 간의 연결성·의존성·영향력을 분석하는 데 유용하며, 현재 다양한 분야에서 활용하고 있습니다. 네트워크 분석은 노드node(분석 대상 객체)와 링크edge(객체 간 관계)로 구성되며, 이들 간의 연결 구조를 통해 관계망을 형성합니다. 연결된 링크 수, 다른 노드를 연결하는 중심 정도, 다른 노드까지의 거리, 주변 노드들 간의 연결 밀도 등 다양한 정량 지표를 바탕으로 노드 간 연관성을 파악하고 역할을 부여합니다.

먼저 운전자와 피해자 간 연관 사고 유형 등을 정리해 이를 기반으로 분석 테마와 필요한 데이터를 정의합니다. 그다음 계약과 청구·지급 등 다양한 자동차보험 데이터를 전처리 및 가공하며, 결측치를 확인해 입력 데이터의 활용 가능성을 검토합니다. 마지막으로 분석 결과를 바탕으로 데이터 명세서를 작성하고, 향후 개발을 위한 세부 계획을 수립합니다.

앞서 정의한 분석 테마를 기반으로 이상 거래 탐지 룰을 개발한 뒤, 청구 사고 데이터를 활용해 노드 간 관계를 분석하고 링크를 설정해 모델링을 진행합니다. 여기서 노드는 운전자, 피보험자 등 보험사고와 관련된 주요 객체를 의미합니다. 이후 설정된 관계망과 이상 거래 탐지 룰을 바탕으로 연관된 사고 관계자 간 커뮤니티를 생성하고, 연관성 분석을 통해 이상 징후를 탐색합니다.

분석 결과 도출된 연관 사고를 학습시켜 또 다른 유사 사건을 탐색하는 데 활용합니다. 또한 개발한 이상 거래 탐지 룰을 기반으로 이상 탐지 모델을 구성하고, 이를 통해 이상 거래를 탐지합니다. 노드와 링크 간 연결 강도 등을 분석해 사고 관계자 그룹의 위험도를 평가하며, 이 때 위험도가 높은 관계자는 별도의 그룹으로 분류됩니다.

최종적으로 이상 거래 탐지 결과를 유형별로 조회할 수 있도록 데이터 마트를 구성합니다. 보험사는 신용정보원으로부터 제공받은 네트워크 분석 정보를 활용해 사고 조사의 심도 결정 등 보험금 지급 심사 각 절차에 반영할 수 있습니다. 이를 통해 심사 시간과 절차를 단축하고, 나아가 소비자 편익을 높이는 효과를 기대할 수 있습니다.

보험 FDS 분야 머신 러닝과 딥 러닝의 역할

기존 룰 기반 시스템은 고정된 규칙만 적용해 오탐률이 높고 유연성이 떨어지는 한계가 있습니다. 반면 머신 러닝 기반 FDS는 보험금 청구 데이터를 학습해 복잡한 이상 패턴을 탐지할 수 있으며 지도 학습, 비지도 학습, 준지도 학습 등 다양한 방식으로 활용 가능합니다. 이러한 접근은 오탐률을 낮추고 모델의 유연성과 유지 가능성을 높이는 데 효과적입니다. 또한 딥 러닝 기반의 FDS는 시간의 흐름과 공간적 연관성을 고려해 시계열 이상 탐지 및 관계 네트워크 탐지에도 사용합니다. 이처럼 FDS는 보험업에서 이상 거래 또는 의심 거래를 탐지하고 사전에 예방하는 데 유용한 도구가 될 것입니다.

보험 산업에서 합성 데이터 및 디지털 트윈 기술 활용

FDS 모델에서는 정확하게 라벨링된 사례의 데이터가 매우 중요하지만, 현실적으로 데이터 확보가 어렵거나 사례 수가 적어 데이터 불균형 문제가 발생하기도 합니다. 이럴 때는 합성 데이터synthetic data를 생성해 부족한 데이터를 보완할 수 있습니다. 예를 들어 SMOTE, ADASYN 등 오버 샘플링 기법으로 불균형을 보완하고 GANGenerative Adversarial Networks을 활용해 실제 의심 거래 유사 청구서를 생성하거나 CTGAN, 테이블형tabular GAN을 활용해 범주형과 수치형 혼합 보험 데이터를 생성할 수 있습니다. 또한 디지털 트윈 기술을 활용하면 새로운 보험 의심 거래 유형이나 제도 변화 시나리오를 가상 환경에서 미리 실험해 볼 수 있어 사전 대응력을 높이는 데 도움이 됩니다.

3.9 AI가 가명데이터를 생성하고 판단할 수 있을까요?

01 MOTIVATION

- 가명정보 산업 활성화 촉진을 위해 데이터 가명처리에 대한 계량적 기준(지표)과 가이드라인 제시

- 가명처리 적정성 평가의 지원 도구로 활용하고, 관련 AI 모형 개발에 적용할 수 있도록 가명처리 수준을 계량적으로 표현 가능한 지표인 A-인덱스 개발

- 과거 가명처리 사례를 학습해 적정한 항목별 가명처리 가이드라인을 제공하는 'AI 가명처리 가이던스 모형' 개발

- A-인덱스와 AI 가명처리 가이던스 모형을 활용해 가명정보 산업 참여자들이 엄격한 규제와 제도 안에서 지금보다 더 안전하고 효율적으로 가명정보를 생성하고 활용할 수 있도록 지원하는 'AI 가명처리 솔루션' 개발 및 제공

02 MODELING

- 데이터 가명처리 명세서, 가명정보별 메타 정보·유일값 산출 정보·전문가 집단의 축적된 경험론 등 가명처리 관련 정보를 모두 표준화 및 알고리즘화하고 통계·머신 러닝·LLM의 다양한 기법을 적용한 모형 개발

03 SCALE-UP

- 금융 분야 가명정보 산업 참여자들이 업무에 직접적으로 활용해 신속한 의사결정 지원 및 업무 효율화

AI 가명처리 솔루션 개발 배경

은행, 카드, 통신, 유통 기업뿐 아니라, 고객이 계산할 때마다 마일리지 번호를 묻는 동네 슈퍼마켓까지, 데이터가 생성되고 축적되지 않는 곳을 찾기가 어려운 시대입니다. 실제 현장에서 축적된 정보를 자세히 들여다보면 그 상세함에 놀라고, 상상조차 하지 못한 새로운 사실을 알려주는 데이터를 종종 마주하게 됩니다.

슈퍼마켓 사장이라면 바로 건너편 슈퍼마켓의 판매 내역과 매출액, 단골손님, 최대 매출 품목이 무엇인지 궁금할 수밖에 없습니다. 아니면 바로 옆 베이커리의 정보를 활용해 상호 협력하에 새로운 마케팅 전략을 구상할 수도 있습니다. 수많은 고객 정보를 보유한 대형 기업들도 마찬가지입니다. 경쟁사의 정보를 궁금해하고, 때로는 데이터 공유를 통해 새로운 마케팅 전략을 구상하기도 합니다.

하지만 데이터가 아무런 규제나 제한 없이 세상에 떠돈다면 우리에게 큰 불편함을 초래할 수도 있습니다. 그래서 우리나라는 '데이터 3법'이라 불리는 개인정보 보호법, 정보통신망 이용촉진 및 정보보호 등에 관한 법률(약칭 정보통신망법), 신용정보의 이용 및 보호에 관한 법률(약칭 신용정보법)을 통해 데이터 활용을 엄격한 제도 안에서 안전하게 잘 활용할 수 있도록 규정하고 있습니다. 다만 개인의 프라이버시 보호를 위한 이런 엄격한 제도는 데이터를 활용해 새로운 통찰력을 확보하고자 하는 회사 입장에서 매우 높은 장벽으로 여겨집니다.

'AI 가명처리 솔루션'은 데이터 3법 중 개인정보 보호법과 신용정보법에서 언급하는 '가명데이터' 또는 '데이터 가명처리'와 관련한 업무를 개인정보를 보호하려는 제도의 테두리 안에서 더 안전하고 효율적으로 수행하기 위한 지원 도구입니다.

데이터 가명처리

가명정보란 '가명처리한 정보(데이터)'와 같은 말이며, 다른 정보와 결합 없이는 특정 개인을 식별할 수 없도록 처리한 정보를 말합니다. 신용정보법에서는 데이터 가명처리를 다음과 같이 설명합니다.

> 신용정보법 제2조(정의) 15. "가명처리"란 추가정보를 사용하지 아니하고는 특정 개인인 신용정보주체를 알아볼 수 없도록 개인신용정보를 처리(괄호 내용 중략)[14]하는 것을 말한다.

예를 들어 이름, 성별, 전화번호, 주소, 마일리지, 마지막 방문 일시, 월평균 결제 금액 등이 포함된 슈퍼마켓의 고객 데이터를 가명처리한다고 가정해 보겠습니다. 이름과 전화번호는 삭제하고 집 주소는 아파트 단지명까지만 남기고, 성별과 마일리지, 마지막 방문 일시와 월평균 결제 금액 정보만 남겨서 특정 개인을 알아볼 수 없게 한 데이터를 가명정보라고 합니다. 그럼에도 원본 정보 또는 가능한 '다른 정보'와 결합해 보면 다시 누구의 정보인지 알아볼 수도 있기 때문에 안전성을 높이기 위한 방안으로 '다른 정보와의 결합 없이는'이라는 단서를 붙입니다. 실제로 신용정보법상에서는 가명정보를 단독 또는 다른 정보와 결합해 그 개인을 재식별re-identification하려는 시도를 엄격하게 금지하고 있습니다.

법률상 가명처리에 대한 정의는 위와 같지만, 보다 상세한 설명을 위해 금융위원회는 <금융분야 가명·익명처리 안내서>(2022. 1)를 발간해 가명·익명 정보를 생성, 활용, 관리하기 위한 개념과 절차를 안내하고 있습니다. 안내서에 따르

---

14   그 처리 결과가 다음 각 목의 어느 하나에 해당하는 경우로서 제40조의 2 제1항 및 제2항에 따라 그 추가 정보를 분리해 보관하는 등 특정 개인인 신용 정보 주체를 알아볼 수 없도록 개인신용정보를 처리한 경우를 포함한다.

면 가명정보를 활용하기 위해서는 사전 준비, 가명처리, 가명처리 적정성 검토 및 추가 처리, 활용 및 사후 관리 절차를 순서대로 진행합니다. 그중 가명처리 단계에서는 가명처리의 목적, 처리·이용 환경, 이용 주체 등을 고려해 위험도를 분석하고, 가명처리 대상 원본 정보의 특성을 더해 종합적인 위험도를 측정합니다. 그리고 이 위험도를 바탕으로 가명처리 수준(방법 및 기준)을 결정한 후 실제 가명처리를 수행하게 됩니다.

가명처리에서는 데이터 항목을 개인 식별 가능 정도에 따라 식별자와 개인 식별 가능 정보로 구분합니다. 식별자는 이름, 주소, 전화번호, 이메일, 주민등록번호, 여권 번호 등 그 자체로 개인을 식별할 수 있는 정보를 말하며, 일반적으로 삭제하거나 또는 알아볼 수 없게 암호화하는 대체 방식으로 가명처리를 합니다. 개인식별가능정보에 대해서는 정보를 삭제하는 대신, 앞서 측정한 위험도를 고려해 재식별 가능성이 높다고 판단되는 경우에 한하여 '추가가명처리'를 수행합니다. 추가가명처리에는 일반화, 범주화, 상·하단 코딩, 레코드 삭제 등 다양한 기법이 있으며 측정된 위험도를 기반으로 충분한 가명처리가 이뤄지도록 해야 합니다.

앞서 언급한 동네 슈퍼마켓의 정보를 예로 보면 이름과 전화번호, 집 주소가 식별자에 포함되고, 성별, 월평균 결제 금액과 마일리지 잔액, 마지막 방문 일시가 개인 식별 가능 정보에 해당됩니다. 성별은 구분할 수 없도록 1, 0으로 변환하고, 마일리지 잔액과 월평균 결제 금액의 경우에는 너무 높거나 낮은 금액은 삭제하며, 마지막 방문 일시는 연도·월·일·시 중 연도와 월·일까지만 남기는 방식 등을 적용합니다.

여기에 적용되는 가명처리 기준은 측정된 위험도에 따라 달라집니다. 안내서에서는 가명정보 이용 기관의 재식별 의도 및 능력, 이용 기관의 가명정보 보호 수준, 업무 수행 신뢰도를 고려해 최종적인 가명정보 재식별 위험도를 측정하고, 이를 고려해 가명처리 수준을 결정하도록 안내합니다. 식별자는 대부분 삭제 또는 대체하기 때문에 안내서에서 언급한 가이드라인을 명확하게 적용할 수 있는 반면, 식별자가 아닌 다른 수많은 개인 식별 가능 정보에 대해서는 가명처리 기준이 명확하게 정립되어 있지는 않습니다.

예를 들면, 실제 데이터에는 적게는 수십 개부터 많게는 수만 개까지의 개인 식별가능정보를 보유하고 있습니다. 그 특성과 위험도를 모두 일관되게 적용하고자 할 경우, 아무래도 과도한 가명처리가 적용되어 오히려 분석하고자 하는 목적을 달성하기 어려워질 수도 있습니다. 그렇기 때문에 해당 분야 전문가들로 구성된 '가명처리 적정성 평가'에서 데이터의 특성과 활용 목적, 데이터 이용환경의 안전성 등을 종합적으로 고려하여 항목별 적정 가명처리 수준을 정하게 됩니다.

데이터 가명처리는 개인정보 보호와 데이터 활용의 균형을 맞추기 위한 하나의 방법으로 정의할 수 있으며, 어떻게 그리고 얼마나 가명처리를 하느냐에 따라 데이터 분석 및 활용 결과가 매우 달라집니다. 하지만 가명정보 사례별로 특성과 목적이 다르고, 평가위원들의 경험에 따라 그 수준이 결정되기 때문에 신용정보원은 일관된 가명처리 수준을 제공하는 'AI 가명처리 솔루션'을 개발하고 있습니다. 가명데이터의 유일값 비율을 통계 보정, 항목별 보정 등을 통해 데이터의 가명처리 수준을 숫자로 표현합니다.

A-인덱스와 AI 가명처리 가이던스 모형

AI 가명처리 솔루션이 적정한 가명처리 수준을 일관되게 제공하려면, 먼저 가명처리 수준을 표현하는 객관적 지표가 필요합니다. 신용정보원은 가명처리 수준을 계량적, 정량적으로 표현하기 위한 A-인덱스^A-Index^를 AI 가명처리 솔루션 사업의 일환으로 개발하고 있습니다. 먼저 데이터의 가명처리 수준을 '유일값 비율'로 정의한 뒤 통계 보정과 항목별 보정을 통해 지표화해 A-인덱스를 개발합니다.

유일값 비율이란 특정 항목 값들의 조합이 단 하나인 레코드의 비율을 뜻합니다. 앞에서 언급한 슈퍼마켓의 데이터를 예를 들면, 슈퍼마켓에 축적된 1만 명의 데이터에서 A아파트 101동에 살고 어제 마지막으로 방문한 남자의 정보(A-101-남자-어제 날짜)가 1만 명의 정보 중 단 하나가 있다면, 그 정보를 유일값으로 산정합니다. 데이터의 전체 레코드 대비 이러한 정보의 비율을 유일값 비율이라 합니다. 유일값은 유일하지 않은 데이터에 비해 정보의 주인을 찾아낼 가능성이 상대적으로 매우 높기 때문에 재식별 위험도가 높다고 가정할 수 있습니다. 따라서 유일값 비율이 높은 데이터의 경우 가명처리 수준이 낮다 또는 충분하지 않다고 판단할 수 있습니다. 다만 가명정보는 그 목적과 원본 데이터의 특징 등 생성 시 고려된 여러 변수로 인해 그 특성이 각기 상이하기 때문에 산출된 유일값 비율만으로 가명처리 수준을 설명하기에는 무리가 있습니다. 그래서 A-인덱스는 유일값 비율을 가장 중요한 변수로 정의하되 통계 보정과 항목별 보정을 적용하는 방법으로 개발하는 중입니다.

A-인덱스 개발을 위해 신용정보원은 지난 수년간 가명정보의 유일값 비율과 개발에 필요한 정보를 축적해 오고 있습니다. 2026년도에 개발이 완료되면 가명정보의 가명처리 수준을 점수 형태로 파악할 수 있어 가명처리 적정성 평가에 활용 가능할 뿐 아니라, 이후 확장될 가명처리와 관련한 어떤 AI에도 적용 가능해집니다.

다만 A-인덱스만으로는 모든 항목에 대해 어떻게 가명처리해야 안전하게 활용할 수 있는지 결정을 내릴 수 없습니다. 그래서 신용정보원은 축적해 온 가명처리 내역에 대한 정보와 A-인덱스를 토대로 새로운 가명정보에 관한 적정한 가명처리 수준에 대한 가이드를 제공하는 'AI 가명처리 가이던스 모형'도 개발하고 있습니다.

AI 가명처리 가이던스 모형은 LLM과 머신 러닝 등을 활용해 과거 사례를 학습해서 사용자가 선택한 데이터 항목들에 대해 적합한 가명처리 수준을 제시합니다. AI 가명처리 가이던스 모형은 그동안의 휴리스틱heuristic에 기반한 가명처리 적정성 수준 판단에 알고리즘, 머신 러닝 기법에 근간한 첨단 기술을 접목해 객관성과 범용성을 확보한다는 의미가 있습니다.

AI 가명처리 솔루션의 기대 효과

데이터 3법에서는 개인정보의 무분별한 활용을 방지하기 위해 가명정보 활용을 위한 절차와 준수해야 할 규칙을 정하고 있습니다. 하지만 가명정보를 생성 및 활용하고자 하는 기관에는 이러한 복잡한 절차와 컴플라이언스 이슈가 높은 진입 장벽이 되고 있습니다. 가명정보 활용에 과도한 인적·물적 자원 및 기간이 소요됨에 따라 국내 데이터 산업과 AI 산업 활성화에 큰 제약으로 작용하고 있습니다. 충분한 학습과 솔루션에 포함된 모형을 지속적으로 보완해 AI 가명처리 솔루션의 가명처리 적정성 판단이 신뢰도를 확보하게 된다면, 가명정보를 생성 및 활용하고자 하는 기관의 제도적·물리적 진입 장벽을 낮출 수 있습니다. 그리고 적정한 가명처리 수준을 자체적으로 판단하고, 활용 가능한 데이터를 충분하게 확보할 수 있어 국내 데이터 산업의 윤활제가 될 것입니다.

3.10 텍스트 데이터를 통한 분류 모형은 어떻게 만들어질까요?

01 MOTIVATION

- 금융기관이 보유한 자료 중 많은 부분이 텍스트(문장) 형태로 작성되어 있으나, 실제 시스템 처리를 위해서는 이를 정형화된 항목(대출 목적, 기술 영역 등)으로 분류할 필요가 있음

- 기존 수작업 분류는 정확성과 속도 모두 한계가 있어 자동 분류 가능한 AI 모형 필요

02 MODELING

- 전문 용어(논문, 기술·제품 설명 등)가 포함된 대량의 한국어를 사전 학습한 언어 모델을 활용해 문장의 의미 분석 후 사전 정의된 분류 항목으로 자동 전환되는 AI 기반 분류 모형 개발

- '일반 → 도메인 → 정제(키워드 중심) 데이터'로 계단식 학습을 통해 성능 안정화

03 SCALE-UP

- 고객 분류, 리스크 관리, FDS 등 금융 실무 전반에 적용 가능

- TTC 분류 모델 솔루션화로 자체 데이터 기반 분류 모형 설계 지원

- 분석 목적에 따른 모델 구성, 학습 순서, 성능 평가 및 미세 조정 등 기능 제공

TTC 분류 모형의 필요성

대출 상담을 받으러 온 사람이 "냉장고를 구매하겠다"고 말한다면 은행 직원은 대출 목적을 '가전제품 구입을 위한 생활 자금'으로 받아들입니다. 하지만 이 문장을 시스템에 그대로 입력한다고 해서 '[101] 생활 자금 - 가전제품 구입'이라는 정해진 항목으로 자동 처리되는 것은 아닙니다. 사람은 말의 의미를 이해할 수 있지만 컴퓨터 시스템은 자동으로 해석하지 못하기 때문입니다.

또 다른 예로 어떤 기업이 사업 계획서에 "레이저 기술을 이용한 눈 수술용 의료 기기 개발 중"이라고 적어 제출한다면, 이때도 '수술 장비', '의료 기기', '혁신 산업 분야' 등으로 정확히 분류되어야 관련 지원 심사나 평가가 원활하게 진행됩니다.

이처럼 사람이 작성한 문장을 업무에 맞는 적정 항목으로 바꿔 주는 기술이 필요해 TTC^{Text-to-Class} 분류 모형을 개발하게 되었습니다. TTC는 기업이나 기관이 보유한 텍스트 데이터를 사전에 정의한 코드 체계에 따라 가장 적절한 항목으로 자동 분류해 주는 AI 기반 분류 모델입니다.

금융기관이나 공공기관에서는 사람이 기록한 문장을 단순히 저장하고 복사해서 사용하지 않고 대출 목적, 산업 분야, 기술 영역, 지원 대상 여부 등 각각의 업무 기준에 맞게 정리해 분류합니다. 이때 사람이 작성한 문장이 항상 동일하지는 않습니다. '가전제품 구입', '냉장고 새로 살 예정', '집 안 살림 교체' 등 다양합니다. 이렇게 표현은 달라도 의미는 같은 경우 같은 항목으로 정확하게 분류하는 일이 중요한데, 수작업은 시간이 오래 걸리고 일관성도 떨어질 위험이 있습니다.

TTC 모형은 바로 이 지점을 자동화합니다. TTC는 문장을 하나의 덩어리로 이해하고, 그 의미에 가장 가까운 항목을 선택하는 방식으로 작동합니다. 단어만

보는 것이 아니라 문장 속 흐름과 자주 등장하는 단어, 의미 단위 등을 함께 고려해 사람처럼 이해하고 판단합니다.

TTC가 문장을 이해하는 방법

"의료용 레이저 기기를 개발 중입니다"라는 문장에서 '레이저', '기기', '의료'라는 단어만 보고도 사람은 어떤 내용인지 짐작할 수 있습니다. 하지만 컴퓨터는 단어 몇 개만으로는 정확히 판단하지 못합니다. 레이저는 미용에도 쓰고, 기기는 모든 산업에 다 사용합니다. 그래서 TTC 모형은 문장의 전체 흐름을 파악해 이 문장이 어떤 항목에 가까운지 예측합니다. 이처럼 TTC는 단어 하나하나보다 문장의 맥락과 의미 전체를 고려해 판단하는 구조로 이뤄져 있습니다.

TTC는 사전 학습된 똑똑한 모델로 '사람처럼 문장을 이해하도록 훈련된 모델'을 기반으로 만들었습니다. 수십만 개의 문장을 읽고 어떤 문장이 어떤 항목과 관련 있는지 미리 학습했습니다. 그리고 사용자가 새 문장을 입력하면 가장 유사한 항목을 뽑아 냅니다. 예를 들면 "생체 신호를 감지하는 웨어러블 기기를 개발 중"이라는 문장을 보고 '스마트 헬스케어 장비' 같은 분류 항목으로 연결합니다.

TTC는 문장의 앞뒤 맥락으로 의미를 파악하는 BERT 기술에 기반합니다. 그래서 "이 기술은 정교하다"라는 문장에서 앞에 있는 '기술'과 뒤 문장을 함께 고려해 '정교하다'라는 표현의 의미를 더 잘 이해합니다.

또한 TTC는 국어사전에 없는 단어도 인식합니다. '3D 프린팅 기술', '바이오 인공 장기', 'T-셀 기반 면역 치료제', 'LiDAR 센서' 등 종종 국어사전에 없는 표현이 문장에 등장합니다. 이런 단어는 일반적인 사전 기반 분류 방식으로는 제대로 처리되지 않습니다. 그래서 TTC는 단어를 더 작게 쪼개어 인식합니다. '레이저 수술 기기'라는 말을 '레이저', '수술', '기기'로 나눠서 의미를 파악합니다. 이 방식 덕분에 새로운 기술 용어나 신조어, 약어가 포함된 문장도 유연하게 처리하고 정확하게 분류할 수 있습니다.

TTC의 학습 전략

TTC는 문장 분류 성능을 높이기 위해 모든 데이터를 한번에 학습하지 않고 단계적으로 나눠 학습합니다. 처음부터 어려운 전문 용어로 된 문장을 학습하기보다는 먼저 일반적인 문장을 익혀 기본을 쌓고, 그다음 실제 분류에 가까운 문장에서 핵심 키워드가 있는 문장으로 점차 수준을 높입니다. 이런 순차적 학습을 위해 TTC에서는 계단식 구조를 설계했습니다.

순차적 학습 구조의 시각화

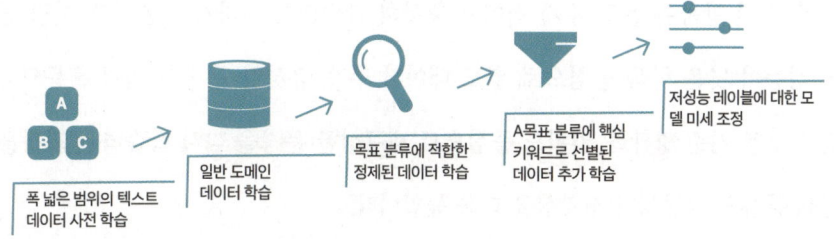

폭 넓은 범위의 텍스트 데이터 사전 학습

일반 도메인 데이터 학습

목표 분류에 적합한 정제된 데이터 학습

A목표 분류에 핵심 키워드로 선별된 데이터 추가 학습

저성능 레이블에 대한 모델 미세 조정

　　문장이 많다고 해서 무조건 도움이 되는 건 아닙니다. 오히려 불필요한 문장이 많으면 모델이 헷갈릴 수 있습니다. 그래서 TTC에서는 각 분류 항목에 맞는 중요한 단어가 포함된 문장만 골라 다시 정리하는 과정을 거칩니다. 이렇게 키워드 중심으로 데이터를 정리하면 모델이 정확히 어떤 단어가 어떤 분류 항목과 연결되는지 더 명확히 기억할 수 있게 됩니다.

혁신 성장 산업 품목 코드를 활용한 분류 모델 키워드 DB 생성 과정 예시

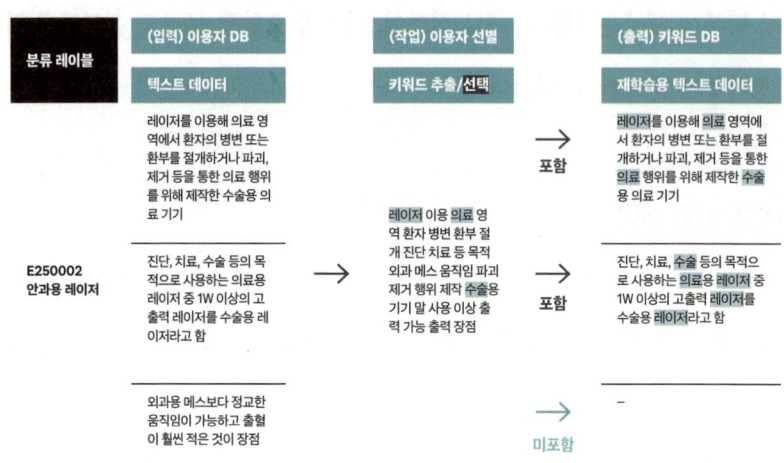

때로는 모든 항목이 똑같이 잘 분류되지 않습니다. 어떤 항목은 문장이 비슷해서, 어떤 항목은 문장 수가 적어서 충분히 학습되지 못하기도 합니다. 이럴 경우 성능이 낮은 항목 중심으로 별도 데이터 추가, 유사한 문장이 섞여 혼동되는 경우 구분 기준 명확화, 키워드 중심으로 재구성한 문장을 다시 학습하는 과정을 통해 분류의 일관성과 정확성을 더욱 높입니다.

TTC 모형의 금융 현장 활용 방안

대출 신청서, 기업 설명서, 기술 보고서처럼 문장 형태로 작성한 문서가 많지만, 금융기관에서는 '대출 목적', '산업 분야' 같은 항목에 맞춰 정리해야 합니다. 기존에는 담당자가 문장을 전부 읽고 적절한 항목을 찾아 입력했습니다. 하지만 문서가 많아질수록 시간이 오래 걸리고 기준도 사람마다 달라질 수 있어 일관된 처

리가 어렵다는 단점이 있습니다.

TTC는 이러한 업무를 자동화해 문장 전체의 의미를 파악해서 가장 알맞은 항목을 예측하고 시스템이 자동으로 정리하도록 도와줍니다. 분류 결과가 쌓이면 내부에 구조화된 데이터가 생겨 통계 분석, 리스크 평가에도 활용할 수 있습니다. 이처럼 TTC는 분류 업무의 속도를 높이고 결과의 일관성과 정확도를 높이는 데에도 기여합니다.

또한 TTC는 사전 학습한 모델을 기반으로 하기 때문에 금융기관이 보유한 데이터를 추가해도 빠른 처리가 가능합니다. 더불어 산업, 기술, 품목 등 다양한 항목에 유연하게 적용할 수 있어 여러 부서가 동시에 쓸 수 있는 범용 분류 시스템으로 활용할 수 있습니다.

TTC 기반 분류 솔루션 서비스

TTC 분류 모형은 금융기관이 직접 자체 데이터를 활용해 분류 모형을 설계하고 학습할 수 있도록 분석 솔루션 서비스를 함께 제공합니다. 이 서비스는 사전 학습한 모델을 바탕으로 작동하며, 코딩 없이 웹 화면을 통해 분류 모형을 만들고 성능을 확인하며, 필요한 경우 다시 학습까지 진행할 수 있습니다.

사용자는 문장과 항목 데이터를 업로드한 후 데이터 구조를 시각적으로 확인하고 자동으로 추출된 키워드 중 주요 단어를 선택해 학습 설정을 구성합니다. 모델을 학습하면 정확도 등 성능 지표가 제공되며, 일부 항목의 예측 정확도가 낮은 경우에는 해당 항목 중심으로 재학습하는 기능도 제공됩니다.

솔루션은 약 48만 건 규모의 기술 설명, 논문 초록 등 전문 데이터로 사전 학습된 한국어 특화 모델을 기반으로 작동합니다. 또한 다국어 인식이 가능한 다중 언어 BERT 구조를 채택해 약어와 외래어가 섞인 문장도 안정적으로 처리합니다. 분석 환경은 웹 기반 원격 접속 구조로 제공하며, 기관별로 분리된 작업 공간을 통해 데이터 보안도 함께 고려했습니다. 이를 통해 기관은 자체 데이터를 보호하면서도 실무 목적에 맞는 분류 모형을 손쉽게 만들고 운영할 수 있습니다. 데이터 품질과 업무 효율을 모두 높일 수 있는 실질적인 지원 도구로 활용할 수 있는 것입니다.

3.11 데이터 공백을 데이터 결합으로 어떻게 메울 수 있을까요?

MOTIVATION

- 대용량 데이터를 처리하거나 서로 다른 데이터를 결합해 분석하는 경우, 기관 간 보유 정보의 차이와 분류 체계의 불일치 등으로 인해 데이터의 공백 발생

- 데이터 공백은 분석의 신뢰성과 의사 결정의 타당성을 훼손할 수 있으므로 정교한 처리 전략 필요

MODELING

- 데이터 공백 처리를 위한 대표적인 방식은 단순 대치, MICE, MissForest, GAIN 네 가지로, 처리 방식 및 속도, 난이도 측면에서 차이 존재

- 처리 방식별 성능은 RMSE, PFC 등을 반복적으로 측정해 비교 및 평가

- 공백 발생의 원인, 데이터 구조, 분석 목적, 시스템 환경 등을 종합적으로 검토한 후 처리 방식의 결정 필요

SCALE-UP

- 데이터 분석을 통한 정확한 인사이트 도출을 위해서는 데이터 전처리가 중요

- 특히 데이터 공백 처리의 정교함은 데이터 전처리 과정 전반에서 핵심 요소

AI 기반 금융 모델링

데이터 공백 발생

"쓰레기가 들어가면 쓰레기가 나온다. Garbage in, garbage out.**"**

입력 데이터의 질이 결과물의 수준을 결정한다는 말이 있습니다. 분석을 위한 데이터에 문제가 있다면 아무리 정교한 분석 기법을 적용해도 의미 있는 결과를 도출하기 어렵습니다. 특히 요즘처럼 데이터의 중요성이 강조되고 데이터에 기반한 의사 결정을 내리는 시대에는 더욱 그렇습니다. 하지만 현실적으로 늘 온전한 데이터만 활용해 분석할 수는 없습니다. 대용량 데이터를 처리하거나 서로 다른 데이터를 결합해 분석할 때는 데이터에 많은 공백이 발생하기 마련입니다.

'결측치missing value'라고도 하는 '데이터 공백'은 원래 있어야 할 값이 빠진 상태를 의미합니다. 이유는 다양합니다. 처음부터 정보가 존재하지 않았거나, 존재하지만 수집되지 않았을 수도 있고, 표현 방식의 차이로 인해 누락되었을 수도 있습니다.

예를 들어 한 사람의 재무 상태를 파악하려면 은행, 카드, 보험, 증권 등 다양한 기관에서 보유하고 있는 대량의 정보를 모아 결합해야 합니다. 그런데 어떤 사람은 신용카드를 사용하지만 보험은 가입하지 않았을 수 있고, 또 다른 사람은 은행 대출은 있지만 증권 계좌는 없을 수 있습니다. 이처럼 데이터는 기관별로 보유한 정보의 범위와 항목이 다르기 때문에 이를 결합해서 활용할 때 공백이 발생할 수 있습니다.

데이터 공백 예시

성명	나이	성별	A은행	B보험	C증권	D카드	E은행
김○○	45	남	3000	O	1000	O	1500
이○○	27	여	?	O	?	X	2000
박○○	56	여	2000	?	2000	O	1000
정○○	63	남	1000	X	1500	?	?

또한 같은 항목이라 해도 표현 방식이 다르면 데이터 공백이 발생합니다. 어떤 기관은 직업을 10개 유형으로 분류하지만, 다른 기관은 100개로 분류할 수 있습니다. 이 경우 두 기관의 데이터를 결합하는 과정에서도 데이터 공백이 발생할 수 있습니다.

이처럼 데이터 공백은 예외 상황에서만 발생하는 문제가 아닙니다. 다양한 기관과 정보가 서로 연결되고, 복잡한 데이터의 관리 체계가 존재하는 현실에서 반드시 발생하는 문제라고 보는 것이 오히려 타당합니다.

다만 데이터 공백 자체가 문제는 아닙니다. 데이터에 일부 공백이 있더라도 분석 결과에 전혀 영향을 미치지 않는다면 굳이 데이터 공백을 처리하려고 애쓰지 않아도 됩니다. 하지만 데이터 공백의 발생으로 분석 전체의 흐름과 결과가 달라진다면 큰 문제가 됩니다. 데이터의 특성이 완전히 왜곡되거나 오해를 불러일으키는 결과가 도출될 수도 있기 때문입니다. 따라서 데이터 분석을 제대로 수행하려면 데이터 공백을 정확히 이해하고, 이를 어떻게 처리할 것인지에 대한 전략이 반드시 필요합니다.

데이터 공백 처리 방식

그렇다면 데이터 공백은 어떻게 처리할 수 있을까요? 데이터 공백을 다루는 가장 단순한 방식은 연관된 데이터를 지워 버리는 것입니다. 빈칸이 있는 열이나 행을 통째로 삭제하면 데이터 공백 자체가 사라지지만 중요한 정보도 함께 사라질 수 있습니다. 공백이 많은 경우에는 전체 데이터의 구조가 흔들릴 수 있고, 특정 그룹의 특성만 선택적으로 사라질 수도 있습니다.

데이터 공백을 처리하는 데에는 크게 네 가지 정교한 방식이 있습니다.

첫째, 단순 대치simple Imputation 방식입니다. 숫자 변수는 나머지 값들의 평균 값으로, 범주형 변수는 가장 많이 등장한 값으로 채우는 방식입니다. 겉보기에 그럴듯하고 속도도 빠르며 기술적으로도 복잡하지 않습니다.

둘째, 통계 기반 방식입니다. 가장 대표적인 방식은 MICEMultivariate Imputation by Chained Equations로 각 변수마다 다른 변수를 기반으로 회귀분석을 시행해 데이터 공백을 예측합니다. 변수 간 상관관계를 고려하므로 단순 대치보다는 정교합니다.

셋째, 기계 학습 기반의 방식입니다. MissForest라는 랜덤포레스트(무작위 예측 방식) 기반 모델이 대표적입니다. 데이터 공백이 있는 변수를 목표 변수로, 나머지를 입력 변수로 활용해 무작위 예측을 반복해 예측합니다. 비선형 관계나 변수 간 상호작용을 반영할 수 있다는 장점이 있습니다.

넷째, 딥 러닝 기반의 방식입니다. GAINGenerative Adversarial Imputation Networks이 대표적입니다. GANGenerative Adversarial Networks 구조를 기반으로, 생성자와 판별자 가 경쟁하면서 변수 간 관계를 반복 학습하는 방식으로 예측합니다.

데이터 공백을 처리하는 네 가지 방식의 특징

모형	속도	구현 난이도	비고
단순 대치	●●●●	●○○○	빠르지만 부정확
MICE	●●○○	●●●○	통계 기반 회귀 예측
MissForest	●●○○	●●●○	비선형 반영, 신뢰도 높음
GAIN	●○○○	●●●●	자원 소모 크지만 정교함

효과적인 데이터 공백 처리 모형

네 가지 모형 중 어떤 방식이 가장 효과적일까요? 이를 알아보려면 데이터 공백이 없는 데이터에 일부러 공백을 만들어 놓고 그 빈자리를 각 방식으로 채운 후 원래 값과 얼마나 유사한지 반복적으로 비교해 봅니다. 즉 정답을 알고 있는 상황에서 복원 성능을 확인하는 방식입니다.

나이나 연봉 같은 숫자 형태의 값을 평가할 때는 복원된 값이 실젯값과 얼마나 가까운지를 살펴보는 것이 중요합니다. 이때 자주 사용하는 지표가 RMSE^{Root Mean Squared Error}입니다. 예측값과 실젯값의 차이를 계산하는 방식인데, 값이 작을수록 오차가 작고 성능이 좋다는 의미입니다.

$$RMSE = \sqrt{\frac{1}{n} \sum_{i=1}^{n} (\hat{y}_i - y_i)^2}$$

n: 비교에 사용한 데이터 수
$\hat{y}_i$: 예측값 (복원한 값)
y_i: 실제값 (정답)

반면 직업이나 지역 같은 범주형 변수는 정답의 정확성이 중요하기 때문에 PFC^{Proportion of Falsely Classified}라는 지표를 사용합니다. 이는 전체 중에서 잘못 분류된 비율을 나타내며, 역시 값이 작을수록 정확하다는 의미입니다.

$$PFC = \frac{1}{n} \sum_{i=1}^{n} l \, (\hat{y}_i \neq y_i)$$

n: 비교에 사용한 데이터 수
$l(\hat{y}_i = y_i)$: 예측값과 실제값이 다르면 1, 같으면 0인 함수
$\hat{y}_i$: 예측값 (복원한 값)
y_i: 실제값 (정답)

그리고 RMSE와 PFC 계산을 반복적으로 수행합니다. 데이터 공백 복원 방식의 성능을 제대로 비교하려면 단일 실험 결과만으로 판단하는 것은 부족합니다. 그래서 일회성으로 데이터 공백을 잘 복원하는 모형이 아닌, 일관되게 데이터 공백을 잘 복원하는 모형을 찾는 것입니다. 동일한 조건으로 계산을 수차례 반복해 평균 RMSE와 PFC를 구하면 각 방식의 안정성을 평가할 수 있습니다.

데이터 공백 처리 순서도

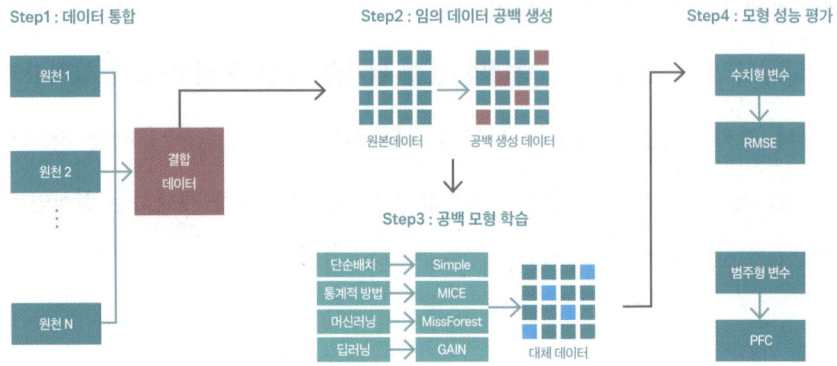

앞서 소개한 네 가지 공백 처리 방식은 각각 원리와 특성이 다르기 때문에 상황에 따라 어떤 방식을 선택해야 할지에 대한 결정이 달라집니다.

먼저 단순 대치 방식은 계산이 빠르고 구현이 간편하다는 장점 덕분에 시스템이 제한적이거나 빠른 처리 속도가 필요한 경우에 유용합니다. 물론 데이터의 패턴이나 변수 간 관계는 고려하지 않기 때문에 데이터가 단순할수록 적합하고, 복잡하거나 민감한 분석에는 부적합할 수 있습니다.

MICE 같은 통계 기반 방식은 변수 간 관계가 비교적 단순하고 변수의 수가 많지 않은 상황에서 잘 작동합니다. 하지만 변수마다 별도의 회귀 모형을 만들어야 하므로 계산 시간이 비교적 길고 구조가 상대적으로 복잡해질 수 있다는 단점도 있습니다.

MissForest 같은 기계 학습 기반 방식은 비선형 관계나 변수 간 상호작용까지 반영할 수 있어 데이터가 복잡한 경우에 유리합니다. 특히 엑셀 형태와 같이 행과 열이 있는 데이터에서 예측 성능이 우수하다는 평가를 받습니다. 다만 반복 학습 과정에서 연산량이 많기 때문에 대규모 데이터에서는 처리 시간이 길어질 수 있습니다.

마지막으로 GAIN과 같은 딥 러닝 기반 방식은 가장 진보된 접근 방식입니다. 결합 구조가 복잡하거나 데이터 공백 패턴이 불규칙한 경우에 그 복잡한 패턴을 학습해서 찾아내는 데 강점이 있습니다. 하지만 초기 조건에 따라 결과가 크게 달라질 수 있고, 최적화 과정에 대해 심도 있는 이해가 필요합니다. 이론적으로는 고성능을 기대할 수 있지만, 모형 설정의 난도가 높고 지속적인 반복 실험과 튜닝이 필요하기 때문에 딥 러닝에 대한 높은 이해와 더불어 시간과 연산 자원 등도 충분히 갖추고 있어야 합니다. 가장 강력하지만 그만큼 제약 조건도 많고 가장 어려운 방식이기도 합니다.

어떤 방식을 선택할지는 단순하게 판단하고 결정할 수 없습니다. 데이터 규모, 구조, 분석 목적, 사용 가능한 시스템 자원과 환경 등에 따라 달라지기 때문입니다.

예를 들어 변수 간 관계가 복잡한 상황에서 단순 대치를 사용하면 변수 간의 중요한 패턴을 잃어버려 모형의 예측 정확도가 떨어질 수 있습니다. 반대로 GAIN 같은 딥 러닝 방식을 무작정 도입했다가 시스템 자원이 부족하거나 딥 러닝에 대한 이해 부족으로 초기 설정이 잘못되어 반복 실험에 실패하면 분석을 아예 진행하지 못하거나 오히려 정확도가 떨어지는 결과를 얻을 수도 있습니다.

따라서 '언제나 가장 적절한 방식은 무엇인가?'라고 묻기보다는 '주어진 환경에서 어떤 방식이 가장 적절한 것인가?'를 고민하는 것이 더 중요합니다.

데이터 공백 처리 방식의 선택

주어진 상황에서 어떤 방식이 적절한지 판단하려면 데이터 공백 처리 방식의 선택 기준을 보다 구체적이고 체계적으로 정리해야 합니다. 데이터 구조가 단순한지, 연산 자원이 충분한지, 분석 목적이 무엇인지 등에 따라 선택해야 할 방식이

달라질 수 있습니다.

데이터 공백 처리 방식 선택을 위한 체크리스트

구분	주요 질문	고려 포인트	적합한 방식
데이터 구조	데이터가 단순한가?	변수 간 관계가 단순하고, 공백이 적음	단순 대치
	변수 간에 복잡한 상호작용이 있는가?	비선형 관계, 다차원 상호작용 존재	MissForest, GAIN
시스템 환경	연산 자원이 부족한가?	실시간 처리, 경량 모델 필요	단순 대치
	배치 처리나 고성능 서버가 있는가?	반복 학습, 대용량 처리 가능	MissForest, GAIN
분석 목적	단순 통계 요약이 목적인가?	속도와 단순성이 우선	단순 대치
	의사 결정에 영향을 미치는가?	신뢰도와 정확도가 핵심	MissForest, GAIN,
데이터 출처	동일한 기관의 데이터인가?	포맷이 일정하고 정합성이 높음	단순 대치, MICE
	여러 기관의 데이터를 결합하는가?	표현 방식, 분류 체계가 다름	MissForest, GAIN
데이터 공백 패턴	데이터 공백이 규칙적인가?	특정 필드에 집중되거나 반복적	단순 대치, MICE
	데이터 공백이 무작위로 발생하는가?	불균형, 무작위 누락	MissForest, GAIN

데이터 분석 환경이 매우 다양하고 데이터 공백의 양상도 복잡하게 나타날 수 있기 때문에 위의 체크리스트가 절대적인 기준이 될 수는 없습니다. 하지만 다루려는 데이터의 특성과 분석 목적을 파악하고, 그에 맞는 처리 방식을 선택하기 위한 실질적인 의사 결정 도구로는 충분한 의미가 있습니다. 데이터 공백을 처리할 때는 하나의 방식에 의존하기보다는 복수의 방식으로 복원 결과를 비교해 보는 것이 바람직합니다. 데이터 구조나 목적에 따라 모형의 성능 차이가 클 수 있기 때문입니다. 연산 시간이나 시스템 자원도 현실적으로는 큰 변수로 작용하

기 때문에 복잡한 알고리즘이 항상 더 좋은 결과를 보장하지 않으며, 분석 환경에 따라 오히려 단순한 방식이 더 실용적인 경우도 적지 않습니다. 마지막으로 법 또는 정책 제한으로 특정 데이터 처리 방식에 제약이 생길 수 있다는 점도 염두에 둬야 합니다.

결국 데이터 공백 복원의 목적은 빈칸을 채우는 행위 자체가 아니라, 이를 바탕으로 신뢰도 높은 분석을 수행하는 데 있습니다. 따라서 데이터 공백 복원 방식의 선택은 '가장 정교한 방식'을 고르는 것이 아닌, '현재 상황과 분석 목적에 가장 부합하는 방식'을 기준 삼아야 합니다.

"올바른 데이터를 넣어야 올바른 결정을 내릴 수 있다.Right data in, right decision out."

올바른 의사 결정은 언제나 올바른 데이터에서 출발하기에, 데이터 공백 처리는 선택이 아니라 정확하고 의미 있는 분석을 위한 첫걸음으로 아무리 강조해도 지나치지 않습니다.

3.12 기업의 기술력을 표준화해 평가할 수 있을까요?

01 MOTIVATION

- 금융회사가 기업의 기술력을 평가해 기술금융 지원 시 공정성과 신뢰성을 갖춘 평가 방식 제고

- 기술평가기관의 인위적 등급 상향 및 데이터 신뢰성을 개선하기 위해 평가 데이터 기반 AI 가이던스 모델로 평가 결과를 예측 및 가이드

02 MODELING

- 전체 평가 데이터 중 내부 변수와 통계적 유의성을 갖는 변수 선정 및 데이터의 발생 시점, 빈도, 규모 세 가지 관점에서 변별력 있는 추가 파생 변수를 생성해 학습 데이터셋을 기반으로 모델 개발

- 데이터 기반 기술 평가 가이던스 모델은 AI 기반의 다중 분류 모델을 사용해 개발, 기업의 기술 평가를 가이드

03 SCALE-UP

- 신용정보원과 기술평가기관 간 API를 통해 기초 데이터 입력 시 실시간 기술 평가 결과를 제공하는 시스템 개발

- 평가 데이터의 신뢰성·일관성 확보 및 집중 데이터를 기반으로 금융기관 통합 여신 모형 개발

기업 기술력 평가와 기술금융

기술금융은 성장 잠재력이 높은 기업의 기술력을 평가해 대출 한도 상향, 우대금리 등 일반 신용 대출 대비 유리한 조건으로 기업에 자금을 지원하는 제도입니다. 이때 기업의 기술력 평가는 가장 핵심적인 요소 중 하나입니다. 일반적으로 개인이나 기업이 은행으로부터 대출을 받을 때 주택·부동산 같은 담보나 신용 데이터 기반의 신용평가 모형을 통해 평가를 받게 됩니다. 마찬가지로 기업의 기술력은 기업의 기술과 사업성, 시장성 등을 종합적으로 반영한 기술 평가 모형을 통해 평가를 합니다.

그리고 이러한 기업의 신용평가 모형과 기술 평가 모형을 결합한 것이 바로 '기술신용평가(TCB) 모형'입니다. TCB는 기술금융 체계의 핵심 주체인 기술신용평가사와 자체 평가 역량을 갖춘 은행이 직접 수행합니다.

기술 평가 모형의 이해

재무 데이터를 기반으로 하는 신용평가 모형과 달리, 다양하고 전문적인 기업의 기술력을 객관적이고 공정하게 평가하는 것이 기술금융의 핵심입니다. 기술의 경제 가치와 사업화 가능성 등을 종합적으로 평가하기 위해 기술 평가 모형은 2개의 대항목, 8개의 중항목, 28개의 소항목 등 체계적인 계층 구조로 구성했습니다. 대항목은 기술을 실제 사업으로 전환할 수 있는지 내부 역량을 평가하는 '기술사업 역량'과 보유 기술의 혁신성, 차별성, 시장 우위 등을 평가하는 '기술 경쟁력'으로 이뤄져 있습니다.

표준 기술 평가 모형

대	중항목	주요 소항목
기술 사업 역량	경영진 역량	동업종 경험
		기술지식수준
		기술경영능력
	경영진 역량	경영진의 기술혁신 역량
		경영진의 전문성
		경영진의 자본 참여도
	기술 개발 역량	R&D 전담 조직
		기술 인력 수준
		기술 개발·상용화 실적
		R&D 투자 실적
		지식재산권
	제품화 역량	생산 역량
		자금 조달 능력
	수익 전망	마케팅 역량
		판매처의 다양성·안정성
		투자 회수 가능성
기술 경재력	기술 우위성	기술의 차별성
		모방 난이도
		기술의 수명 주기
		기술의 자립도
		기술의 완성도
	시장 현황	시장 규모
		시장 성장성
		시장 경쟁 구조
	시장 경쟁력	인지도
		경쟁 제품 대비 비교 우위성
		시장 확보 가능성

기술 평가 모형은 기업의 기술을 일정한 기준으로, 종합적으로 평가할 수 있다는 장점이 있습니다. 하지만 기술 차별성, 자립도, 시장성 같은 항목은 평가자의 전문성에 의존해 주관적으로 판단되기 때문에 평가 결과의 오차나 편차가 발생할 위험성이 있습니다.

평가 기관마다 사용하는 평가 모형의 구조와 배점 기준이 다르고, 평가자의 전문성 및 경험 수준이 다르기 때문에 발생하는 특수성의 문제를 해결하기 위해 2022년부터 표준 기술 평가 모형을 도입해 운영하고 있습니다. 하지만 여전히 평가자의 자율성이 개입되는 일부 정성 항목에서는 결과의 신뢰성을 확보하는 데 한계가 있습니다. 만약 평가 결과의 공정성과 신뢰성이 확보되지 못한다면 기술 금융의 본래 취지가 훼손될 수 있습니다. 또한 평가가 불필요하게 관대해질 경우 여신을 수행하는 금융기관의 리스크가 커지고 정책 자금이 왜곡된 방향으로 흘러가는 부작용이 발생할 수 있습니다.

이러한 고민으로부터 기술 평가의 공정성과 신뢰성을 높이기 위해 평가자나 평가 기관의 편차를 줄일 방안으로 TCB AI 가이던스 모델을 개발했습니다. 이 모델은 축적된 수십만 건의 평가 데이터를 학습해 각 항목에 대한 결과를 예측하고 범위를 제시해 평가자가 이를 활용할 수 있습니다.

학습 데이터의 구성

AI 모델 개발의 출발점은 신뢰할 수 있는 데이터를 충분히 확보하는 것입니다. 모델을 학습시키기 위한 데이터는 표준 기술 평가 모형을 도입한 2022년부터 2023년까지 신용정보원에 축적된 약 69만 건의 평가 데이터를 활용했습니다.

모델은 통계적 함수를 통해 자동으로 결괏값이 나오는 정량 항목은 제외합니다. 정성 항목 예측을 목표로, 기술 통계와 적정성 분석 등을 바탕으로 신뢰도 높은 평가 기준을 가진 기관들의 데이터를 중심으로 학습 데이터를 구성했습니다. 그 이유는 평가 결과의 일관성이 있고 결과의 신뢰도가 높아 예측 모델의 학습에 적합한 고품질의 데이터를 제공하기 때문입니다.

평가 데이터 외에 기업의 기본 정보 및 재무지표 등으로 이뤄진 '내부 데이터'와 내부 데이터로부터 파생된 '파생 데이터', 정부 R&D 참여 여부와 특허 정보 등 내부 데이터와 연관이 있는 '외부 대안 데이터'까지 다양한 설명 변수를 활용했습니다. 특히 파생 데이터 생성에는 데이터를 시점Recency, 빈도Frequency, 규모Magnitude 세 가지 관점에서 분석하는 RFM 기법을 적용했습니다. 예를 들어 최근의 R&D 실적은 '시점', 정부 과제 수행이나 기술인증 획득 횟수는 '빈도', 특허 등록 수와 수상 이력 등은 '규모'로 정량화할 수 있습니다. 이러한 분석을 통해 평가자의 주관이 개입되기 쉬운 '기술 자립도', '자본 조달 능력' 등의 항목에 대한 예측 정확도를 높일 수 있습니다.

RFM 파생 데이터 생성

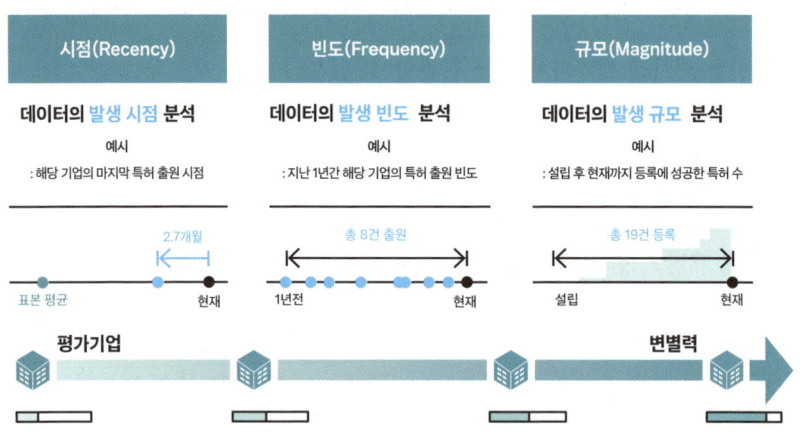

RFM 전처리란 각 데이터의 발생 시점(R), 빈도(F), 규모(M) 관점에서 파생시켜 변별력 있는 파생 변수를 생성하는 기법을 말함.

AI 모델 개발에서 데이터 정제와 보완 역시 중요한 단계입니다. 특히 개인 사업자는 정보 보호를 이유로 정보가 누락되는 항목이 많으므로 동일 업종 내 유사 법인의 데이터 평균값을 활용해 결측값을 보완합니다. 이를 통해 데이터 품질을 높이고 기업 간 정보 비대칭으로 인한 예측 성능의 편차를 개선할 수 있습니다. 이와 같이 단순히 데이터를 수집하는 데 그치지 않고, 정성 평가의 일관성을 확보하기 위해 데이터의 오류, 불일치, 결측치를 수정하는 정제 작업을 수행했습니다. 또한 모델 개발에 적합하도록 데이터를 구조화하고 가공해 신뢰도 높은 데이터셋을 구축했습니다.

TCB AI 가이던스 모델 개발

평가 결과의 일관성과 신뢰성을 높이기 위해 단순 통계 분석을 넘어 다양한 패턴과 데이터 간 상호작용이 가능한 AI 기반의 다중 분류 모델을 사용합니다. 이 가이던스 모델로 정성 항목 결과를 예측할 수 있습니다.

가장 적합한 모델을 선택하기 위해 로지스틱 회귀, 랜덤 포레스트, 라이트 GBMLightGBM, XGBoost 등 다양한 분류 모델을 비교 실험했습니다. 이 중 예측 정확도와 과적합 방지 측면에서 가장 뛰어난 성능을 보인 XGBoost를 최종 모델로 채택했습니다. 또한 데이터 불균형 문제를 보완하고 일반화 성능을 높이기 위해 '층화 K-폴드Stratified K-Fold' 교차 검증을 적용해 안정적인 성능 평가를 도모했습니다.

모델의 예측 성능 평가는 평가자의 전문성과 자율성을 고려한 '정확도 Accuracy ±1 지표'를 사용해 정확한 예측값보다 합리적인 판단 구간을 제시하는 데 중점을 둡니다. 동시에 정밀도precision, 재현율recall, F1-스코어 등 다양한 지표를 함께 활용해 모델의 균형성과 신뢰도를 점검했습니다. 또한 변수 중요도 분석 결과, 특정 변수가 아닌 모든 변수를 활용할 경우 예측 성능이 가장 우수한 것으로 나타나 전체 변수를 활용했습니다.

최종적으로 모델이 예측한 등급이 실제 평가 결과와 ±1 범위 내에서 일치한 비율은 평균 77.2%로 전반적으로 높은 수준을 보였습니다. 특히 '기술 차별성' 같은 핵심 항목에서는 90% 이상의 정확도를 보여 높은 신뢰도를 입증했습니다.

가이던스 모델 서비스 및 활용

TCB AI 가이던스 모델은 단순한 평가 결과 예측 도구가 아니라 기술 평가의 공정성과 신뢰성, 일관성을 높이는 지능형 지원 시스템입니다. 실무 평가는 물론 정책적 목적에도 모두 활용할 수 있도록 다양한 방식으로 설계했습니다.

가장 기본적인 활용 방식은 실시간 평가 보조 도구로서의 기능입니다. 평가자가 기업 관련 데이터를 입력하면, 모델이 각 소항목별로 예측 범위를 제시합니다. 이를 통해 평가자는 자신의 판단이 기준에서 얼마나 벗어났는지를 점검할 수 있습니다. 이 과정은 평가자에게 사전 검증 가이드라인 역할을 하며 동시에 사후 품질관리 체계로도 확장됩니다. 평가 완료 후 모델 예측값과 실제 결과 간의 편차를 분석해 이상값이나 관대한 평가를 자동으로 식별합니다. 이는 평가자의 자율성을 침해하지 않으면서도 객관적 모니터링 기준을 제공합니다.

운영 측면에서도 이 모델은 주기적으로 학습과 갱신이 가능한 동적 구조로 설계했습니다. 분기별 데이터 수집과 성능 점검을 통해 성능 저하 시 자동으로 재학습이 이뤄지며, 정책 변화나 산업·환경 변화에도 유연하게 대응합니다.

TCB AI 가이던스 모델 서비스 흐름도

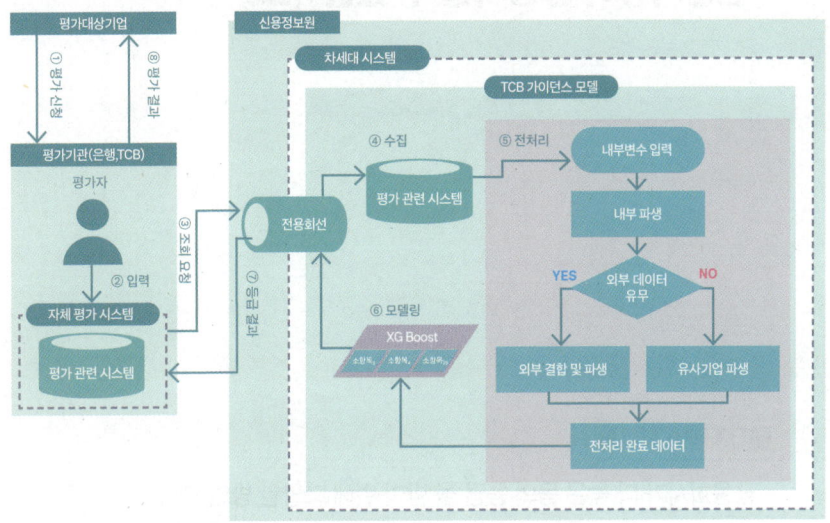

　　TCB AI 가이던스 모델 개발과 적용은 기술 평가의 공정성과 신뢰성이라는 근본적인 문제를 해결하려는 시도에서 출발했습니다. 주관성이 개입되기 쉬운 정성적 판단 영역에서 AI가 인간의 한계를 보완하며 보다 일관되고 완성도 높은 평가를 가능하게 한다는 점에서 의미가 큽니다.

3.13 금융회사의 개인정보 동의서 수준을
인공지능이 향상시킬 수 있을까요?

⬡ 01 MOTIVATION

- 금융회사가 더 높은 동의 등급[15]을 받기 위해 다양한 방안 모색

- 신규 동의서에 대해 유사 업권 및 유사 동의서와 비교해 자동으로 수준을 진단

  하고, 해당 군집 대비 취약점을 가이드로 제공

⬡ 02 MODELING

- 전체 동의서를 클러스터링해 신규 동의서를 적절한 클러스터로 분류

- 해당 클러스터 내 다른 동의서와 비교해 수준을 진단하고 개선 가이드 제시

⬡ 03 SCALE-UP

- 금융업권 분야의 다양한 분류 체계 업무에 확장 적용 가능 및 전략적 의사 결정

  지원

---

[15] 금융회사가 정보 주체에 제공하는 모든 선택적 동의서에 대해 동의서의 위험도, 명확성, 이익이나 혜택 등을 종합적
으로 평가해 등급을 부여하고, 해당 등급을 명시해 징구하도록 하는 제도.

정보 활용 동의 등급제 도입

국내 개인정보 보호 관련 법제는 오랫동안 금융 소비자의 권리를 보장하기 위해 다양한 제도를 마련해 왔습니다. 그중 대표적인 것이 동의서를 통한 정보 활용 동의 제도로, 이를 통해 금융 소비자가 자신의 개인정보에 대해 스스로 결정할 수 있는 '자기 결정권'을 보장했습니다. 하지만 실제로는 많은 소비자가 동의 내용을 정확히 이해하지 못하거나, 내용을 확인조차 하지 않고 동의하는 경우가 많습니다. 2019년 행정안전부 '개인정보 보호 실태 조사'에 따르면 약 60%의 정보 주체가 "동의 내용을 확인하지 않는다"라고 응답했습니다.

이에 2021년 '정보 활용 동의 등급제'라는 새로운 제도를 도입했습니다. 금융 회사가 정보 주체에 요청하는 선택적 동의서에 반드시 '동의 등급'을 표기하도록 해 소비자가 동의 내용을 보다 쉽게 이해할 수 있도록 한 제도입니다.[16]

이 제도는 금융위원회의 위탁을 받아 신용정보원이 운영하며, 사생활 침해 위험도, 동의서의 명확성, 소비자가 얻을 수 있는 이익이나 혜택 등을 종합적으로 고려해 등급을 부여합니다. 지금까지 총 315개 금융회사 6,700여 개 동의서에 등급을 부여했으며 등급은 총 5단계로 구성됩니다. 또한 각 동의서에는 등급 설명이 포함된 QR코드가 있습니다.

16   신용정보법 제34조의3

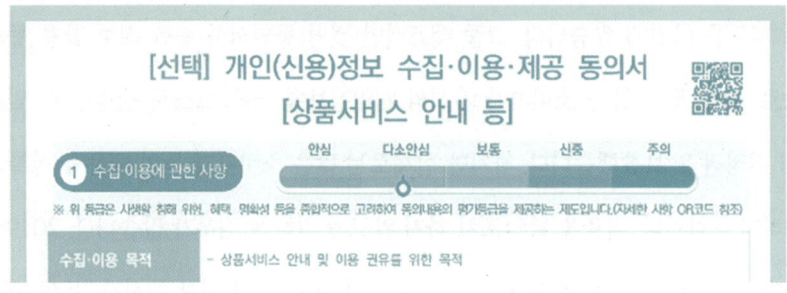

금융회사 동의서의 품질 향상

2021년부터 시행한 정보 활용 동의 등급제는 금융회사의 동의서 품질 향상에 변화를 이끌었습니다. 제도 시행 전에는 마케팅 동의서의 경우 약 2%만이 최고 등급인 안심 등급을 받았지만 현재는 약 45%의 동의서가 안심 등급을 획득했습니다. 이를 통해 정보 주체는 더 신뢰도 높은 동의서에 서명할 수 있는 환경이 갖춰졌고, 금융회사도 더 많은 동의서가 높은 등급을 받도록 개선 노력을 기울이고 있습니다.

동의 등급 인식도 조사

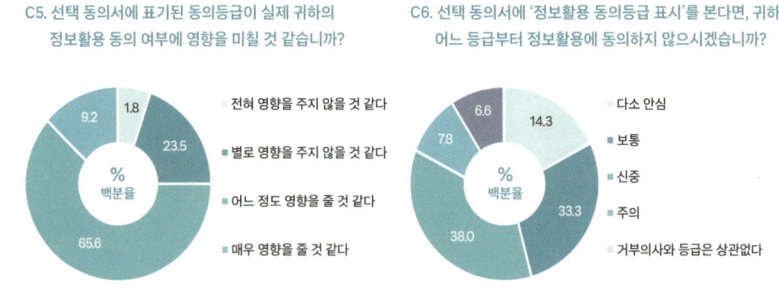

*2022년, 신뢰도 95%, 허용오차±2.82%

2022년, 최근 1년 내 금융 계약을 체결한 경험이 있는 성인 1,200명을 대상으로 한 설문 조사에 따르면, 응답자의 약 75%가 '동의 등급이 실제 동의 여부에 영향을 미친다'로 답했습니다. 또한 '보통 이하 등급의 동의서에는 동의하지 않겠다'고 응답한 비율이 무려 85%에 달해, 동의 등급이 금융 소비자의 선택에 실질적인 기준으로 작용하고 있음을 알 수 있습니다.

등급의 중요성이 커짐에 따라 금융회사는 경쟁사보다 높은 등급을 받기 위해 노력하지만 등급을 끌어올리는 일은 쉽지 않습니다. 매년 수많은 동의서가 새로 생산되지만, 품질 향상을 위한 인력과 시간 투자에는 한계가 있습니다. 짧은 시간 안에 다량의 동의서를 만들어야 하는 금융기관, 그리고 그 많은 동의서를 기한 내에 정확히 심사해야 하는 신용정보원 모두 '어떻게 하면 더 좋은 동의서가 될 수 있을지'를 깊이 연구하기 어려운 게 현실입니다.

이에 신용정보원은 AI 기반 자동 진단 시스템을 구축했습니다. 이 시스템은 희망하는 모든 금융기관이 동의 등급 심사의 각 평가 항목별 진단을 받고, 개선 방안을 제시받아 동의서 품질을 향상시킬 수 있도록 지원합니다.

평가 시스템과 AI 기반 자동 진단 활용

신용정보원은 정보 활용 동의 등급 평가 시스템을 통해 금융기관이 제출한 동의서에 등급을 부여합니다. 이 시스템은 사전에 정의된 평가 기준에 따라 동의서를[17] 심사하며, AI 기반 평가 시스템은 선택적으로 활용 가능한 부가 기능으로 제공합니다.

---

17   정보 활용 동의 등급 평가 안내서(2024년 개정), 신용정보원

금융기관은 심사 등급을 받기 위해 동의서 내용이 포함된 총 50개 문항의 답변을 입력해야 합니다. 이후 최종 단계에서 'AI 진단하기' 버튼을 누르면, 제출 전 AI 기반 진단을 선택적으로 수행할 수 있습니다.

AI 진단을 활용하면 다음과 같은 이점이 있습니다.

첫째, 평가 대상 동의서가 유사 업권, 유사 목적의 동의서와 비교해 어느 정도 수준인지 진단할 수 있습니다.

둘째, 동의서 수정을 통해 점수 향상이 가능한 항목이 있다면 해당 항목의 개선 가능 여부를 안내받을 수 있습니다.

금융기관이 '개선 가능' 버튼을 누르면 팝업 창을 통해 개선 가이드가 제시됩니다. 해당 가이드를 반영해 동의서를 수정하면 추가로 얻을 수 있는 점수가 함께 표기되고, 금융기관은 이 중 점수 향상에 도움이 되는 항목을 선택해 보완할 수 있습니다.

AI진단 화면 예시, 유사 동의서에 비해 점수가 낮은 부분은 붉은색으로 표시

평가 권고	평가지표	배점	점수				진단결과
			동의서	업권 평균	차이점수	백분율%	
소비자 위험(55)	R1. 상품·서비스 마케팅 활동으로 인한 소비자 위험	5	0	1.95	-1.95	55.01	개선가능
	R2. 마케팅 활동을 위한 제3자 제공 시 위험	-2 감점	0	-0.16	0.16	55.01	개선가능
	R3. 마케팅 활동 동의 보유 및 이용 기간에 따른 소비자 위험	+2 가점	0	0.1	-0.1	55.01	개선불가능
	R4. 개인신용정보 수집· 이용 및 제공에 따른 소비자 위험	20	18.12	15.15	2.85	2.85	-
	R5. 자유로운 의사 결정 및 동의여부의 명확한 표시 방법 제공	5	5	4.96	0.04	34.71	개선불필요
	R6. 수집·이용 및 제공 항목 누락 없이 고지	10	10	9.52	0.48	12.98	개선불필요
	R7. 제공받는 자 누락 없이 고지 (해당없음)	10	-	-	-	-	-
소비자 혜택(15)	B1. 부가혜택 및 서비스제공	15	0	6.02	-6.02	55.01	개선불가능
소비자 친화(35)	I1. 중요 내용 강조 준수	6	6	5.91	0.09	28.81	개선불필요
	I2. 수집·이용 및 제공 목적 명확성	5	0	3.47	-3.47	55.01	개선가능
	I3. 수집·이용 및 제공 항목 명확성	12	11	8.82	2.18	11.84	-
	I4. 보유 및 이용 기간 명확성	12	12	11.39	0.61	4.08	개선불필요
	I5. 보유 및 이용 기간 부연 설명	+2 가점	2	1.12	0.88	51.4	개선불필요
	I6. 정보활용 동의서 요약본 사용 여부	+5 가점	5	2.25	2.75	34.71	개선불필요
	I7. 동의서 목적과 내용을 쉽게 이해할 수 있는 제목 사용	+5 가점	5	-	-	-	-

클러스터링

AI 평가 시스템에서 제공하는 개선 가이드는 평가 대상 동의서가 속한 유사 그룹(업권 내 다른 동의서들)의 평가 점수와 비교한 결과를 제시합니다. 이때 유사 그룹을 설정하는 과정이 바로 클러스터링clustering이며 이는 평가 시스템 개발의 첫 단계인 데이터 묶기 절차에 해당합니다.

클러스터링은 머신 러닝 기법을 기반으로 진행됩니다. 상품 안내, 금리 우대, 본인 확인 같은 '동의서 작성 목적'과 은행, 여신, 보험 등 '금융기관의 업권'을 함께 고려해 데이터 간 유사성을 평균 기준으로 판단하고 스스로 적절한 클러스터를 구성합니다.

AI 기반 동의 등급 평가 방식

동의 등급 평가는 사전에 정의된 15개의 평가 기준에 따라 이뤄집니다. 이 중에는 '동의서 요약본이 제공되는가'와 같이 '예/아니오'로 간단히 판단할 수 있는 항목이 있는 반면, '개인신용정보 수집 등의 목적이 명확하게 제시되어 있는가'처럼 내용을 해석하고 전문적 판단이 필요한 항목도 포함됩니다.

AI 가이드는 이러한 평가 기준에 대해 실무적 관점에서 크게 두 가지 방식으로 진단합니다. 바로 '규칙 기반 분석'과 '비정형 데이터 분석' 입니다.

규칙 기반 분석은 '예/아니오'로 비교적 명확하게 판단할 수 있는 지표, 혹은 동의서 내 항목이 사전 정의된 카테고리 내에서 선택된 경우에 적용됩니다. 해당 평가 지표에서 나타날 수 있는 모든 경우의 수를 정의하고, 각 경우마다 적절한 해결책을 제시하는 방식입니다.

예를 들어 'B1. 부가 혜택 및 서비스 제공' 항목의 경우 다음과 같은 절차를 거쳐 가이드가 개선 방향을 안내합니다.

'B1. 부가 혜택 및 서비스 제공' 평가 지표 진단 과정 예시

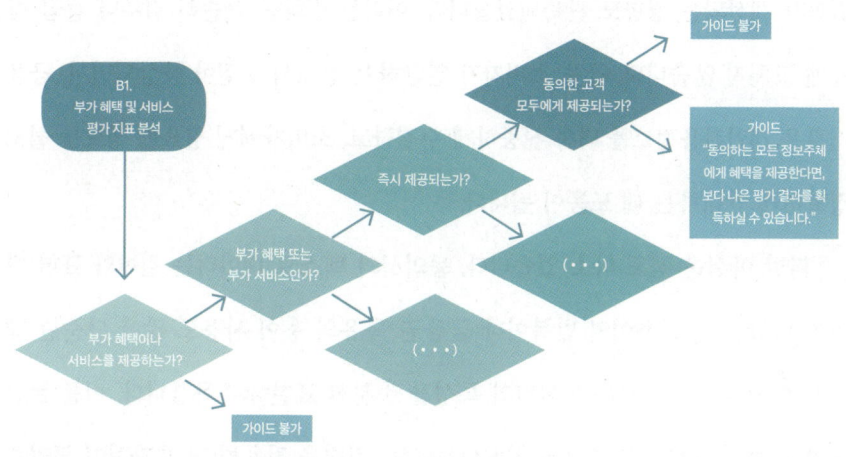

*진단 과정의 일부를 도식화한 것으로, 실제 진단과 상이할 수 있음.

한편 평가 지표 중에서 동의서에 기재된 문구를 읽고 그 내용을 판별해야 하는 경우는 비정형 데이터 분석이 적용됩니다. 비정형 데이터 분석은 동의서에 담긴 텍스트 데이터를 기계가 이해할 수 있는 형태로 변환하고, 과거 데이터를 학습한 모델이 새로운 동의서 내용을 평가할 수 있도록 구성됩니다.

만약 금융기관이 평가 지원 시스템에 해당 동의서를 '마케팅 목적이 있다'고 체크했더라도 AI 모델이 해당 내용을 마케팅 목적이 아닌 것으로 판단할 수 있습니다. 이 경우 시스템은 "마케팅 활용 목적이 아닐 수 있으니, 불필요한 감점을 피하기 위해 목적 선택 항목을 다시 확인해 주세요"라는 가이드를 제공합니다.

AI 가이던스 시스템의 도입 효과와 과제

2024년 7월부터 AI 기반 동의 등급 가이던스 시스템이 기존 동의 등급 평가 시스템에 적용되면서 많은 금융기관이 이를 적극 활용하고 있습니다. 시스템 도입 이후, 평가받는 동의서 중 55% 이상이 AI 진단을 거쳤으며 도입 이전보다 평가 결과가 개선되는 경향도 관측되었습니다. 이러한 변화는 단순히 점수나 등급 상승에 그치지 않습니다. 금융 소비자가 열람하는 동의서 품질이 향상되면서, 금융기관은 개인신용정보를 더욱 신중하게 수집하고, 소비자에게 필요한 정보를 쉽고 정확하게 안내하는 데 도움이 됩니다.

다만 아쉬운 점도 다소 있습니다. 동의서의 텍스트 데이터는 길이와 표현 방식이 다양하고, 관용어의 반복이나 금융권 특유의 용어 사용도 많아 단순한 텍스트 벡터화 방식으로는 데이터의 특성을 충분히 표현하지 못합니다. 이를 보완하기 위해 향후에는 고도화된 임베딩embedding기법을 적용해 더 효과적인 클러스터링과 특성 추출feature extraction을 수행할 계획입니다. 지속적인 성능 개선을 통해 더 정교하고 폭넓은 활용이 가능해지길 기대합니다.

CHAPTER 4

AI 개발을 위한 데이터 생성

데이터 간 결합, 데이터의 효과적인 활용 없이 인공지능은 존립할 수 없습니다. 인공지능 기반으로 고객을 세밀하게 분류하고 시뮬레이션하는 방법을 공유합니다. 보고서 자동 생성 서비스에 대해서도 살펴봅니다.

4.1 데이터맵, AI 학습장, 데이터전문기관, 데이터 라이브러리는 어떤 모습일까요?

4.1.1 데이터맵

데이터맵의 필요성

금융기관에는 이미 방대한 양의 데이터가 존재합니다. 고객 정보, 대출 내역, 연체 이력, 보험 가입 이력 등 테이블별로 잘 정리된 다양한 정보가 저장되어 있습니다. 하지만 막상 데이터를 활용하려고 하면 어떤 정보가 어디에 있고 서로 어떻게 연결되는지를 파악하는 데 많은 시간이 걸립니다.

예를 들어 한 고객의 전체 금융 이력을 분석하려면 고객 정보 외에도 대출 내역, 연체 이력, 보험 가입 정보 등 여러 테이블을 함께 조회해야 합니다. 이때 각 테이블을 연결해 주는 기준이 필요한데 이를 '연결 키'라고 합니다. 실생활에서 대화를 이어 가기 위해 공통적인 주제가 필요하듯이 데이터도 서로 연결되려면 공통된 항목이 있어야 합니다. 하지만 이 연결 기준이 명확하지 않거나 어느 테이블에 어떤 정보가 있는지 파악되지 않으면 아무리 많은 데이터를 보유하고 있더라도 제대로 활용하기 어렵습니다.

이처럼 데이터가 존재하더라도 그 관계와 구조를 알려 주는 안내서가 없다면 활용이 쉽지 않습니다. 이때 필요한 것이 바로 데이터맵DataMap입니다. 데이터맵은 단순히 정보를 나열하는 데 그치지 않고 각 테이블에 어떤 정보가 있는지, 어떤 항목을 통해 서로 연결되는지를 시각적으로 정리한 안내서입니다.

데이터맵의 구성

데이터맵은 말 그대로 회사 내부 데이터를 이해하기 쉽게 정리한 지도입니다. 회사 내부의 데이터는 '테이블'이라는 단위로 저장되며, 각 테이블은 엑셀 시트처럼 여러 줄(행)과 칸(열)으로 구성되어 있습니다. 이때 각 칸의 제목을 '칼럼column'이라고 합니다. 예를 들어 '보험계약 테이블'에는 계약 번호, 가입일, 보험 상품명 같은 칼럼이 있습니다. 데이터맵은 이렇게 수많은 테이블과 칼럼을 한눈에 파악할 수 있도록 정리한 지도로 크게 세 가지 정보를 제공합니다.

첫째, 테이블 요약 정보입니다. 각 테이블에 어떤 주제의 데이터가 있는지를 알면 '이 테이블이 내 업무에 쓸 만한 자료인지' 빠르게 판단할 수 있습니다.

둘째, 칼럼 상세 정보입니다. 각 테이블에 있는 칼럼이 숫자인지 글자인지, 어떤 값이 얼마나 자주 나타나는지, 값이 비어 있는 경우는 없는지 등을 확인할 수 있습니다.

셋째, 테이블 간 연결 정보입니다. 분석 과정에서는 여러 테이블을 연결해 사용하는 경우가 많기 때문에 어떤 칼럼을 기준으로 테이블 간 연결이 가능한지를 보여 줍니다. 예를 들어 '계약 테이블'과 '지급 테이블'을 분석할 때는 두 테이블에 모두 존재하는 '계약 번호' 칼럼을 기준으로 이어 볼 수 있습니다.

데이터맵 화면 일부 예시

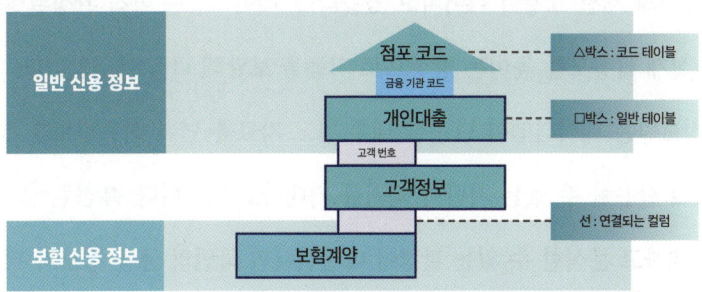

*연결 가능한 칼럼에는 선이 표시되어 있어 어떤 정보가 어디로 이어지는지 쉽게 파악할 수 있다.

AI 개발을 위한 데이터 생성

이처럼 데이터맵은 테이블 간 관계나 칼럼의 구조를 시각적으로 보여 줍니다. 덕분에 복잡한 내부 데이터를 처음 접하는 직원도 전체 구조를 빠르게 살펴보고 필요한 정보를 재빨리 파악할 수 있습니다. 데이터 전문가가 아니더라도 분석이 가능하도록 이해의 출발점을 제공하는 것이 데이터맵의 핵심입니다.

데이터맵의 도입 효과 및 향후 활용 방향

데이터맵은 아직 전사적으로 완전히 정착된 단계는 아니지만, 실무에서는 데이터 탐색과 분석 준비에 도움이 되는 도구로 활용하고 있습니다. 특히 데이터 구조에 익숙하지 않은 직원들이 테이블 간 관계나 항목의 의미를 빠르게 파악할 수 있다는 점에서 높은 평가를 받고 있습니다.

가장 많이 활용하는 기능은 테이블 간 연결 구조 안내입니다. 예를 들어 보험 정보 중 실손보험과 인보험은 연결 방식이 달라 혼동이 있었는데, 데이터맵을 통해 이를 사전에 파악하는 데 도움이 된다는 의견이 있었습니다. 또한 널null값 분포나 데이터 크기 같은 기본 통계도 제공해 데이터 품질 점검이나 분석 범위 설정 시 참고 자료로 사용할 수 있습니다. 사용자 의견도 다양하게 반영됩니다. 범주형 값의 빈도 표시, 추가 테이블 반영, 연결 통계 보강, 코드 기반 결합률 계산 등 실무 중심의 개선 요청이 이어지고 있습니다. 데이터맵은 아직 완성된 도구는 아니지만 실제 활용도를 높이는 방향으로 기능을 보완해 나갈 예정입니다.

신용정보원은 데이터맵이 단순한 내부 참고 자료를 넘어 신용정보를 정확하고 안전하게 활용할 수 있는 기반이 되기를 기대하고 있습니다. 복잡한 데이터를 누구나 이해하고 분석할 수 있는 환경이 마련된다면 국민의 금융 정보가 더욱 효율적으로 활용될 것입니다.

4.1.2 AI 학습장

분석용 데이터셋(데이터)과 원격 분석 환경(인프라)

AI 학습장^AI Learning Platform은 신용정보원에 집중된 일반·기술·보험 신용정보(이하 신용정보) 중 일부를 표본 추출하고 가명처리해 분석용 데이터셋으로 제공하는 플랫폼입니다. 전체 신용 활동 인구의 5~20%에 해당하는 데이터를 기반으로 분석 인프라인 원격 분석 환경까지 제공해 데이터 분석의 문턱을 낮췄습니다. 2019년 6월 CreDB(금융 빅데이터 개방 시스템)로 시작한 이후 2024년 1월 AI 학습장으로 리브랜딩해 서비스 영역을 확장했고, 금융권 내 데이터 격차를 해소하며 금융 산업 발전에 기여하고 있습니다.

AI 학습장에서 제공하는 분석용 데이터셋은 어떤 특징이 있을까요? 신용정보원에 집중된 신용정보가 특정 정보 주체를 식별할 수 있는 '개인 신용정보'라면, AI 학습장의 분석용 데이터셋은 추가 정보 없이는 특정 개인을 알아볼 수 없도록 조치한 '가명정보'입니다. 데이터는 차주(개인 대출자) 단위로, 이름이나 주민등록번호 같은 개인정보가 포함되어 있지 않습니다. 하지만 대출 정보, 연체 이력, 보험 가입 정보, 보험금 지급 이력 등은 연계되어 있어 연구나 분석 목적으로 적합한 데이터라고 볼 수 있습니다.

분석용 데이터셋은 '맞춤형 DB'와 '테마 DB' 두 가지 유형으로 제공합니다. 맞춤형 DB는 이용자가 원하는 데이터 영역과 차주 샘플링 기준으로 선택할 수 있고, 테마 DB는 개인 사업자, 외국인 같은 특정 집단을 대상으로 고정된 데이터 영역을 제공합니다. 이 데이터셋은 최대 37개월에 이르는 월별 시계열 분석이 가능합니다.

AI 학습장은 이 분석용 데이터셋을 안전하고 편리한 원격 분석 환경 내에서만 제공합니다. 이용자는 SAS, STATA, R, 파이선^{Python} 등 다양한 분석 도구를 활용해 금융 빅데이터 분석과 AI 모형 개발·고도화 작업 등을 수행할 수 있습니다. 이용자는 분석 결과물(AI 모형, 소스 코드, 통계표 등 익명 정보)을 자유롭게 반출할 수 있습니다. 단, 원본 데이터는 외부 반출이 금지됩니다.

AI 학습장 서비스 개념도

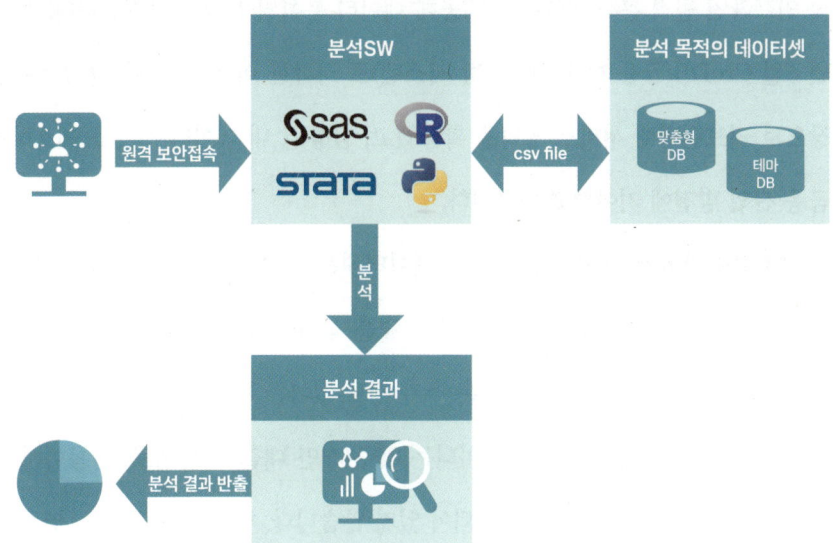

데이터의 자유로운 실험 공간, AI 학습장

AI 학습장은 금융기관뿐 아니라 핀테크, 연구 기관 및 학계 등 다양한 분야에서 널리 이용하고 있습니다. 이용자는 고객군 특성 분석, 시장 및 산업 현황 분석, 특화 그룹 세분화, 신용평가 모형 부도 예측, 대출 수요 예측 등 다양한 목적으로 AI 학습장을 활용합니다.

예를 들어 이용자 중 A보험사는 보험 상품 개발을 위한 아이디어를 검토할 때 AI 학습장을 사용합니다. 2030세대 여성을 대상으로 한 맞춤형 보험 상품 추천 모형을 개발하려 하는데 자사 고객 정보만으로는 해당 연령대 여성 가입자 정보가 한정적이었습니다. 이에 A보험사는 AI 학습장에서 제공하는 맞춤형 DB를 통해 2030세대 여성의 보험 수요를 분석하고자 했습니다. 맞춤형 DB는 보험 가입자를 대표하는 표본 정보를 제공하기 때문에 세대별 고객 특성(보유 보험 정보, 보장 내역, 납입 보험료 등)에 대한 그룹 분석이 가능합니다. 이를 바탕으로 타깃층인 2030세대 여성에게 필요한 보장 내역을 중심으로 새로운 상품 설계를 검토할 수 있습니다.

한편 분석 데이터가 부족한 연구 기관과 학계에서도 AI 학습장에 대한 수요가 높습니다. 예를 들어 팬데믹 전후 소상공인 대출 행태를 비교해 정책적 시사점을 도출하거나, 중·저 신용자 군집 분석을 통해 중금리 대출 활성화 방안을 모색하는 등 금융 소비자에게 도움을 주는 정책과 지원 방안의 기초 자료를 마련하는 데에도 AI 학습장이 활용됩니다.

AI 학습장은 외부에서 쉽게 접하기 어려운 금융 정보를 대외적으로 제공함으로써 그 가치를 인정받고 있습니다. 더욱이 일회성 활용에 그치지 않고 주기적이고 장기적인 이용이 꾸준히 증가하면서 유용성이 입증되고 있습니다. 신용정보원은 데이터 항목과 제공 범위를 지속적으로 확충하고 원격 분석 환경을 고도화하는 등 이용자 편의성 향상에 힘쓰고 있습니다.

4.1.3 데이터전문기관

데이터 생성·결합·유통의 핵심, 데이터전문기관

21세기의 새로운 석유는 바로 데이터입니다. 원유를 정제해야 비로소 에너지원이 되듯 데이터도 가공과 결합을 거쳐야만 고부가가치 자산으로 거듭날 수 있습니다. 그 중심에 데이터전문기관이 있습니다.

금융기관은 보유한 정보를 보다 체계적으로 관리하고 처리하기 위해 특정 개인을 알아볼 수 없도록 가명처리 기술을 사용합니다. 이렇게 생성된 정보 집합물은 일정한 규칙에 따라 배열되며, 그 자체로는 개인을 식별할 수 없습니다. 데이터전문기관은 이러한 가명처리된 정보 집합물을 여러 금융기관으로부터 수집해 서로 효과적으로 연결하고 분석할 수 있도록 합니다. 이때 사용하는 것이 바로 개인 식별 정보를 암호화한 '결합 키'입니다. 결합 키는 개인 식별 정보를 암호화한 값으로, 서로 다른 기관의 정보 집합물을 안전하게 연결하는 데 사용합니다. 이 결합 키로 서로 다른 정보 간 결합을 수행하는 것이 데이터전문기관의 핵심 업무인 '정보 집합물 결합'입니다. 또한 금융기관은 자신이 보유한 정보 집합물을 외부에 제공하거나 공개하기 위해 개인을 식별하지 못하도록 익명 처리해야 합니다. 익명 처리가 적절하게 이뤄졌는지에 대한 판단 역시 데이터전문기관이 금융위원회를 대신해 담당합니다.

요약하면 데이터전문기관은 금융기관이 보유한 정보 집합물, 즉 데이터를 보다 안전하고 효율적으로 분석할 수 있도록 지원하는 기관입니다. 정보 집합물 간의 결합은 물론 가명·익명 처리에 대한 평가·조사·연구·표준화 등 데이터 관련 업무를 전문적으로 수행합니다. 신용정보원은 2020년 8월 금융 분야 최초로 데이터전문기관으로 지정된 이후 금융기관 및 비금융기관의 다양한 정보 집합물을 결합해 매년 수십 건의 결합 데이터셋을 생성 및 제공합니다. 또한 금융위원회를 대신해 익명 정보 처리 수준의 적정성을 평가하고, 가명처리의 표준화 및 자동화 방안에 대해서도 지속적으로 연구하고 있습니다.

그렇다면 정보 집합물 결합은 왜 필요할까요? 또 금융기관은 이를 어떻게 사용하는 걸까요? 예를 들어 사회 초년생인 김정원 씨가 A은행에서 신용 대출을 받으려고 한다고 가정해 봅니다. A은행은 김정원 씨의 신용도를 판단해 대출 심사를 하고 적정 한도를 설정해야 합니다. 그런데 김정원 씨는 아직 신용카드를 사용한 적이 없고 대출도 없습니다. 김정원 씨의 금융거래 이력만으로는 신용도를 판단하기 어려워 A은행에서는 심사 승인을 고민하는 상황입니다. 이때 A은행은 김정원 씨가 휴대폰 통신 요금을 매월 정상 납부하고 온라인 쇼핑 결제도 꾸준히 한다는 점에 주목합니다. 그리고 이러한 비금융 정보를 대출 심사에 활용할 수 있지 않을까 고민하기 시작했습니다.

실제로 데이터전문기관을 통해 A은행의 금융 정보와 B통신사의 통신 요금 납부 이력, 그리고 C 온라인 쇼핑몰의 결제 정보를 결합할 수 있습니다. 이렇게 결합된 정보 집합물을 활용하면 금융 이력이 부족한 사회 초년생을 위한 '대안 신용 평가 모형'을 개발할 수 있고 이로써 보다 합리적인 대출 심사가 가능해집니다.

데이터전문기관 결합 사례

< 금융 정보 >

은행의 계좌거래 정보
카드사의 결제 · 연체정보

< 비금융 정보 >

배달 주문
통신 · 온라인쇼핑정보

< 신용평가모형 개발 >

대안 신용평가 모형 개발
맞춤형 대출 상품 출시

이렇듯 데이터 결합은 단순한 정보 나열을 넘어 새로운 가치를 창출하는 과정입니다. 기존 데이터만으로는 해결하기 어려웠던 데이터 기반의 의사 결정이 가능해지고, 이는 곧 금융기관의 경쟁력 강화로 이어집니다. 나아가 금융 데이터 활성화로도 연결됩니다. 데이터전문기관은 앞으로도 금융기관이 데이터 기반의 혁신적인 AI 금융 서비스를 제공할 수 있도록 든든한 파트너가 될 것입니다. 데이터 경제의 성장과 혁신을 이끌어 나갈 핵심 기관으로서 그 역할은 앞으로 더욱 중요해질 것입니다.

4.1.4 금융 AI 데이터 라이브러리

데이터 리사이클링 생태계로의 전환

2023년 6월 금융위원회는 '금융 AI 데이터 라이브러리(이하 라이브러리)'를 혁신 금융 서비스로 지정하며 국내 금융 데이터 활용 환경의 새로운 패러다임을 제시했습니다. AI 학습, 혁신 서비스 개발, 신용평가 및 리스크 관리 고도화 등을 위해서는 데이터 결합이 필수지만, 현행 법령에 따라 결합 전후 데이터를 이용 목적 달성 후에 반드시 파기해야 합니다. 따라서 대규모·고품질의 데이터셋을 구축하고 활용하는 데 한계가 있습니다. 이러한 제약을 해소하기 위해 결합 전후 데이터를 파기하지 않고, 저장해 재사용할 수 있도록 한 라이브러리 서비스를 도입했습니다.

라이브러리 서비스의 등장으로 기존처럼 데이터전문기관을 통해 결합·이용 후 반드시 파기해야 했던 일회성 구조에서 벗어나, 데이터를 안전하게 보관하고 신속하게 재활용할 수 있는 순환 구조가 마련되었습니다. 이를 통해 중소 핀테크, 금융기관 등이 안전한 가명정보를 재사용하면서 데이터 결합에 소요되는 시간과 비용을 줄이는 한편, 금융권의 데이터 활용에도 적시성과 효율성을 갖추게 되었습니다.

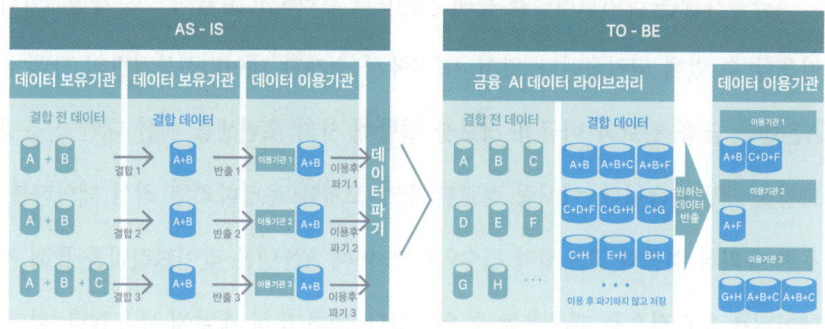

첫째, 라이브러리는 대량의 결합 전후 데이터를 보관할 수 있는 데이터 저장소를 제공합니다. 이전에는 결합된 데이터를 사용한 뒤 반드시 삭제해야 했지만 이제는 가명데이터의 저장이 허용되면서 AI 서비스의 학습과 개발에도 활용할 수 있게 되었습니다. 또한 라이브러리에 저장된 데이터 목록을 공개해 이용자의 접근 편의성도 높였습니다.

둘째, 가명데이터 재사용으로 신속하고 편리한 데이터 활용이 가능합니다. 동일한 결합 절차를 반복할 필요 없이 미리 저장된 데이터를 꺼내 즉시 분석에 사용할 수 있습니다.

셋째, 결합 전후의 고품질 데이터를 안전하게 다룰 수 있습니다. 라이브러리가 제공하는 원격 분석 환경을 통해 저장된 데이터를 안전하게 분석할 수 있고, 결합키는 전담 기관에서 별도로 관리해 정보 항목과 분리 저장함으로써 데이터 유출 위험을 최소화했습니다.

넷째, 신용정보원에 집중된 데이터를 기반으로 다양한 외부 기관의 데이터와 결합이 가능합니다. 가명처리된 신용정보를 결합 전 데이터로 제공하며, 이를 라이브러리 내 다른 기관의 정보와 결합해 분석할 수 있습니다.

금융기관은 라이브러리를 통해 기존보다 편리하고 효율적으로 가명데이터를 이용할 수 있게 되었습니다. 앞서 4.1.3에서 소개한 데이터전문기관의 사례에서, A은행은 금융 정보와 비금융 정보를 결합해 사회 초년생을 위한 대안 신용평가 모형을 개발했습니다. 이처럼 정교한 평가 모형을 운영하려면 최신 데이터를 활용한 유의성 검증과 고도화가 필수입니다. 이때 A은행은 라이브러리를 통해 기존 데이터를 효과적으로 재사용할 수 있습니다. 최초 모형 개발에 사용했던 '결합 후 데이터'를 라이브러리에 저장해 두고, 이후 축적된 최신 금융 정보를 '결합 전 데이터'로 추가 등록하면, 필요할 때 두 데이터를 다시 결합해 모형을 개선할 수 있습니다. 라이브러리를 활용하면 예전처럼 매번 데이터를 새로 결합하고 즉시 폐기해야 하는 번거로움 없이 간소한 절차로 데이터를 재사용할 수 있습니다.

라이브러리는 데이터의 안전한 재사용, 기관 간 데이터 공유 활성화, AI 학습 및 개발 촉진을 통해 금융 데이터 생태계의 혁신을 이끌고 있습니다. 앞으로도 데이터 생태계 활성화와 양질의 빅데이터 확대로 AI 학습과 개발이 촉진되고 금융 AI 성능이 개선될 것으로 기대됩니다.

4.2 페르소나 데이터는 무엇일까요?

신용 데이터로 구현한 페르소나 모델

'페르소나persona'라는 단어는 고대 그리스 연극에서 배우가 쓰던 가면에서 유래했습니다. 이 가면은 등장인물의 성격과 특징을 간결하고 명확하게 드러내는 수단이었습니다. 현대의 페르소나도 비슷한 개념으로, 특정 고객군의 주요 특성을 대표하는 가상의 인물상으로 마케팅 분야에서 널리 활용되고 있습니다.

신용정보원의 페르소나 데이터베이스는 개별 금융 소비자의 실제 정보를 노출하지 않으면서도 금융기관이나 마이데이터 기업이 데이터 기반 인사이트를 얻을 수 있는 방안을 모색하던 중 탄생했습니다. 신용정보원에는 대한민국 전체 금융 소비자의 방대한 금융 데이터가 축적되어 있지만, 각 금융기관은 자사와 거래한 일부 소비자의 데이터만 보유하고 있습니다. 고객의 실제 데이터를 다른 금융기관에 직접 공유할 수는 없지만, 큰 틀에서 핵심적 특성을 파악할 수 있도록 페르소나 형태로 제공하면 금융기관이 고객 관련 인사이트를 확보하는 데 도움이 될 것이라 판단했습니다.

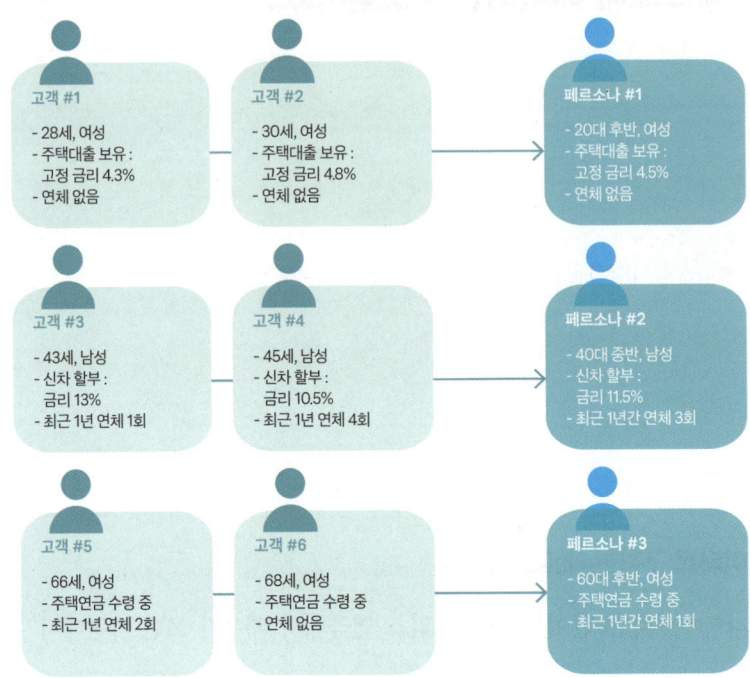

페르소나 모델 개발 과정

페르소나 모델을 생성하려면 세 가지 주요 단계를 거쳐야 합니다.

첫째, 분석 대상인 피처feature 설정입니다. 페르소나 분석에 참여하는 금융기관이나 마이데이터 회사는 우선 어떤 금융적 특성에 초점을 둘지 결정해야 합니다. 이때 분석의 기준이 되는 주요 속성을 '피처'라고 하는데, 이는 기관이 특히 주목하는 지표를 의미합니다. 예를 들어 '최근 6개월 내 개설한 대출 건수', '최근 3개월 간 신용카드 총 이용 금액' 등 구체적이고 실질적인 특성이 피처로 설정됩니다.

둘째, 페르소나 데이터베이스 생성입니다. 설정된 피처를 기반으로 이를 실제로 분석할 수 있는 데이터베이스를 구축하는 단계입니다. 신용정보원은 종합 신용 정보 집중 기관으로서 국내 금융 소비자의 신용 데이터를 폭넓게 보유하고 있으며, 이

데이터를 적절히 선별하고 재분류해 페르소나 분석이 가능한 형태로 재구성합니다. 이를 위해서는 집중 관리하는 신용 데이터에 대한 깊은 이해는 물론, 설정된 피처의 세부 의미를 정확히 반영해 구조화할 수 있는 정밀함과 끈기가 필요합니다.

셋째, 페르소나 분류 모델 생성입니다. 이제 결정된 피처를 바탕으로 유사한 특징을 가진 금융 소비자들을 하나의 묶음으로 분류하는 단계입니다. 이 과정에는 머신 러닝 방법론 중 비교적 간단한 'k-means clustering'을 활용했습니다. 이는 원하는 묶음의 개수(k)를 입력하면 알고리즘이 전체 데이터의 평균값을 기준으로 유사한 데이터를 스스로 분류하는 클러스터링 기법입니다. 이렇게 형성된 각 페르소나의 통계적 특성과 함께, 해당 데이터를 학습한 분류 모델을 참여 기관에 제공합니다. 참여 기관은 자체 보유한 고객 데이터를 이 모델에 적용해 분류 결과를 도출하고, 신용정보원의 데이터 특성과 비교함으로써 양 기관 간 데이터의 차이를 보다 직관적이고 구체적으로 파악할 수 있습니다.

페르소나 생성 단계

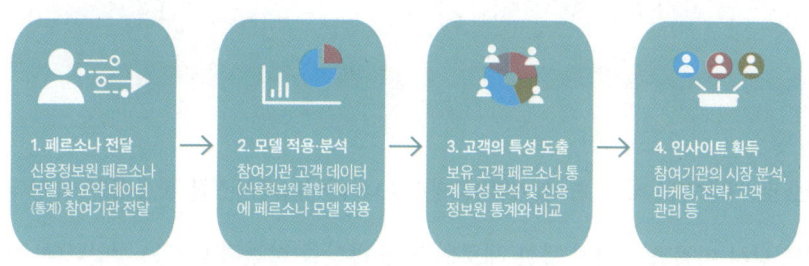

페르소나의 확장 가능성과 활용 전망

참여 기관은 제공받은 페르소나 모델과 데이터베이스를 시장 분석, 마케팅·전략, 고객 관리 등 다양한 분야에 활용할 수 있습니다. 특히 페르소나 데이터베이스는 전체 금융 소비자의 데이터를 고르게 층화 추출stratified sampling해 생성했기 때문에 대한민국 금융시장을 포괄적으로 조망할 수 있을 뿐 아니라, 참여 기관이 관심을 두는 주요 타깃층에 대한 정밀한 분석도 가능합니다. 예를 들어 '30대 여성 중 신용카드 월 사용액이 200만 원 이상'과 같이 보다 세분화된 관점에서도 다양한 층위를 구체적으로 표현할 수 있습니다.

페르소나 활용 전망

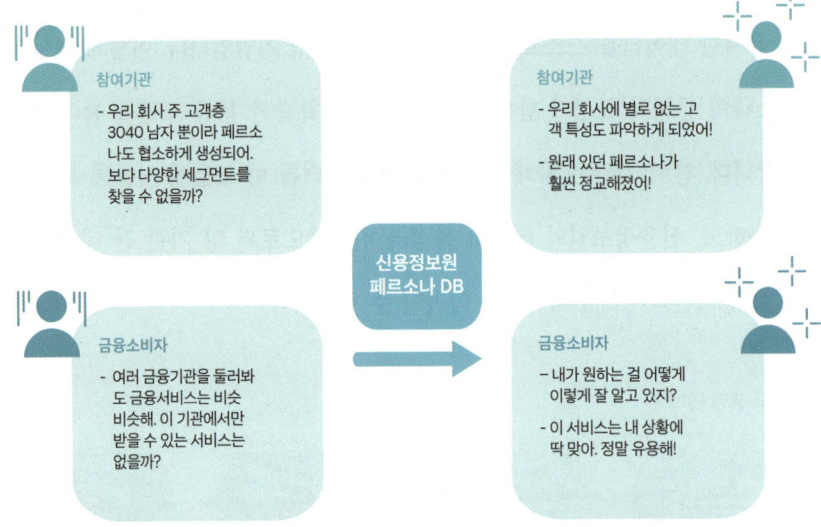

앞으로 기대되는 바는 참여 기관이 페르소나 데이터베이스를 활용하는 과정에서 개발 당시 미처 생각하지 못한 새로운 활용 방안을 발견해 나가는 것입니다. 이를 위해 향후에는 참여 기관의 연구 목표를 더욱 구체적으로 설정하고, 그에 부합하는 심도 있는 페르소나 데이터베이스를 구축하고자 합니다. 더 많은 금융기관과 마이데이터 기업이 페르소나 데이터베이스를 통해 데이터의 지평을 넓혀 가기를 기대합니다.

4.3 합성 데이터는 어떻게 만들어질까요?

합성 데이터의 등장과 배경

"30대 김정원 씨는 신용카드를 자주 사용하고 대출은 2건 있으며 총 대출 금액은 500만 원이다." 이 정보는 진짜일까요, 가짜일까요? 김정원이라는 이름은 가명일 수 있지만 나이와 카드 사용 습관, 대출 내역 등은 현실적입니다. 실제로 존재할 법한 인물처럼 보이지만 이 데이터는 실제 인물이 아닌 가상 인물의 데이터, 즉 합성 데이터입니다. 합성 데이터는 실제 고객 정보를 그대로 복제하지 않으면서도 존재할 법한 데이터를 만들어 냅니다. 언뜻 실제처럼 보이지만 사실은 어떠한 개인정보도 포함되어 있지 않습니다.

금융기관은 고객의 소비 패턴이나 대출 경향을 분석해 더 나은 서비스와 AI 모델을 만들고자 합니다. 하지만 신용정보는 매우 민감한 개인정보이기 때문에 마음대로 사용할 수 없습니다. 그래서 이름이나 주민등록번호 같은 식별 정보를 가린 '가명정보', 특정인을 유추할 수 없도록 처리한 '익명 정보' 형태로 가공해 활용합니다. 하지만 이러한 정보는 원래 데이터를 일부 변경하거나 대체했기 때문에 정밀한 분석을 하는 데 한계가 있습니다. 이처럼 개인의 실제 데이터를 왜곡하지 않으면서도 현실과 유사하게 사용할 수 있도록 개발한 것이 바로 합성 데이터입니다.

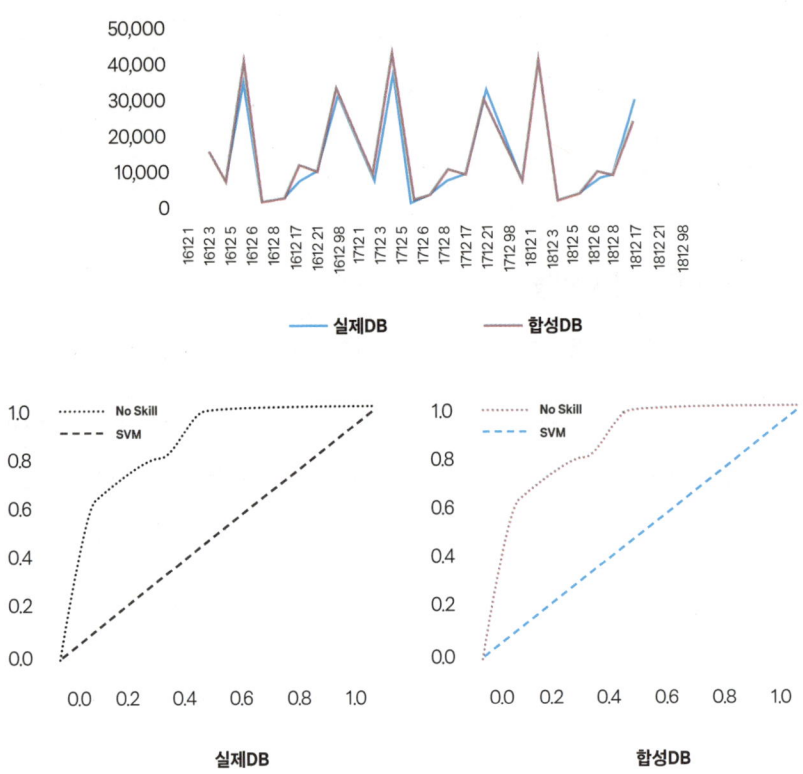

합성 데이터 품질 평가 기준

합성 데이터는 실제 데이터가 아니기 때문에 생성된 데이터가 실제로 활용 가능한지, 아니면 단순히 숫자만 비슷한 데이터에 불과한지 판단하는 과정이 필요합니다. 이를 위해 합성 데이터가 실제 데이터처럼 잘 생성되었는지를 검토하는 '품질 평가'가 중요합니다. 이때 신뢰성^{fidelity}, 개인정보 보호^{privacy}, 유용성^{utility} 세 가지 기준을 중심으로 성능을 평가합니다.

- **신뢰성**

신뢰성은 합성 데이터가 실제 데이터와 얼마나 유사하게 생성되었는지를 확인하는 기준입니다. 전체 데이터의 평균값이나 분포가 실제와 비슷한지, 현실에서 발생할 수 있는 데이터인지 등을 검토합니다. 예컨대 '3,000만 원을 대출받은 사람이 1억 원을 연체한 경우'처럼 비현실적인 데이터는 신뢰성이 낮습니다. 이처럼 합성 데이터가 실제 데이터를 얼마나 잘 모사했는지가 핵심입니다.

- **개인정보 보호**

개인정보 보호는 합성 데이터가 실제 데이터와 지나치게 유사해 특정 개인을 유추할 가능성이 있는지를 따져 보는 기준입니다. 예를 들어 실제 데이터가 '을지로 거주, 20세 남성, 대출 3,000만 원, 연체 2,000만 원, 금리 3.2%'라면, 합성 데이터가 '을지로 거주, 20세 남성, 대출 3,000만 원, 연체 2010만 원, 금리 3.19%'와 같이 생성될 경우 실제 데이터 유추가 가능합니다. 이처럼 개인정보 유출 우려가 없는지 위험 요소를 평가하는 것이 중요합니다.

- **유용성**

유용성은 생성된 합성 데이터가 실제 분석 과정에서 얼마나 효과적으로 작동하는지를 평가하는 기준입니다. 합성 데이터로 학습시킨 AI 모델의 성능이 실제 데이터 기반 모델과 유사하다면 '합성 데이터를 실제 데이터만큼 유의미하게 활용할 수 있다'는 점이 입증됩니다.

합성 데이터의 활용 현황과 기대 효과

현재 국내에서는 신용정보원을 중심으로 금융권 내 데이터 활용을 위한 합성 데이터 개발이 활발히 진행되고 있습니다. 동시에 국내외에서는 AI 모델 개발을 목적으로 합성 데이터를 활용하는 사례도 증가하고 있습니다. 영국 금융행위감독청(FCA)은 사기 탐지 시스템 개발을 위해 합성 데이터 기반의 실험 환경을 운영하며, 미국의 JP모건은 민감한 금융 거래 정보를 분석할 때 자사 프라이빗 클라우드 환경에서 합성 데이터를 우선적으로 활용합니다.

신용정보원 합성 데이터 생성 모델

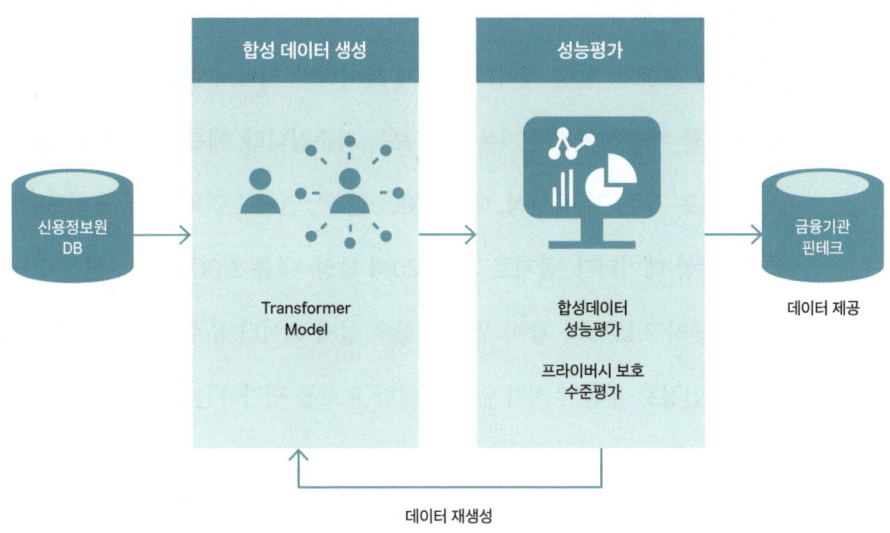

합성 데이터를 활용하면 금융기관은 실제 데이터의 한계를 보완해 풍부한 분석 기반을 마련할 수 있고, 핀테크를 비롯한 중소기업은 신규 아이디어와 비즈니스 모델을 검증할 수 있는 테스트베드로 활용할 수 있습니다. 신용정보원은 합성 데이터 생성과 성능 평가를 자동화한 모델을 통해 신뢰도 높은 데이터를 금융권에 제공해 안전하면서도 유연한 데이터 활용을 적극 지원할 것입니다.

4.4 AI를 위한 데이터 선별 전략에는 어떤 것이 있을까요?

기업 데이터의 홍수에서 옥석을 가리는 방법

현대 금융기관은 그 어느 때보다 방대한 기업 데이터를 접하고 있습니다. 기업의 재무 정보, 고용 현황, 사업장 위치, 특허 등 일반 정보부터 신용 등급, 여신 정보, 나아가 거시경제 지표에 이르기까지 활용 가능한 데이터의 범위는 점점 넓어지고 있습니다. 하지만 단순히 데이터양이 많다고 해서 의사 결정에 도움이 되는 것은 아닙니다. 오히려 정리되지 않은 데이터는 더 혼란을 불러오고, 핵심을 파악하는 데 드는 시간과 비용을 증가시킬 수 있습니다. 결국 중요한 것은 '얼마나 많은 데이터인가'가 아니라, '어떤 데이터가 의미 있는가'입니다.

신용정보원은 정보 이론의 개념인 엔트로피entropy와 상호정보량mutual information을 활용해 수많은 데이터 중 의미 있는 정보를 선별합니다. 이렇게 선별된 데이터는 금융기관의 여신 심사나 투자 판단 과정에서 핵심 통찰을 제공하며 AI 학습의 기초 자료로도 활용되고 있습니다.

기업 데이터 스펙트럼

기업 데이터는 종류가 매우 다양합니다.

기업 데이터 스펙트럼

분류	데이터종류	배점	진단결과
여신 및 자금 조달 정보	여신 및 연체 정보	신용정보원	기업 자금 조달 (익스포저) 확인
	시장성 차입금 정보	예탁결제원	
	벤처기업 투자 정보	더브이씨The VC	
	정부 R&D 재정 정보	과기부, 과학기술기획평가원	
재무·고용 및 신용 평가 정보	재무제표 및 재무비율	나이스평가정보	자산 및 부채, 자본 구조 등 재무분석, 고용 현황 파악
	고용 정보	국민연금공단, 나이스평가정보	
	기업 신용 등급 및 현금 흐름 등급	나이스평가정보, S&P, 코리아크레딧뷰로	
기업의 일반 운영 정보	기업 개요 및 사업장 정보	나이스평가정보, 코리아크레딧뷰로	기업의 성장 동력 및 산업 트렌드 확인
	법인 및 개인 사업자 휴·폐업 정보	국세청, 코리아크레딧뷰로	
	특허 분석 및 인증 정보	테크DNA, 나이스평가정보	
	부가세(매입·매출) 거래처 정보	나이스DNB	
기업 여건 및 산업 정보	산업 경제활동 정보	각 산업협회, 통계청	기업의 성장 동력 및 산업 트렌드 확인
	상장 기업 시가총액	나이스평가정보	
	거시경제 정보	한국은행, 통계청	
	기업 제품 및 경쟁사 정보	S&P	
기업 및 혁신 산업 분석	기업 신용 위험 지수	한국은행	기업 및 산업 위험·성장, 거시 금융 영향, 혁신 성장 관련 분석
	거시 금융 지수	신용정보원, 금융연구원	
	금융 안정 지수	신용정보원, 금융연구원	
	거래 기반 네트워크 중심성 지수	신용정보원, 과학기술정책연구원	
	혁신 성장 투입 성과 분석	신용징보원, KAIST	
	혁신 성장 유발 지수	신용정보원, KAIST	
	재무 및 고용 성장 지수	신용정보원, 나이스평가정보	
	한계 기업 예측 등급	신용정보원, 나이스평가정보	

이처럼 방대하고 다양한 데이터는 활용 방법에 따라 가능성이 무궁무진합니다. 하지만 동시에 초기 엔트로피가 매우 높은 상태라고도 볼 수 있습니다. 다시 말해 정보가 선별되거나 정제되지 않은 채 흩어져 있어 방향성이 없고, 특정한 목적에 대해 명확한 통찰을 얻기 어렵다는 뜻입니다. 그럼에도 엔트로피가 높다는 것은 다양한 상황을 설명할 수 있는 잠재력이 있다는 의미이기도 합니다. 따라서 데이터 분석의 출발점에서는 가능한 한 많은 정보, 즉 높은 엔트로피 상태의 데이터를 수집하는 것이 바람직합니다. 이후 이를 목적에 맞게 정제하고 해석하는 과정이 핵심이라고 할 수 있습니다.

엔트로피와 상호정보량

엔트로피는 데이터가 가진 불확실성의 정도를 수치화한 것으로[01] 데이터의 엔트로피가 높은 것은 값을 예측하기 어렵다는 의미이며, 반대로 엔트로피가 낮은 것은 값을 예측할 가능성이 높다는 의미입니다. 엔트로피는 H(X)로 나타내며 아래 수식과 같이 정의됩니다.

엔트로피 $H(X) = -\sum p(X) \log_2 p(X)$, $p(x)$ 는 데이터 X의 확률밀도함수

데이터셋, 즉 서로 다른 종류의 데이터가 모인 집합은 그 구성의 다양성과 균형에 따라 엔트로피 수준이 달라집니다. 구성된 데이터의 종류가 많고 각 데이터가 등장할 확률이 고르게 분포될수록 엔트로피가 높아지며, 이는 불확실성이 크

---

01   T. Cover, Elements of Information Theory, Wiley-Interscience(2006)

다는 뜻입니다. 반대로 특정 데이터만 자주 나타나고 나머지는 거의 나타나지 않는다면 정보의 불확실성이 낮아지고 엔트로피 또한 낮아집니다.

예를 들어 날씨를 예측한다고 가정할 때 맑음, 흐림, 비, 눈, 우박 등 다양한 날씨가 고르게 나타나는 지역은 예측이 어렵고 불확실성이 크기 때문에 엔트로피가 높다고 할 수 있습니다. 실제로 이런 경우는 엔트로피 수치가 1.875 정도로 계산됩니다. 반면 맑음과 흐림만 반복될 정도로 날씨 패턴이 단순한 지역은 불확실성이 줄어들어 엔트로피가 1로 감소합니다. 더 나아가 여름철에 대부분 맑고 가끔 흐린 날만 있는 지역처럼 한 가지 상황이 압도적으로 많이 발생하면 예측이 쉬워져 엔트로피는 0.47 정도로 크게 낮아집니다.

이렇게 날씨처럼 변화무쌍한 현상을 다루려면, 처음에는 다양한 상황을 담고 있는 엔트로피가 높은 데이터를 확보하는 것이 중요합니다. 그래야 여러 가능성을 열어 두고 분석할 수 있기 때문입니다. 하지만 그렇게 모인 데이터로 특정 지역, 특정 기간에 실제 인사이트를 도출하려는 경우에는 엔트로피를 낮춰 불확실성을 줄이는 과정이 필요합니다. 그래야 데이터를 보다 쉽게 활용할 수 있기 때문입니다.

한편 상호정보량은 두 데이터 간 연관 정도를 수치로 나타낸 것으로, 여러 데이터를 이용하는 경우 선택의 기준으로 사용합니다.

상호정보량
$$I(X;Y) = H(X) - H(X|Y)$$
$$= \Sigma\_Y \Sigma\_X \, p(X,Y) \log_2 [\, p(X,Y) \, / (p(X)p(Y))]$$

간단히 말해 데이터 X가 얼마나 불확실한지를 나타내는 것이 '엔트로피 H(X)'라면, 다른 정보를 알고 있을 때 X의 불확실성이 얼마나 줄어드는지를 보여 주는 것이 '상호정보량 I(X;Y)'입니다. 예를 들어 어떤 데이터를 아는 경우 X에 대해 더 잘 예측할 수 있다면, 그 데이터는 X와 연관성이 높고 상호정보량도 크다고 볼 수 있습니다.

날씨가 맑을 확률과 흐릴 확률이 각각 절반인 상황에서 날씨만으로는 미래를 예측하기 어렵습니다. 그런데 '아이스크림이 많이 팔린 경우'라는 정보를 추가한다고 해 봅시다. 이를 표로 나타내면 다음과 같습니다.

확률 p(X,Y)		아이스크림이 많이 팔린 경우 (Y)		
		많이 팔림	많이 안팔림	p(X)
날씨가 많은경우 (X)	맑음	0.3	0.2	0.5
	흐림	0.2	0.3	0.5
	p(Y)	0.5	0.5	1.0

이 경우 상호정보량을 계산하면 약 0.029로 매우 낮습니다. 즉 아이스크림 판매와 관련된 데이터는 날씨 예측에 거의 도움이 되지 않는다는 뜻입니다. 반면 기상청 일기예보 데이터를 함께 사용하면 날씨를 훨씬 잘 예측할 수 있습니다. 일기예보가 실제 날씨와 거의 일치한다고 가정한 경우 상호정보량은 약 0.859까지 크게 증가합니다. 이처럼 상호정보량이 크다는 것은 데이터를 통해 예측 대상의 불확실성이 크게 줄어든다는 뜻입니다.

이 개념은 기업 데이터를 선별하는 데 매우 중요하게 사용할 수 있습니다. 예컨대 기업의 연체 여부를 예측할 때 신용 등급, 이자 보상 배율, EBITDA 마진율, 유동 비율, 현금 흐름 등급 등은 상호정보량이 높은 지표입니다. 이런 데이터를 함께 분석하면 기업의 채무 상환 능력을 더 정확히 파악할 수 있습니다.

정리하면 데이터를 수집할 때는 엔트로피가 높은 데이터를 확보하는 것이 중요합니다. 다양한 상황이 포함되어 있어 정보의 폭이 넓기 때문입니다. 반면 데이터를 전달할 때는 상호정보량이 높은 데이터를 함께 묶어서 제공하는 것이 좋습니다. 이렇게 하면 전달하고자 하는 핵심 내용의 방향성이 명확해지고, 수신자는 더 정확한 의사 결정을 하게 됩니다.

엔트로피와 상호정보량을 통한 불확실성 극복과 명확한 통찰 확보

신용정보원이 보유한 원시raw 기업의 데이터는 수집 방식, 출처, 시점이 모두 달라 매우 다양하고 복잡합니다. 이런 데이터를 그대로 제공하면 금융기관이 대출이나 투자 판단을 내리기 어렵습니다. 즉 원시 데이터는 엔트로피가 높은 상태로 정보가 흩어져 있어 활용도가 낮습니다. 따라서 데이터를 목적에 맞게 선별하고 정제하는 과정이 중요합니다. 예를 들어 중소기업 대출 심사를 위한 데이터가 필요하다면 다음과 같이 가공할 수 있습니다.

첫째, 분석 대상 기업 수를 줄입니다. 산업군, 자산, 규모 등 조건에 맞는 기업만 선별해 엔트로피를 낮춥니다.

둘째, 관련 없는 정보는 제외합니다. 상장 기업의 주가처럼 중소기업 대출과 무관한 데이터는 걸러 냅니다.

셋째, 핵심 정보를 구조화합니다. 신용 평가에 유용한 재무비율, 매출 추이, 현금 흐름 등 상호정보량이 높은 정보를 중심으로 요약합니다.

이렇게 정제된 데이터는 단순한 정보가 아니라 의사 결정에 바로 활용할 수 있는 '쓸모 있는 데이터'가 됩니다. 금융기관은 더 빠르고 정확하게 기업의 신용도나 성장 가능성을 판단할 수 있습니다.

엔트로피와 상호정보량을 고려한 데이터 선별

엔트로피와 상호정보량을 활용하면 데이터 수집부터 전달까지 전 과정을 더 효과적으로 설계할 수 있습니다.

- 데이터 수집

처음에는 가능한 한 다양한 속성과 시점의 데이터를 확보해 엔트로피를 높이는 것이 중요합니다. 이는 이후 분석에 필요한 유연성과 다양성을 확보하는 데 도움이 됩니다.

- 데이터 선택

보고서의 목적에 맞는 데이터를 우선 선별한 뒤 각 데이터 간의 상호정보량을 계산해 서로 연관성이 높은 정보만 최종 선택하며, 중복 정보는 제외합니다.

- 데이터 전달

선택된 데이터를 전달하면 전체 엔트로피는 줄어들지만 정보의 명확도는 높아집니다. 상호정보량이 큰 데이터는 판단에 필요한 핵심을 빠르게 전달해 대출 심사나 투자 판단을 더 정밀하게 만들 수 있습니다.

이처럼 엔트로피는 데이터의 다양성, 상호정보량은 정보의 관련성을 나타내며, 두 개념을 적절히 조합하면 방대한 데이터 속에서도 의미 있는 정보를 효율적으로 추출할 수 있습니다. 신용정보원은 이 원리를 활용해 데이터의 가치를 높이고 금융기관이 신뢰할 수 있는 정보를 제공합니다.

엔트로피와 상호정보량의 인공지능과의 연결

엔트로피와 상호정보량은 인공지능 분야에서도 매우 중요한 개념입니다. 예를 들어 의사 결정 나무나 크로스 엔트로피 손실 함수와 같이 엔트로피를 줄이는 방향으로 학습이 이뤄지는 알고리즘이 존재합니다. 모든 데이터를 학습시키는 것보다 상호정보량을 기준으로 유사한 데이터를 선별해 학습의 정확도를 높이는 방향으로 개발하고 있습니다.

이처럼 두 개념은 단순한 수학 이론을 넘어 인공지능에서 데이터의 불확실성을 측정하고, 정보의 가치를 평가하며, 학습의 방향과 효율성을 결정하는 데 핵심적 역할을 합니다. 신용정보원이 기업 데이터 선별에 엔트로피와 상호정보량을 활용한다는 점은 이 데이터가 향후 인공지능 학습의 기반으로도 충분히 활용될 수 있음을 나타냅니다.

CHAPTER 5

글로벌 AI 적용 사례

최근 부각되고 있는 AI 에이전트, 대형 언어 모델이 제시하는 시사점, 지식 증류 등을 통한 효과적인 모델 개발, 디지털 트윈과 시뮬레이션, 오케스트레이션 등 의사 결정 플랫폼의 작동 원리를 소개합니다.

5.1 디지털 트윈은 어떻게 활용될까요?

디지털 트윈, 현실과 가상의 연결 고리

디지털 트윈은 현실 세계의 사물이나 환경을 가상 공간에 재현한 뒤, 이를 실시간 데이터와 연동해 모니터링하고 시뮬레이션하는 기술입니다. 이 기술을 통해 우리는 현실에서 벌어질 수 있는 다양한 문제를 예측하고 효율적인 의사 결정을 내릴 수 있습니다.

가장 친숙한 예는 우리가 매일 사용하는 내비게이션입니다. 내비게이션은 실제 도로망, 주변 건물·지형 등을 재현하고 교통 상황을 반영해 목적지까지 최적의 경로와 도착 소요 시간을 예측하는 가상 공간입니다. 여기에 실시간 GPS 정보와 통신망을 통해 수집한 교통 정보를 결합해 최적의 경로와 도착 예정 시간을 안내해 줍니다. 또한 내비게이션에 특정 시간대의 출발 정보를 입력하면, 미래의 교통 예측 데이터를 기반으로 경로와 도착 예정 시간을 시뮬레이션할 수도 있습니다.

디지털 트윈의 작동 원리

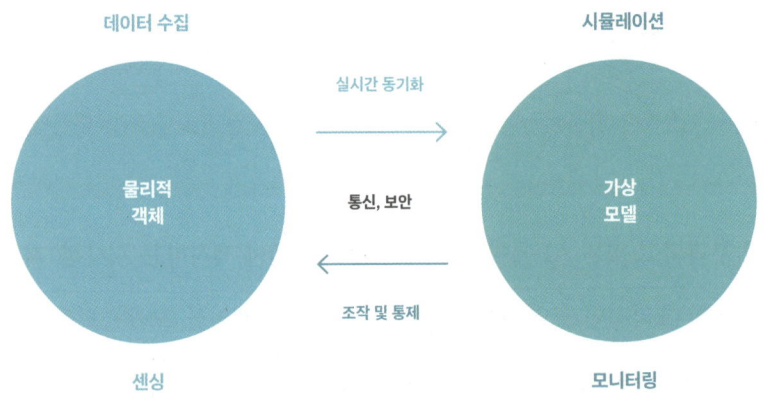

디지털 트윈의 작동 원리와 발전 현황

디지털 트윈은 물리적 객체에서 수집된 데이터를 가상 모델에 연결해 시뮬레이션하고, 그 결과를 실제 시스템에 피드백하는 일련의 과정을 통해 작동합니다. 여기에는 네 가지 핵심 기술이 중심이 됩니다.

첫째, 공장이나 자동차 등 물리적 객체와 가상 모델이 끊임없이 데이터를 교환하는 실시간 동기화 기술입니다.

둘째, 유체역학, 열역학 등 물리 법칙을 반영한 AI 기반 시뮬레이션 기술입니다.

셋째, 가상 모델의 분석 결과가 실제 시스템을 제어할 수 있도록 하는 양방향 통신 기술입니다.

넷째, 단일 기계에서 다양한 객체로 연결할 수 있는 확장 기술입니다.

정리하면 디지털 트윈은 '물리적 객체 → 센서 → 데이터 통신 → 가상 모델 → 분석 및 예측 → 최적화 결과 피드백'의 순환 구조라고 할 수 있습니다.

초기에는 현실 복제가 중요한 이슈였다면, 최근에는 복제를 넘어 현실 문제를 예측하고 최적화하는 방향으로 발전하고 있습니다. 디지털 트윈 개념은 2002년 미국 미시간 대학교 마이클 그리브 박사가 제품 생애 주기 관리(PLM)의 이상적 모델로 처음 제시했으며, 2016년에는 미국 GE사가 자사 엔진과 터빈 등을 가상 공간에 동일하게 구현해 민간 제조업에 디지털 트윈을 처음 도입한 사례로 기록됩니다.

디지털 트윈의 기술 융합과 산업 적용

디지털 트윈은 다양한 기술이 종합적으로 어우러져 작동하는 서비스 플랫폼입니다. 데이터(D), 네트워크(N), 인공지능(A), IoT, AR/VR, 모델 튜닝 등 다양한 융

복합 기술이 필요합니다.

디지털 트윈은 성숙도에 따라 5단계로 구분됩니다. 최근에는 '단일 구성(Step 1~3)'을 넘어 디지털 트윈 간 결합과 자동화에 초점을 맞춘 '연합과 자율 단계(Step 4~5)'로 진화하고 있습니다. 연합과 자율 단계는 안정적 운영까지 다소 시간이 걸릴 수 있으나 특정 기업이나 산업의 경쟁력을 좌우할 만큼 매우 중요한 단계입니다.

대표적인 사례가 반도체 파운드리 산업입니다. 반도체 설계 업체가 생산을 의뢰하면 파운드리 업체는 이에 맞춰 생산 설비와 시설을 구축해 반도체를 제조합니다. 이 과정에서 자주 등장하는 것이 방진복을 입은 반도체 연구원들이 둥근 원판을 다루는 장면인데, 이 원판이 바로 '웨이퍼'입니다. 반도체는 웨이퍼의 산화, 포토, 증착, 식각 등 정밀 공정을 거쳐 생산되며 이후 패키징과 테스트 단계로 이어집니다.

이렇게 복잡하고 민감한 공정을 수행하기 위해선 생산 라인 구축에 앞서 전체 공정을 디지털 트윈으로 시뮬레이션하고 각 공정의 최적화 지점을 미리 찾는 것이 중요합니다. 반도체 웨이퍼의 수율(정상 제품 비율)을 높이려면 고객의 설계에 부합하는 공정이 디지털 트윈 환경에서 충분히 검증되어야 하며, 이를 위해서는 연합 단계(Step 4) 이상의 디지털 트윈 완성도가 필요합니다.

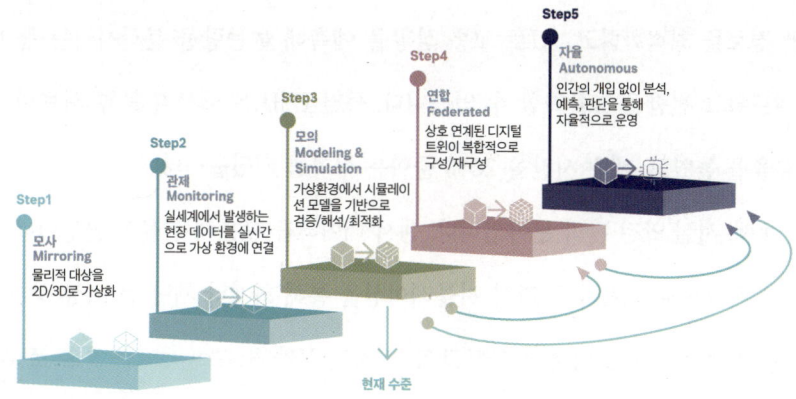

Step1
모사
Mirroring
물리적 대상을
2D/3D로 가상화

Step2
관제
Monitoring
실세계에서 발생하는
현장 데이터를 실시간
으로 가상 환경에 연결

Step3
모의
Modeling &
Simulation
가상환경에서 시뮬레이
션 모델을 기반으로
검증/해석/최적화

Step4
연합
Federated
상호 연계된 디지털
트윈이 복합적으로
구성/재구성

Step5
자율
Autonomous
인간의 개입 없이 분석,
예측, 판단을 통해
자율적으로 운영

현재 수준

디지털 트윈의 활용

디지털 트윈은 다양한 산업에 적용 가능하지만 그중에서도 특히 효용성이 두드러지는 네 가지 분야를 중심으로 소개하고자 합니다.

첫째, 품질관리 분야입니다. 생산 라인 설계부터 운영, 유지·보수에 이르는 전 과정을 시뮬레이션하고 불량품 패턴을 분석해 실시간 대응합니다. 예를 들어 산업용 PLC를 생산하는 지멘스의 독일 암베르크 공장은 생산 라인을 디지털 트윈으로 가상화해 99.99%의 수율을 달성했으며, 신제품 도입 시 가상 테스트로 생산 준비 시간을 기존 대비 50% 단축했습니다.

둘째, 에너지 분야입니다. 태양광이나 풍력발전소의 운영 효율을 높이기 위해 가상 모델을 구축하고, 실시간 부하 예측이나 고장 대응 기능을 통해 전력망을 최적화할 수 있습니다. GE는 풍력 터빈의 유지·보수 주기를 25% 줄이고 발전량을 15% 증가시켰습니다.

---

01   정보통신기획평가원(2021), TDB 재구성

셋째, 물류 분야입니다. 디지털 트윈을 활용한 가상 창고 모델로 재고 배치와 운반 경로를 최적화하고, AI로 교통 상황을 예측해 물동량을 분산시키는 등 배송 네트워크 전반을 효율화할 수 있습니다. 독일 DHL은 글로벌 물류 허브의 운영 효율을 높였고, 배송 시간을 20% 줄이는 성과를 거뒀습니다.

넷째, 시설 안전 관리 분야입니다. 센서 데이터를 활용해 건물의 균열이나 변형을 실시간으로 감지하고, 가상 시뮬레이션을 통해 화재나 재난 등 비상 상황을 사전에 점검할 수 있습니다. 싱가포르의 '버추얼 싱가포로Virtual Singapore' 프로젝트는 도시 전체를 3D로 복제해 건물 안전성 평가와 화재 대응을 보다 효율적으로 수행하고 있습니다.

이렇듯 디지털 트윈은 다양한 산업 분야에서 경쟁력을 강화하고 혁신을 주도하는 강력한 도구로 자리 잡고 있습니다. 특히 반도체 파운드리 산업과 같은 첨단 분야에서는 디지털 트윈의 안정적 운영 여부가 산업 성과에 큰 영향을 미치는 요인으로 작용합니다.

5.2 E2E 데이터 플랫폼은 정말로 유용할까요?

E2E 데이터 플랫폼의 필요성

어떤 뷰티 회사 마케팅 담당자는 피부 진정 효과가 있는 앰플 출시를 앞두고 광고를 준비하고 있었습니다. 그런데 대형 포털의 급작스러운 광고 단가 인상 등 예산상의 문제로 광고 대신 고객 이벤트를 통해 입소문을 유도하기로 전략을 바꿨습니다. 충성 고객에게는 문자와 메신저, DM으로 파격적인 할인 쿠폰을 발송하고, 제품 사용 리뷰를 올리면 포인트를 증정하는 방식이었습니다. 문제는 시간이었습니다. 아무리 숙련된 마케터라 해도 이벤트 시스템을 구축하려면 IT 부서에 개발을 의뢰해야 하고, 최소 3개월 이상 소요될 상황이었습니다. 게다가 광고 준비에 이미 상당 시간을 쓴 터라 제품 출시일도 임박해 있었습니다.

이때 마케팅 담당자가 회사 내부에서 운영하던 E2E^End To End 데이터 플랫폼을 활용하기로 결정했습니다. 내부 데이터 전문가에게 사전 교육을 받은 후 이벤트에 사용할 데이터를 학습시켜 고객의 구매 성향과 과거 구매 이력을 분석했습니다. 이를 바탕으로 신제품 앰플에 대해 선호도가 높을 것으로 예상되는 고객군을 추출해 냈습니다. 이후 시스템 개발 없이도 E2E 데이터 플랫폼을 활용해 대상 고객에게 문자와 메신저, DM을 직접 발송하고 실시간 반응까지 모니터링할 수 있었습니다.

이렇듯 E2E 데이터 플랫폼은 현업 부서의 담당자가 데이터 전문가의 도움 없이도 데이터 분석의 전 과정을 직접 수행할 수 있도록 설계된 플랫폼입니다. 데이터 수집부터 전처리, 분석, 결과 도출, 업무 적용, 그리고 결과 확인까지 모든 단계를 GUI^{Graphic User Interface} 환경에서 쉽게 처리할 수 있도록 구성되어 있습니다.

이 플랫폼은 사용자 수준에 따라 풀코드^{full-code}, 로우코드^{low-code}, 노코드^{no-code} 방식 중 적절한 작업 환경을 제공합니다. 덕분에 데이터 엔지니어, 데이터 사이언티스트, 현업 담당자가 각자의 역할에 맞춰 공동 작업을 할 수 있습니다. 분석 대상 업무가 단순하다면 현업 담당자가 전 과정을 스스로 처리할 수 있고, 복잡한 결합이나 정교한 집계 처리가 필요한 경우에는 내부 데이터 전문가와 분업화해 대응할 수 있도록 설계되어 있습니다.

최근에는 데이터 수집부터 전처리, 분석, 결과 도출은 물론 LLM과 연계해 맞춤형 이메일 본문을 작성하고 전송하는 기능까지 더해졌습니다. 이제 데이터 분석부터 실무 적용까지 전 과정을 하나의 플랫폼 안에서 처리할 수 있습니다. 몇 번의 키보드 입력과 마우스 조작만으로도 복잡한 데이터 분석 업무를 수행할 수 있을 만큼 플랫폼이 더욱 강력하게 진화하고 있습니다.

(예시) 뷰티 회사의 고객 성향 분석 후 신상품 할인 이벤트 안내 발송

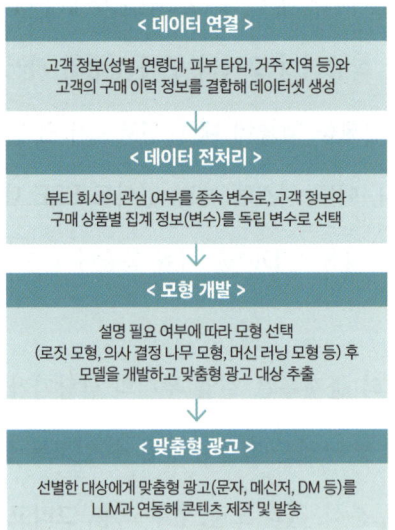

< 데이터 연결 >

고객 정보(성별, 연령대, 피부 타입, 거주 지역 등)와
고객의 구매 이력 정보를 결합해 데이터셋 생성

< 데이터 전처리 >

뷰티 회사의 관심 여부를 종속 변수로, 고객 정보와
구매 상품별 집계 정보(변수)를 독립 변수로 선택

< 모형 개발 >

설명 필요 여부에 따라 모형 선택
(로짓 모형, 의사 결정 나무 모형, 머신 러닝 모형 등) 후
모델을 개발하고 맞춤형 광고 대상 추출

< 맞춤형 광고 >

선별한 대상에게 맞춤형 광고(문자, 메신저, DM 등)를
LLM과 연동해 콘텐츠 제작 및 발송

데이터 기반 업무 환경 개선을 위한 노력

데이터 기반의 의사 결정을 가능하게 하려면 데이터 기술과 현업 부서의 도메인 노하우를 유기적으로 결합하는 것이 중요합니다. 이를 위해 기업은 현업 담당자가 자신의 업무와 관련한 데이터를 직접 분석하고, 그 결과를 통해 조직 내 다양한 문제를 해결할 수 있도록 다각도로 방안을 모색하고 있습니다. 예를 들어 사내 데이터 전문가를 양성하거나, 도메인 전문가와 데이터 전문가를 한 부서에 배치해 협업을 도모하는 방식도 그중 하나입니다. 하지만 기존 운영 업무의 우선순위가 높고 새로운 업무 방식에 적응해야 하는 부담이 커서 실제로 현업에 정착되기까지는 어려움이 있습니다.

현업 담당자가 데이터 준비부터 분석, 실무 적용까지 전 과정을 직접 처리하려면 데이터에 대한 이해도와 전처리 역량이 필수입니다. 아나콘다Anaconda의 <Data Science Report>에 따르면, 데이터 분석의 전체 과정 중 데이터 준비와 데이터 전처리 단계가 차지하는 비중이 전체 공정의 38% 이상입니다.[02] 더구나 현업 직원은 일상 업무에 집중해야 하기 때문에 데이터 이해도를 키우거나 전처리 기술을 익히는 데 충분한 시간을 할애하기 어렵습니다. 따라서 데이터를 실질적인 업무 성과로 연결하는 데에는 현실적인 제약이 있습니다. 많은 기업이 이런 문제를 인식하고 데이터 기반의 의사 결정 지원 체계를 갖추기 위해 다양한 노력을 하고 있습니다.

---

02   '2022 state of data science report', Anaconda (2022년 9월)

E2E 데이터 플랫폼 도입 효과

일반적으로 비즈니스를 잘 모르는 데이터 전문가가 모형 개발을 맡으면 비즈니스 자체를 이해하는 데만 수개월이 걸립니다. 프로젝트가 완성되더라도 현업 부서의 요구 사항을 완벽하게 반영하기는 쉽지 않은 것이 현실입니다.

A기업은 이러한 한계를 극복하기 위해 E2E 데이터 플랫폼을 도입했습니다. 현업 담당자가 모형 개발을 위한 기획부터 분석, 업무 적용까지 전 과정을 주도하고, 조직 내 데이터 전문가가 일부 복잡한 변수(피처) 생성 등 일부 영역에서 원격 협업 방식으로 지원하는 구조로 업무 프로세스를 전환했습니다. 도입 이후 A기업은 전사 현업 담당자를 대상으로 3~4일간 E2E 데이터 플랫폼 활용 교육을 실시했습니다. 교육을 마친 한 담당자가 '특정 제품의 최적 공정 요건 탐색' 프로젝트를 직접 수행하고 이를 실제 제품에 적용했습니다. 그 결과 제품 품질이 향상되어 제품 가격을 조정할 수 있었고, 수개월 만에 플랫폼 도입 비용을 상회하는 수익을 달성했습니다.

E2E 데이터 플랫폼은 복잡한 데이터 전처리나 변수(피처) 생성 과정에는 전문가의 협업이 필요하지만, 단순 집계 처리나 결과 적용은 현업 담당자가 수행 가능해 업무 속도와 효율을 크게 높일 수 있습니다. 또한 데이터 분석 부서와 현업 부서 간 협업 과정에서 발생할 수 있는 주도권 갈등이나 성과 배분 문제도 최소화할 수 있다는 장점이 있습니다.

5.3 지식 증류란 어떻게 작동할까요?

지식 증류의 정의와 필요성

GPT 같은 LLM AI를 개발할 때 가장 많은 비용이 드는 건 코딩 등 프로그램을 만드는 것이 아니라 모델을 학습시키는 과정입니다. 수개월 동안 전체 개발 비용 중 60~90%가 사전 학습에 소요됩니다. 여기에 더해 사람이 만든 고품질의 데이터를 학습시키는 지도 학습SFT이나, 사람이 직접 모델의 응답을 피드백하며 모델을 개선하는 강화 학습RLHF도 시간과 비용이 많이 드는 작업입니다. 이처럼 고비용 문제를 해결하기 위한 방법 중 하나가 지식 증류knowledge distillation입니다. 이는 GPT처럼 이미 잘 학습된 대형 모델(스승 모델)이 가진 지식을 더 작은 모델(학생 모델)이 전수받아, 더 적은 자원으로 비슷한 성능을 내도록 만드는 기술입니다.

예를 들어 고양이 사진을 구분하는 AI를 만들기 위해 수백만 장의 동물 사진을 일일이 라벨링해 학습시키는 건 엄청난 시간과 비용이 듭니다. 하지만 이미 학습이 끝난 모델에게 고양이 사진을 보여 주고 "이 사진은 무슨 동물이야?"라고 묻는다면 "고양이"라는 명확한 답을 얻을 수 있습니다. 이렇게 가장 확률이 높은 하나의 정답만 제공하는 것을 '하드 라벨hard label'이라고 합니다. 반면 파이선 등으로 GPT의 API를 활용하면 같은 질문에 "고양이 89%, 개 9%, 소 2%"처럼 확률을 표시한 다중 응답을 얻을 수 있습니다. 이런 답변 형태를 '소프트 라벨soft label'이라고 합니다. 소프트 라벨은 학생 모델이 단순한 정답뿐 아니라, 판단 기준과 유사 선택을 학습할 수 있게 해 줍니다.

지식 증류는 이렇게 스승 모델이 만든 질문과 답변을 학생 모델이 반복 학습해 가는 과정입니다. 이때 하드 라벨처럼 명확한 정답뿐 아니라, 소프트 라벨처럼 스승 모델의 판단 흐름과 확신 정도도 학습에 활용됩니다. 정리하면, 지식 증류는 대형 모델(스승 모델)이 학습한 지식을 소형 모델(학생 모델)에게 전달해 유사한 성능을 내도록 하는 기법입니다. 대형 모델은 수많은 시행착오를 거쳐 높은 예측력을 갖춘 상태이며, 소형 모델은 그 결과를 효율적으로 학습해 더 간결한 모델로 재구성됩니다. 이 방식은 특히 법률, 의료 등 특정 분야에 특화된 AI 모델을 개발하거나, 인터넷 연결이 불가능하거나 노트북, 스마트폰처럼 연산 자원이 제한된 환경에서 AI를 구동할 때 유용합니다.

지식 증류 방식은 크게 두 가지로 나뉩니다. 하나는 인공신경망의 중간 계층hint layers에서 정보를 학습하는 구조 기반 방식이고, 다른 하나는 최종 출력값output layer을 중심으로 학습하는 방식입니다. 앞서 소개한 하드 라벨과 소프트 라벨을 활용하는 방법은 후자에 해당하며, 이를 '출력 기반 지식 증류response-based knowledge distillation'라고 합니다. 실제 지식 증류에서는 이 방식을 주로 사용합니다.

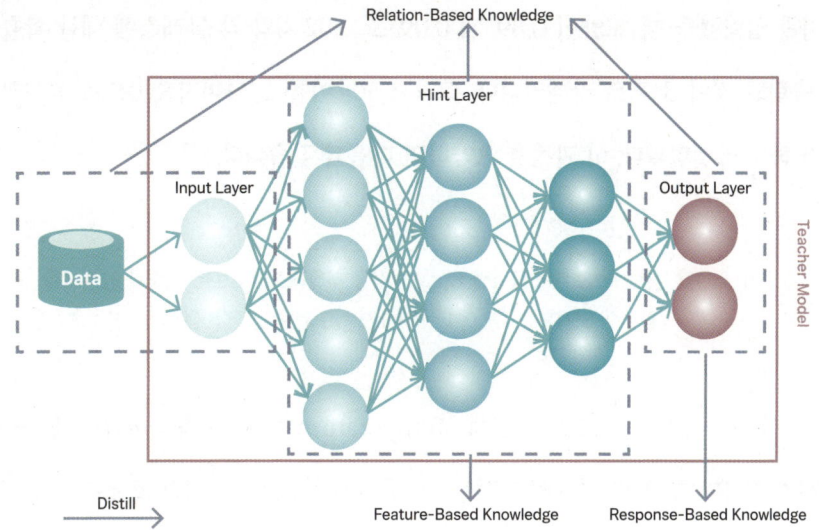

지식 증류의 작동 방식

'출력 기반 지식 증류'는 AI 모델 경량화 기법 중 가장 널리 활용하는 방식입니다. 이 방식으로는 소형 모델이 대형 모델의 출력값인 소프트 라벨과 하드 라벨을 학습합니다. 소형 모델은 출력값과 자신이 예측한 값을 비교해 차이를 줄여 나가고, 이때 분류 문제에서 자주 사용하는 크로스 엔트로피Cross Entropy 손실 함수를 활용합니다.

참고로 분류 문제에서 사용하는 출력값은 문제 유형에 따라 다릅니다. 이항 분류에서는 최종 로짓값을 시그모이드 함수에 입력해 확률을 계산하고, 다항 분류에서는 소프트맥스 함수를 사용해 각 클래스에 대한 확률값을 구합니다. 이렇게 생성된 확률분포가 소프트 라벨이며, 확률이 가장 높은 클래스를 1, 나머지를 0으로 표기한 값이 하드 라벨입니다.

---

03   Knowledge Distillation: A Survey(2021.5.21., Jianping Gou, Baosheng Yu, Stephen J. Maybank ,Dacheng Tao)

예를 들어 고양이·소·개 사진을 분류하는 AI 모델이 있다고 가정하면, 한 이미지를 입력했을 때 '고양이 0.89, 개 0.09, 소 0.02'처럼 각 클래스에 대한 확률이 출력된 것이 소프트 라벨입니다. 그리고 고양이를 1, 나머지를 0으로 표현한 것이 하드 라벨입니다. 이 과정을 요약하면 다음과 같습니다.

로짓(z1,z2...)값 산출 → 소프트맥스(로짓(z1,z2...)) 적용 → 클래스별 소프트 라벨(확률값) 도출 → 원핫 인코딩(확률값을 0, 1로 변환) → 하드 라벨(결괏값) 생성

지식 증류에서는 소프트 라벨에 'Temperature(T)'라는 파라미터를 조정해 클래스 간 유사도를 더 명확히 조절할 수 있습니다. T값을 높이면 확률분포가 더 완만해져, '고양이 0.89, 개 0.09, 소 0.02'가 '고양이 0.81, 개 0.14, 소 0.04'처럼 바뀌면서 고양이와 개의 유사성이 더 뚜렷하게 반영됩니다.

분포 조절용 소프트맥스 함수의 분포 조절용 파라미터 T 조정 효과

조정 전 (T=1)	조정 후 (T=1.3)	효과
$\text{Softmax}(z_i) = \dfrac{\exp^{(z_i)}}{\sum_j \exp^{(z_j)}}$	$\text{Softmax}(z_i) = \dfrac{\exp^{(z_i/T)}}{\sum_j \exp^{(z_j/T)}}$	조정 전보다 고양이와 개의 관계 (0.89:0.09 → 0.81:0.14)가 좀 더 비슷함을 알 수 있음
확률) 고양이 0.89, 소 0.02, 개 0.09	확률) 고양이 0.81, 소 0.04, 개 0.14	

이러한 과정을 반복 학습하면서 소형 모델은 대형 모델의 성능을 효과적으로 따라가게 됩니다. 결과적으로 경량화된 모델은 모바일 장치나 임베디드 시스템에서도 실행 가능하며, 모델 복잡도를 낮춰 실시간 데이터 처리와 응답 속도도 개선됩니다.

5.4 퍼플렉시티 사례에서 우리가 배울 점은 무엇일까요?

퍼플렉시티와 일반 LLM의 차이

퍼플렉시티Perplexity는 퍼플렉시티 AI사가 개발한 AI 답변 엔진으로, '사용자가 요청한 질문의 의미 파악 → 검색엔진으로 웹 콘텐츠 추출 → 답변 작성'의 방식으로 작동합니다. 퍼플렉시티는 질문에 부합하는 웹 콘텐츠 중 신뢰할 수 있는 정보만을 LLM으로 정제한 뒤, 다시 요약하고 출처와 함께 사용자에게 제공합니다. 이런 구조는 구글 같은 기존 검색엔진이 단순히 링크만 제공한다는 한계, 그리고 기존 LLM이 사실과 다른 내용을 출력하는 '환각 현상hallucination'을 동시에 보완하는 방식입니다.

퍼플렉시티와 기존 대화형 AI 비교

< 일반 대화형 AI의 답변 과정 >   < 퍼플렉시티의 답변 과정 >

　　퍼플렉시티와 검색 기능이 없는 LLM에 "2025년 7월 일본 대지진설에 대한 진원지와 경과를 설명해 줘"라는 동일한 질문을 건넸습니다. 퍼플렉시티는 질문

자의 의도를 정확히 파악한 뒤 "일본 대지진설은 일본 만화가 다쓰카 료의 만화 <내가 본 미래>에서 비롯된 내용입니다. 2025년 7월 일본과 필리핀 사이 해저에서 대지진이 발생해 동일본 대지진의 3배에 달하는 쓰나미가 일본을 덮칠 것이라고 묘사했습니다. (후략)"처럼 실제 검색된 최신 자료를 바탕으로 답변했습니다.

반면 검색 기능이 없는 LLM은 "일본 대지진 발생 가능성에 대한 여러 연구와 예측이 제기되고 있습니다. 이런 예측은 주로 일본 열도의 지질학적 특성과 과거 지진 데이터를 바탕으로 합니다. 일본은 태평양 불가사의 대의 경계에 위치해 있어, 여러 판의 경계가 교차하는 지역입니다. (후략)"와 같이 일반적인 상식을 설명했지만 질문자의 의도와는 다소 거리가 있었습니다.

이처럼 두 모델의 답변 차이는 '학습한 당시 수집한 지식 범위 내에서만 답하는가' 혹은 '최신 웹 자료를 실시간 검색해 반영하는가'의 차이에서 비롯됩니다.

AI 답변엔진의 작동 원리

일반적으로 AI 답변엔진은 '질문 처리 → 정보 검색 → 답변 생성 → 후처리'의 4단계로 작동하며, 마지막 후처리 단계에서 사용자 피드백을 반영해 지속적으로 성능을 개선해 나갑니다.

- 질문 처리

  LLM을 통해 사용자의 질문을 이해하고 문맥과 의도를 파악합니다. 질문이 복잡한 경우에는 이를 적절히 분해하거나 재구성하며 의미 기반의 핵심 키워드를 추출합니다.

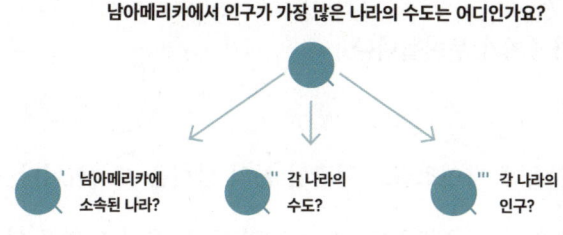

남아메리카에서 인구가 가장 많은 나라의 수도는 어디인가요?

' 남아메리카에 소속된 나라?

'' 각 나라의 수도?

''' 각 나라의 인구?

- **정보 검색**

앞서 추출한 키워드를 검색어로 활용해 자체 데이터베이스와 웹에서 콘텐츠를 수집합니다. 이때 웹사이트의 정보를 자동으로 가져오는 크롤링 crawling 기술을 통해 각 웹페이지의 복제본을 로컬에 저장하고, 이를 바탕으로 수집한 정보를 정리 분류하는 인덱싱indexing 과정을 거칩니다. 인덱싱은 키워드 기반으로 색인을 구성해 이후 검색 속도와 효율을 높입니다. 다음에는 사용자의 질문 의도에 부합하는 고품질 콘텐츠를 선별하기 위해 관련성, 신뢰도, 최신성 등의 기준을 바탕으로 콘텐츠에 점수를 부여하고 순위를 매깁니다. 예컨대 특정 키워드가 어떤 텍스트에 자주 등장하고 다른 콘텐츠에는 거의 나타나지 않는다면 해당 키워드와의 관련성이 높다고 판단합니다. 신뢰도는 출처의 공신력에 따라 평가됩니다. 정부 기관, 학술 기관, 언론사 등 공신력 있는 곳에서 제공한 정보일수록 더 높은 점수를 받으며, 여러 신뢰 가능한 출처에서 반복 인용된 정보 또한 높은 평가를 받습니다. 여기에 출처 링크 클릭, 추천 질문 선택, 유사 질문 재작성 등 사용자 피드백도 품질 평가에 영향을 미칩니다. 최신성이 중요한 주제의 경우 작성 시점도 주요 평가 기준이 됩니다. 예를 들어 일정이 변경된 세미나 공지처럼 시간에 따라 정확도가 달라지는 정보는 가장 최근에 업데이트된 콘텐츠에 더 높은 가중치가 부여됩니다.

- **답변 생성**

LLM을 활용해 자연스럽고 일관된 톤의 답변을 생성합니다. 먼저 질문의 의미와 맞지 않는 콘텐츠를 1차로 걸러 내고, 문단 단위로 다시 관련성을 분석해 불일치하는 내용을 다시 한번 제거합니다. 이렇게 선별된 콘텐츠를 바탕으로 답변을 작성하는데, 서로 다른 출처 간 정보가 상충할 경우 이를 섞지 않고 신중하게 추론하도록 유도합니다. 답변은 편향 없이, 저널리즘적 톤으로 작성하도록 프롬프트를 설계합니다.

- **후처리**

사용자의 반응을 바탕으로 답변의 정확도를 지속적으로 개선합니다. 사용자가 해당 답변에 추가 질문을 했는지, '추천' 또는 '부실'로 평가했는지 등의 피드백을 수집해 모델 학습에 반영합니다.

이러한 반복 학습 과정을 '데이터 플라이휠 효과data flywheel effect'라고 하며, 사용자 피드백과 링크 클릭 기록은 어떤 답변이 더 유용하고 정확한지를 판단하는 데 중요한 역할을 합니다.

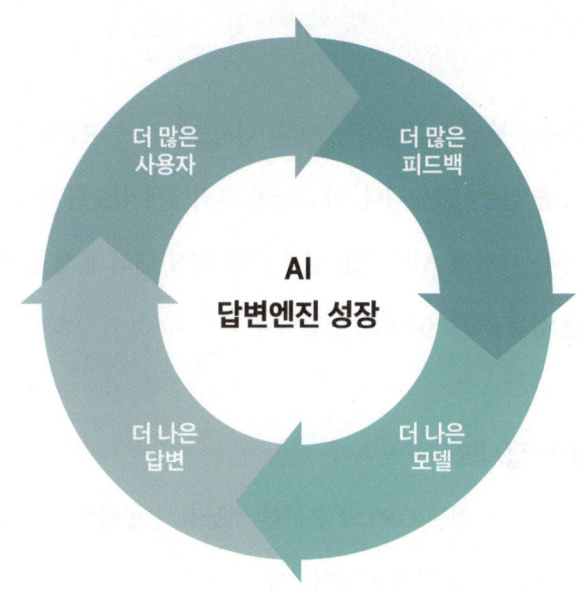

퍼플렉시티의 성공 요인

퍼플렉시티는 세계 최고 수준의 검색엔진이나 LLM을 자체 보유하진 않았지만, 이를 효과적으로 오케스트레이션해 사용자에게 가장 적합한 답변을 제공한다는 것이 강점입니다. 단순한 기술 혁신보다는 기존 기술의 장점과 한계를 명확히 이해하고 이를 사용자 관점에서 유기적으로 결합한 전략이 주효했습니다.

퍼플렉시티의 공동 창립자 아라빈드 스리니바스Aravind Srinivas는 한 방송 인터뷰에서 "어떤 AI 모델 또는 검색엔진을 사용할지보다 사용자 입장에서 중요하게 생각하는 정확성, 속도, 안정성을 높이는 데 집중했다"라고 말했습니다. 퍼플렉시티는 이처럼 기술 자체보다 '기술을 연결하는 기획력'만으로도 복잡한 문제에 대응할 수 있음을 입증한 좋은 사례로 평가받고 있습니다.

5.5 딥시크에서 무엇을 배울 수 있을까요?

2025년 초 중국에서 등장한 인공지능 챗봇 '딥시크^{DeepSeek}-R1'이 전 세계 인공지능 업계의 이목을 집중시켰습니다. 이 모델은 우리에게 익숙한 챗 GPT처럼 대화하고 문제를 푸는 대화형 AI이지만, 일부 수학 경시 대회 문제 풀이 등에서는 오히려 더 뛰어난 성능을 드러내기도 했습니다.

가성비로 주목받는 딥시크

딥시크가 가장 주목받는 점은 GPT와 유사한 기능을 구현하면서도 개발과 운영에 든 비용이 상상 이상으로 적다는 것입니다.

첫째, 적은 비용으로도 높은 성능을 구현했습니다. LLM을 훈련하는 데는 보통 막대한 비용과 시간이 소요됩니다. 가장 먼저 진행하는 '사전 훈련$^{pre-training}$' 단계에서는 인터넷 등에서 수집한 방대한 텍스트 데이터를 기반으로, AI가 언어 능력과 상식, 논리력 등을 익힙니다. 이후 '지도 학습'과 '사람이 직접 피드백하며 모델을 개선하는 강화 학습' 단계로 이어집니다. 이 두 과정에서는 사람이 여러 응답을 비교해 더 나은 답변을 선택하고, AI는 그 기준을 학습해 사용자 취향이나 윤리 기준까지 반영한 응답을 생성할 수 있게 됩니다. 그러나 이 과정에는 많은 시간과 인건비가 소요됩니다. 딥시크는 이 과정을 보다 효율적으로 수행하기 위해 지식 증류 기법을 활용해 학습 비용을 크게 줄였습니다.

둘째, 오픈소스 전략으로 전문가와 기업이 자발적으로 개선에 참여할 수 있도록 했습니다. 딥시크는 자체 개발한 AI 모델을 오픈소스로 공개해 누구나 내려

받아 사용하고 수정하거나 테스트할 수 있게 했습니다. 이런 전략은 전 세계 개발자와 기업의 자발적 참여를 이끌어 내며 빠른 품질 개선과 피드백 축적을 가능하게 했습니다. 덕분에 연구·개발에 드는 시간과 비용 또한 크게 줄일 수 있었습니다. 반면 GPT 시리즈는 폐쇄형 구조로 운영하며, 모든 개발과 사용자 관리를 내부 인력과 자본에 의존하기 때문에 훨씬 더 많은 비용이 듭니다.

셋째, 필요한 전문가 모듈만 작동시키는 '전문가 조합 모델(MoE^{Mixture of Experts})' 구조를 적용했습니다. 딥시크는 질문에 따라 관련된 전문가 모듈만 활성화하고 나머지는 대기 상태로 두는 MoE 구조를 채택했습니다. 예를 들어 수학 관련 질문에 대해서는 수학 담당 모듈만 작동하는 방식으로 연산량과 메모리 사용을 크게 줄여 효율을 높입니다. 반면 GPT-4o 같은 모델은 모든 파라미터가 동시에 작동하는 고밀도 구조여서, 질문 하나에도 전체 모델이 가동되어 더 많은 전력과 비용이 소요됩니다.

딥시크는 MoE 구조를 자사에 맞게 최적화했습니다. 딥시크 창업자 량원펑 대표는 정보통신공학을 전공했으며, 통신망 설계에서 사용하는 '과부하 방지와 최적 경로 선택' 개념을 AI 구조 설계에 응용했습니다. 그 결과 딥시크 V3 버전은 전체 6,710억 개의 파라미터 중 약 5.5%인 370억 개만 활성화해도 높은 성능을 유지하면서 연산 자원과 전력 소모를 크게 줄일 수 있습니다.

딥시크 MoE의 효율적 작동 원리

딥시크의 MoE 프레임워크는 입력된 토큰값을 '공유 전문가 영역'과 '라우팅된 전문가 영역'으로 구분해 처리합니다. 여기서 토큰^{token}은 모델이 인식하는 텍스트의 최소 단위로, 예를 들어 'apple pie'는 'apple'과 'pie'라는 2개의 토큰으로 구성됩니다. 라우팅^{routing}은 AI가 입력된 문장을 분석해 가장 관련성 높은 전문가 모듈을 연결하는 과정입니다. '라우팅된 전문가 영역'은 관련도가 높은 전문가 모듈만 선택적으로 활성화해 불필요한 연산을 줄입니다.

AI의 핵심 구성 요소인 파라미터^{parameter}는 수식 y=wx+b를 기반으로 합니다. 여기서 w는 가중치, b는 바이어스bias이며, 입력값 x와 함께 출력값 y를 결정합니다. AI는 학습을 통해 파라미터를 조정하면서 더 정확한 예측을 해 나갑니다.

딥시크 MoE 프레임워크 구성 요소⁰⁴

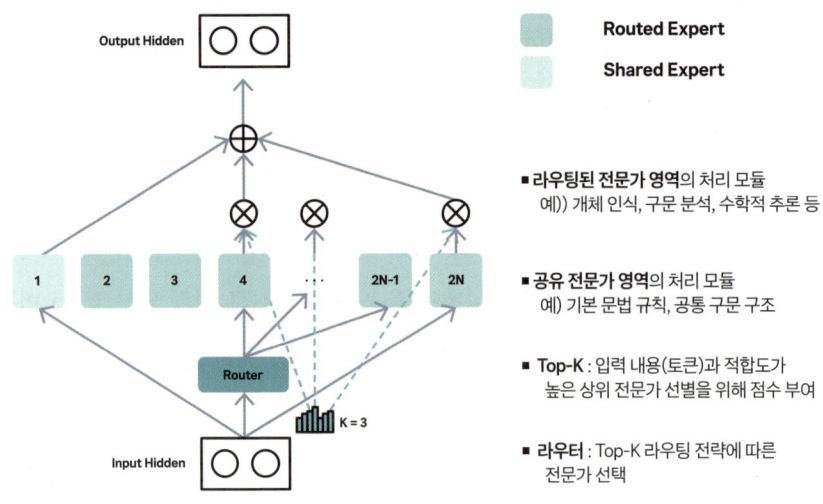

■ **라우팅된 전문가** 영역의 처리 모듈
  예)) 개체 인식, 구문 분석, 수학적 추론 등

■ **공유 전문가** 영역의 처리 모듈
  예) 기본 문법 규칙, 공통 구문 구조

■ **Top-K** : 입력 내용(토큰)과 적합도가
  높은 상위 전문가 선별을 위해 점수 부여

■ **라우터** : Top-K 라우팅 전략에 따른
  전문가 선택

---

04   DeepSeekMoE: Towards Ultimate Expert Specialization in Mixture-of-Experts Language Models
      (2025년 1월)

딥시크 MoE 프레임워크는 다음과 같은 단계로 구성되어 작동합니다.

- **라우팅된 전문가 영역 유사도 계산**

  입력된 토큰이 각 전문가 모듈과 얼마나 관련 있는지를 평가하고 그 유사도를 점수화합니다.

- **라우팅된 전문가 영역 선택(Top-K 라우팅)**

  계산된 유사도 점수를 기준으로, 토큰마다 가장 적합한 Top-K의 전문가 모듈을 선택합니다.

- **부하 분산(로드 밸런싱)**

  특정 전문가 모듈에 과부하가 걸리지 않도록 자주 선택되는 모듈에는 음의 바이어스negative bias를, 덜 사용되는 모듈에는 양의 바이어스positive bias를 부여해 균형을 맞춥니다.

- **출력 종합**

  선택된 라우팅 전문가 모듈의 출력과 공유 전문가 영역의 출력을 종합해 다음 레이어로 전달합니다.

딥시크가 던지는 메시지

딥시크는 2023년 중국의 퀀트 헤지펀드 하이플라이어High Flyer의 인큐베이팅을 통해 설립되었습니다. 모회사인 하이플라이어는 복잡한 금융 규제와 치열한 투자 시장 속에서도 AI 기반 차익 거래 전략으로 안정적인 수익을 올려 온 기업입니다. 이런 제한적이고 정교한 환경에서 축적한 문제 해결 역량은 고사양 GPU 자원 확보가 어려운 상황에서도 딥시크가 효율적인 AI 모델을 설계할 수 있었던 기반이 되었습니다. 실제로 딥시크는 2,048개의 엔비디아 H800 GPU와 약

560만 달러 수준의 훈련 비용만으로 R1·V3 등 고성능 LLM 개발에 성공했습니다.

샘 올트먼^{Sam Altman} 오픈AI 대표가 GPT-4급 모델 훈련 비용으로 1억 달러 이상 투입되었다고 언급한 것을 감안하면 이는 매우 낮은 비용이라 할 수 있습니다. 물론 인프라, 인력, 장비 등 비공식 비용까지 포함하면 실제 총비용은 더 클 수 있다는 의견도 있습니다. 그럼에도 제한된 자원 속에서도 창의적인 설계와 최적화된 구조로 고성능 AI 시스템을 구현한 이 사례는 향후 AI 개발 전략에 시사하는 바가 큽니다.

5.6 팔란티어의 의사 결정 엔진은 어떻게 작동할까요?

팔란티어는 조직 내 복잡한 문제를 신속·정확하게 해결할 수 있도록 데이터 기반 의사 결정을 지원하는 플랫폼을 개발하는 기업입니다. 군사, 제조·설계, 금융, 의료 등의 분야에서 20년간 현장에 배치된 엔지니어들이 습득한 도메인 지식과 데이터 거버넌스 등을 바탕으로 실시간 데이터를 활용한 의사 결정 지원 플랫폼을 제공합니다.

팔란티어와 기존 빅데이터 플랫폼의 차이

팔란티어는 단순한 분석 도구만으로는 비즈니스 문제를 해결하기 어렵다는 점을 현장에서 체감하며 실시간 데이터 기반 의사 결정을 지원하는 파운드리foundry 플랫폼을 개발해 왔습니다. 팔란티어는 여러 기업과의 협업을 통해 문제 해결의 핵심은 분석 도구가 아니라 '문제의 본질과 인과관계'를 명확히 파악하는 것임을 강조했습니다. 특히 부서 간 데이터가 단절되는 데이터 사일로 현상은 이를 방해하는 주요 원인이며, 팔란티어는 이를 해결하기 위해 온톨로지 개념을 도입했습니다. 온톨로지는 흩어진 데이터를 하나의 구조로 통합해 각 도메인에 최적화된 데이터 활용을 가능하게 합니다.

이처럼 팔란티어는 데이터 사일로 해소 외에도 다음과 같은 몇 가지 주목할 만한 특징을 통해 데이터 중심의 조직 전환을 지원합니다.

첫째, 팔란티어는 데이터를 객체, 속성, 링크, 액션으로 구성해 직관적인 팔란티어만의 온톨로지 구조를 구축했습니다. 사용자가 데이터를 수정하면 이것이 자동으로 '의사 결정action'으로 기록되어 데이터 변경 이력과 맥락을 추적할 수 있습니다.

둘째, 반복적이고 작은 변화도 의사 결정으로 저장되며, 그 결과는 모니터링되고 축적되어 AI 학습용 정답지로 활용됩니다. 이는 단순한 문제 해결을 넘어 의사 결정의 품질을 점진적으로 개선하는 구조를 만듭니다.

파운드리의 의사 결정 과정 (출처 팔란티어, 2025년 1월)

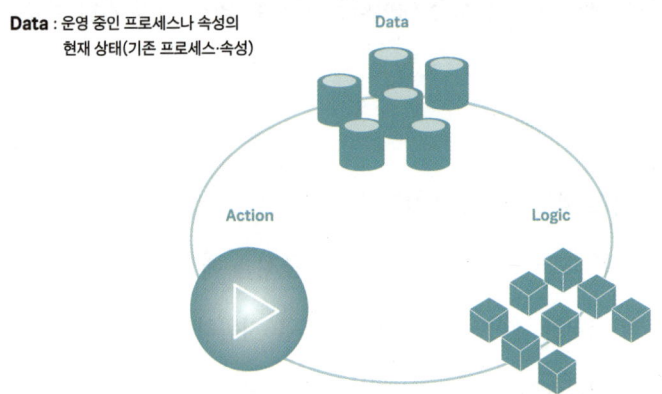

셋째, 디지털 트윈 기술을 결합한 E2E 데이터 워크플로우를 통해 현실 데이터 수집, 시뮬레이션, 결과 반영이 실시간으로 이뤄지는 선순환 구조를 구현했습니다.

기존 컨설팅업체들이 사례 기반 실행 방식에 초점을 맞췄다면, 팔란티어는 데이터를 구조적으로 통합하고 인과관계를 분석함으로써 보다 근본적인 해결책을 제시합니다. 특히 데이터가 분절된 조직에서는 팔란티어의 방식이 더욱 강력한 대안이 됩니다.

온톨로지의 필요성

파운드리의 핵심 요소 중 하나인 온톨로지를 데이터 플랫폼에 적용하면 현실을 객체, 속성, 링크로 표현해 인간과 AI 모두가 직관적으로 해석할 수 있는 구조를 만들어 냅니다.

팔란티어 파운드리에서는 온톨로지를 단순한 데이터 분류 체계를 넘어 조직의 복잡한 비즈니스 맥락을 구조화하는 핵심 도구로 활용합니다. 시스템과 부서마다 흩어진 데이터를 하나의 의미 체계로 통합하고, 문제의 본질과 인과관계를 파악하는 데까지 확장합니다. 궁극적으로 온톨로지는 실시간 의사 결정과 시뮬레이션, 예측 분석까지 가능한 데이터 활용의 기반이 됩니다. 이러한 개념을 바탕으로 팔란티어 홈페이지에서는 항공사의 비행 프로세스를 온톨로지 구조로 시각화한 실제 사례도 소개하고 있습니다.

온톨로지로 표현한 항공사 비행 프로세스 (출처 팔란티어, 2025년 8월)

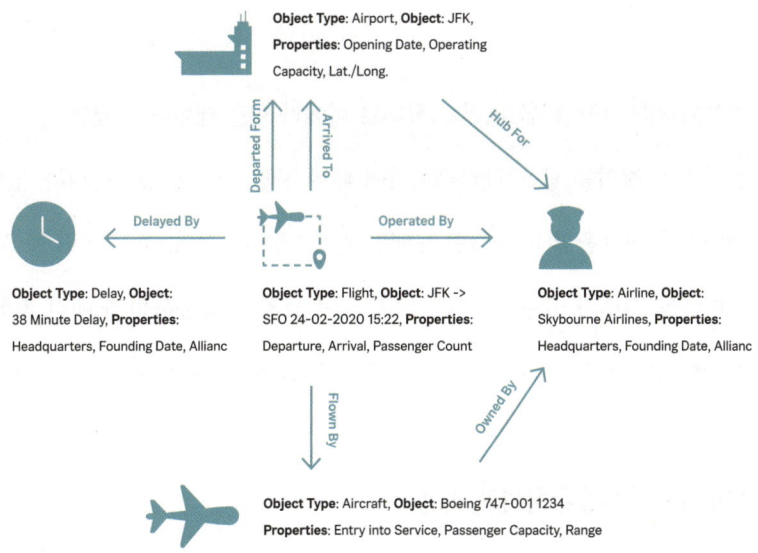

Object Type: Airport, **Object**: JFK, **Properties**: Opening Date, Operating Capacity, Lat./Long.

Departed Form · Arrived To · Hub For

Delayed By · Operated By

Object Type: Delay, **Object**: 38 Minute Delay, **Properties**: Headquarters, Founding Date, Allianc

Object Type: Flight, **Object**: JFK -> SFO 24-02-2020 15:22, **Properties**: Departure, Arrival, Passenger Count

Object Type: Airline, **Object**: Skybourne Airlines, **Properties**: Headquarters, Founding Date, Allianc

Flown By · Owned By

Object Type: Aircraft, **Object**: Boeing 747-001 1234 **Properties**: Entry into Service, Passenger Capacity, Range

A simple ontology of 5 object types displays some of the properties and relationships within airline industry datasets.

위 그림은 공항에 비행기가 연착 이륙하는 상황을 형상화한 것입니다. '스카이본 항공사 소속 보잉 747-001 기종의 항공편 1234가 JFK 공항에서 예정 시간보다 38분 지연 출발해, SFO 공항에 2020년 3월 24일 15시 22분에 도착할 예정이었으나 지연될 것'이라는 내용을 표현하고 있습니다.

항공사 비행 프로세스를 데이터셋(테이블)으로 구성하면 크게 공항, 항공사, 항공편, 지연 정보, 항공기 등 다섯 가지 테이블로 나눌 수 있습니다. 그중 공항 테이블의 행, 열, 개별 데이터 항목을 위 온톨로지에서 정의된 속성을 기준으로 구성하면 아래와 같습니다.

공항의 데이터셋(테이블)

	Name	Opening Date	Operating Capacity	Lat / Long
	JFK	July1, 1948	12.8M	14,511ft

Columns (Properties) · Dataset (Object Type) · Row (Object) · Field (Property Value)

DBMS에서 데이터를 테이블 형태로 이해하려면, 데이터 자체뿐 아니라 테이블과 칼럼의 정의를 담은 메타데이터에 대한 사전 지식이 필요합니다. 일반적으로 데이터의 맥락을 파악하려면 도메인 지식, 데이터 정의, 조작 방법 등 최소 세 가지에 대한 이해가 요구됩니다. 하지만 온톨로지를 활용하면 도메인 지식이 부족한 사람이나 AI도 현실 세계의 구조와 의미를 보다 쉽게 파악할 수 있습니다.

기업이 팔란티어에 주목하는 이유

팔란티어 플랫폼은 현실 세계의 사물과 그 변화를 디지털로 재현해 사용자가 직관적으로 인사이트를 얻고 다양한 조건을 실시간으로 시뮬레이션할 수 있도록 돕습니다. 이를 통해 업무 예측과 실제 결과를 지속적으로 비교·검증하면서 최적의 의사 결정을 찾아갈 수 있습니다. 이러한 과정은 사용자의 흥미와 호기심을 자극해 자발적 참여와 창의적 활용을 유도합니다. 또한 파운드리 등 팔란티어 플랫폼은 데이터 운영자들의 경험에 의존하던 기존 방식을 넘어 의사 결정 과정을 명시적으로 기록하고 공유할 수 있게 합니다. 이는 조직 전체의 의사 결정 품질을 높이며, 특정 부서에 국한되지 않고 전체 프로세스에 일관된 정책을 적용하는 데에도 효과적입니다.

5.7 에이전트 기반 합성 데이터는 어떻게 작동할까요?

앞서 합성 데이터에 관한 주제를 살펴봤습니다. 대부분은 실제 데이터를 학습한 AI 모델이 비슷한 패턴의 가짜 데이터를 만들어 내는 방식이었습니다. 하지만 만약 원본 데이터가 존재하지 않는다면 어떻게 해야 할까요? 예를 들어 스타트업이 새로운 서비스를 기획하거나 완전히 새로운 시장에 진출할 경우 참고할 수 있는 실제 데이터가 없을 때가 많습니다. 또 금융 사기 탐지 모델을 만들고 싶어도 실제 사기 데이터는 민감하고 구하기 어렵습니다. 이런 상황에서 등장한 것이 '행위자 기반 모형(ABM^{Agent-Based Models})'을 활용한 합성 데이터 생성 방식입니다.

행위자 기반 모형의 정의

행위자 기반 모형(이하 ABM)을 이해하기 가장 쉬운 방법은 도로 교통 시뮬레이션입니다. 도로에는 조심스러운 운전자, 과속하는 운전자, 일반 승용차 운전자, 버스기사, 보행자, 심지어 사고 차량이나 교통경찰 등 다양한 행위자가 존재합니다. 이들은 각기 다른 성향과 역할을 지닌 채 교차로나 횡단보도 등에서 규칙에 따라 움직입니다. 이와 같이 수많은 가상의 행위자가 각자의 특성과 규칙에 따라 활동하면서 전체 시스템의 복잡하지만 일정한 흐름을 만들어 내는 구조가 바로 ABM입니다.

ABM에는 세 가지 구성 요소가 있습니다. 행위자, 시스템 공간, 환경입니다. 예를 들어 비 오는 날(환경) 신중한 운전자(행위자)는 교차로(시스템 공간)에서 평소보다 천천히 운전하게 됩니다. 이처럼 환경의 변화에 따라 행위자의 행동이 달라지고, 그것이 전체 시스템의 패턴에 영향을 줍니다.

도로 교통 시스템의 예에서 행위자, 시스템 공간, 환경

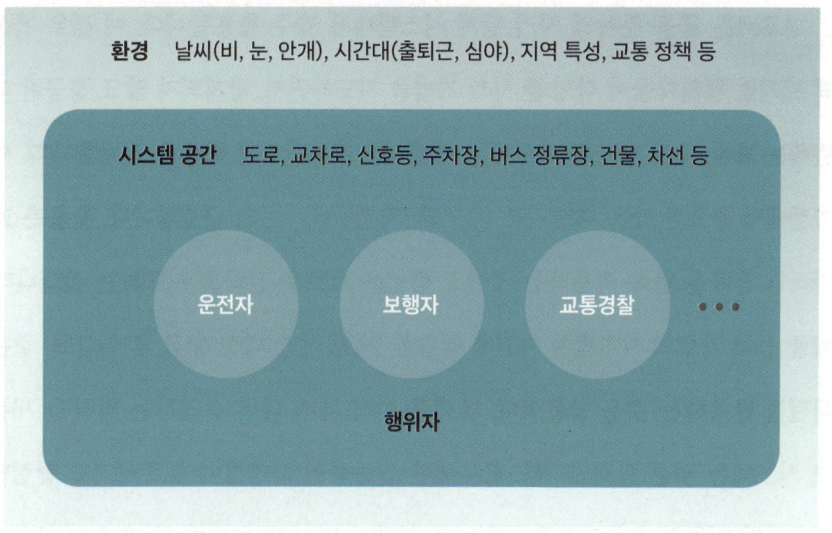

여기서 한 가지 의문이 듭니다. '행위자를 어떻게 통제해 현실 세계와 유사한 행동을 하도록 유도할 수 있을까?' 이를 가능하게 해 주는 핵심이 '강화 학습 reinforcement learning'입니다. 강화 학습은 행위자가 환경과 상호작용하며 시행착오를 통해 최적의 행동 방식을 학습하는 머신 러닝 기법입니다. 마치 아이가 자전거를 배우며 넘어지는 과정에서 균형을 익히는 식으로 학습이 이뤄집니다.

ABM에서는 이 원리를 활용해 가상의 행위자가 점차 현실에 가까운 행동 패턴을 보이도록 훈련합니다. 행위자는 현재 상태를 관찰하고 가능한 행동을 선택한 뒤 그에 따른 보상을 받습니다. 이후 이 경험을 바탕으로 자신의 행동 정책을 지속적으로 개선해 나갑니다. 이 과정이 반복되며 행위자는 점점 더 나은 판단을 하게 됩니다. 대표적인 사례로 알파고 AlphaGo가 있습니다. 알파고는 초기에는 단순한 바둑 규칙만 알고 있었지만, 수백만 번의 자가 대국에서 승리 시 보상, 패배 시 페널티를 받으며 최적의 전략을 학습했습니다. 결국 인간 프로 기사를 능가하는 수준

에 도달하게 되었습니다.

ABM은 금융 분야의 사기 탐지 시스템에서 자주 활용됩니다. 이 경우 가상의 사기범 행위자들이 다양한 사기 기법을 시도하면서, 탐지되지 않고 성공한 패턴에는 보상, 즉시 탐지된 시도에는 페널티를 부여받으며 학습을 진행합니다. 이 과정에서 중요한 것은 '활용Exploitation'과 '탐험Exploration'의 균형입니다. 활용은 효과적인 전략을 반복 적용하는 것이고 탐험은 새로운 전략을 시도하는 것입니다. 예를 들어 가상의 사기범이 이전에 학습한 '새벽 시간 대량 송금 후 현금화' 같은 패턴을 반복하는 것은 활용이며, '소액을 여러 차례 나눠 송금하는 방식'을 새롭게 시도하는 것은 탐험입니다. 활용에만 집중하면 다양성이 부족해지고 탐험만 지속하면 비현실적이고 검증되지 않은 전략이 많아집니다. 이 두 요소의 균형을 맞추는 것이 학습의 핵심입니다.

강화 학습을 통해 훈련된 행위자는 정해진 규칙이 아닌 변화하는 환경에 적응하는 지능적인 행동을 보입니다. 시간이 지날수록 더 정교하고 현실에 가까운 시스템이 구축되고, 행위자들이 생성한 데이터는 실제 세계를 반영하는 합성 데이터의 기반이 됩니다.

ABM을 통한 합성 데이터 생성 사례

영국 에든버러 대학교 산하의 스마트 데이터 파운드리Smart Data Foundry는 금융 특화 행위자 기반 합성 데이터 생성 플랫폼인 AIZLE를 개발했습니다. 이 플랫폼은 자금 세탁, 지불 사기, 저축 사기 방지에 필요한 합성 데이터를 생성하며 금융 소비자의 상품 선택부터 이용까지 전체 여정의 데이터, 투자자 유형별 주식 거래 패턴, 심지어 통장 사본이나 금융 계약서 같은 문서 처리용 데이터까지 만들어 냅니다. AIZLE의 가장 큰 장점은 프로그래밍 지식 없이도 드래그 앤드 드롭 방식으로 시뮬레이션을 설계할 수 있는 노코드 환경이라는 점이며, 실제 고객 데이터를 전혀 사용하지 않아 개인정보 보호 문제가 발생하지 않습니다.

미국의 JP모건 체이스도 ABM을 활용해 실제 금융 서비스에 접목 가능한 합성 데이터를 생성하고 있으며, 다음과 같은 네 단계 절차를 따릅니다.

첫째, 행위자가 정해진 목표를 달성하기 위해 어떤 행동을 해야 하는지를 설정한다.
둘째, 새로운 목표를 변경하거나 기존 목표를 수정하는 로직을 구현한다.
셋째, 계획에 따라 행위자가 실제로 행동을 수행하고 관찰자가 그 결과를 관찰한다.
넷째, 각 행동 실행 후 상태 변화를 기록하여 추적 데이터를 생성한다.

여기서 중요한 것은 세 번째 단계에서 '관찰자 시스템'입니다. JP 모건은 CABBOT이라는 자체 시스템을 개발해 관찰과 검증을 수행합니다. 쉽게 말해 '행동 관찰자' 같은 시스템입니다. 이 시스템은 세 가지 주요 기능을 수행합니다.

첫째, '행동 기록' 기능으로 가상 행위자가 무엇을 했는지 모든 행동을 빠짐없이 기록한다.
둘째, '패턴 학습' 기능을 통해 기록된 행동을 분석해서 정상, 이상 행동을 스스로 학습한다.
셋째, '분류 및 예측 기능'으로 새로운 행동이 발생하면 정상 여부를 자동으로 판단한다.

마치 숙련된 은행원이 고객의 거래 패턴을 보고 '이 고객, 오늘은 평소와 다르게 행동하고 있어'라고 알아차리는 것과 같은 원리입니다.

ABM을 활용한 합성 데이터 생성 기술은 아직 초기 단계지만 그 잠재력은 무궁무진합니다. 특히 AI 기술의 발전으로 더욱 정교한 행동 모델링이 가능해지면서 실제 데이터와 구분하기 어려울 정도로 현실적인 합성 데이터 생성이 가능해질 것으로 예상됩니다.

하지만 동시에 풀어야 할 과제도 있습니다. 복잡한 행위자 행동을 완벽하게 모델링하는 것은 현재로는 기술적 한계가 있고 검증 방법론 정립이나 표준화 등의 도전 과제가 남아 있습니다. 그럼에도 이 기술은 데이터 부족 문제를 해결하고, 개인정보 보호와 혁신을 동시에 이룰 수 있는 대안으로 여겨집니다. 진정한 의미의 '데이터 없는 데이터 과학'의 시대가 열리고 있습니다.

5.8 해외에서는 AI를 어떻게 활용할까요?

인공지능이 금융 서비스의 패러다임을 바꾸고 있습니다. 글로벌 선진 금융기관들이 구축한 혁신적인 AI 기반 솔루션을 통해 AI가 실제 금융 실무에 어떤 변화를 가져오고 있는지 살펴보겠습니다. 다만 신용평가 자동화나 로보 어드바이저, 챗봇 등 이미 상용화된 일반적인 AI 기술은 제외하고, 보다 혁신적이고 차별화된 사례를 중심으로 구성했습니다.

차세대 디지털 뱅킹의 혁신

독일의 솔라리스 뱅크Solaris Bank는 '보이지 않는 은행 서비스'라는 혁신적 개념을 현실화했습니다. BaaSBanking as a Service 모델을 도입해 고객이 별도로 은행 앱을 실행하지 않아도 핀테크 앱이나 전자상거래 플랫폼에서 바로 금융 서비스를 이용할 수 있도록 구현했습니다. AI가 고객 신원 확인 절차부터 거래 패턴 분석, 맞춤형 상품 추천까지 모든 과정을 자동으로 처리하고, 특히 실시간 사기 거래 감지 시스템이 이상 거래를 차단합니다. 이를 통해 고객은 복잡한 금융 절차 없이도 필요한 순간에 즉시 금융 서비스를 이용할 수 있습니다.

러시아의 틴코프 뱅크Tinkoff Bank는 음성 인터페이스 기반의 AI 금융 서비스에 새로운 표준을 제시했습니다. 생성형 AI와 음성 인식 기술을 결합해, 고객의 육성으로 계좌 관리, 송금, 투자 등 은행 업무를 처리하는 '말하는 은행' 서비스를 구축했습니다. 또한 2019년부터 운영 중인 올레그 디펜더Oleg Defender는 고객 통화를 실시간으로 분석해 사기 전화의 특징적 패턴을 감지하고 자동으로 차단합니다. 현재는 음성 인식을 활용한 고객 신원 확인 기술까지 발전해 '말하는 AI 금융 비서' 서비스를 제공하고 있습니다.

보험업계의 완전 자동화 혁명

미국의 레모네이드Lemonade는 보험업계에서 가장 선도적인 AI 자동화 시스템을 구현했습니다. 보험 가입부터 보험금 지급까지 전 과정을 AI가 처리합니다. 상품 추천, 임차인 및 반려동물, 정기 생명보험 등 주요 영역에서 '가입-청구-위험 평가-사기 탐지 단계'가 완전 자동화되어 있습니다. 이 과정에서 AI 기반 챗봇도 활용되는데, 보험 가입을 담당하는 'AI 마야Maya'는 90초 만에 전체 가입 절차를 완료하고, 보험금 청구를 처리하는 'AI 짐Jim'은 3분 안에 지급 여부를 결정합니다.

올스테이트Allstate는 고객과의 소통 방식을 근본적으로 혁신했습니다. 기존에는 사고 발생 시 고객이 클레임 담당자, 조정자, 보험 실사 팀 등 여러 담당자에게 같은 설명을 반복해야 했지만, 이제는 생성형 AI가 고객의 설명을 구조화한 뒤 각 부서의 업무 특성에 맞는 형태로 자동 변환해 전달합니다. 또한 보험 청구 과정에서도 복잡한 보험 전문 용어를 고객이 이해하기 쉬운 일반 언어로 바꿔 이메일 안내 서비스를 제공함으로써 고객 만족도가 크게 향상되었습니다.

코그니슈어CogniSure는 보험 서류 처리의 지능화를 이끌고 있습니다. 이메일 첨부 파일, PDF, 엑셀 파일 등 온갖 형태의 비정형 서류를 AI가 자동으로 분석하고 분류합니다. 보험회사에서 복잡한 서류를 업로드하면 AI가 보험 심사에 필요한 구조화된 데이터로 자동 변환해서 제공합니다.

앳베이At-Bay는 사이버 보안과 보험을 결합한 예방적 보험 모델을 구축했습니다. 기업의 IT 시스템을 24시간 실시간 모니터링해 해킹 위험을 감지하고, 각 기업의 보안 수준에 따라 맞춤형 사이버 보험 상품을 제공합니다. 또한 사고 발생 시 수집된 데이터를 활용해 더 나은 AI 보안 솔루션을 개발하는 선순환 구조도 만들었으며, 2025년에는 금융 사기 청구 데이터를 학습한 이메일 보안 솔루션도 출시했습니다.

지능형 금융 데이터 인프라 구축

JP모건JP Morgan은 계약 문서 분석 시스템인 COiN 플랫폼Contract Intelligence Platform을 통해 법률 문서 처리 방식에 혁명을 일으켰습니다. 과거 숙련된 변호사들이 며칠씩 검토하던 복잡한 신용 거래 계약서와 문서를 AI가 단 몇 초 만에 분석할 수 있게 되었습니다. 연간 약 36만 시간이나 걸리던 방대한 업무를 수십 초로 단축시킨 놀라운 성과입니다. 이 시스템은 여러 가지 기술이 통합된 종합 솔루션입니다. OCR 엔진으로 다양한 문서 형식을 인식하고, 자연어 처리로 복잡한 법률 용어를 이해하며, 머신 러닝으로 위험 패턴을 식별하고, 지속적 학습을 통해 정확도를 향상시키는 시스템이 모두 하나로 연결되어 있습니다. 무엇보다 계약서 내 위험 요소를 사람보다 더 일관되고 정확하게 찾아내는 능력이 있습니다.

플레이드Plaid는 금융 데이터를 연결하는 핀테크 생태계의 핵심 인프라 역할을 수행하고 있습니다. 은행과 핀테크를 연결하는 기존의 복잡한 수작업 방식을 대체해, 표준화된 API를 통한 자동 연결 시스템을 구축했습니다. 현재 미국 온라인 계좌의 약 80%가 플레이드를 통해 다양한 금융 앱과 연결되며, 이 시스템은 핀테크 혁신의 숨은 동력이 되고 있습니다. 또한 AI를 활용해 데이터의 전처리 및 분류 정확도를 지속적으로 개선하며, 실시간 사기 거래 감지와 개인별 맞춤 서비스 제공 기능도 지원합니다. 특히 2022년부터 서비스하는 '플레이드 소득Plaid

Income' 모델은 고객 계좌 내 거래 데이터를 분석해 소득 정보를 자동으로 식별하고 분류해 이를 대출 심사에 활용할 수 있도록 지원합니다.

파이브트랜Fivetran은 데이터 관리 영역에서 가장 혁신적인 '스스로 치유하는 데이터 시스템'을 만들었습니다. 데이터를 추출하고 변환하고 저장하는 전 과정에서 문제가 생기면 AI가 알아서 감지하고 해결하는 자가 치유 능력을 갖춘 시스템입니다. 사람이 개입하지 않아도 시스템이 스스로 오류를 찾아 수정하며, 처음부터 다시 시작하는 능력을 지녔습니다. 이 시스템은 같은 작업을 반복해도 항상 동일한 결과가 나오는 멱등성idempotence 개념을 적용해 설계했습니다. 이로 인해 금융기관의 데이터 준비 시간을 90%나 줄였으며, 더 이상 IT 담당자가 밤늦게 긴급 출동해서 시스템을 복구할 필요가 없습니다. 이는 단순한 자동화를 넘어 시스템이 스스로 학습하고 진화하는 진정한 지능형 인프라의 실현을 의미합니다.

글로벌 선진 금융기관들의 AI 활용 사례는 금융 서비스가 어떻게 근본적으로 진화하고 있는지를 생생하게 보여 줍니다. '보이지 않는 금융', '말하는 은행', '몇 분 보험', '스스로 돌아가는 시스템' 등 고객에게는 더 간편하고 개인화된 금융 경험을, 금융기관에는 운영 효율성과 새로운 수익 기회를 제공하는 변화의 핵심입니다.

5.9 AI 에이전트는 어떻게 진화할까요?

AI 에이전트의 정의

AI 기술은 생성형 AI의 확산과 함께 빠르게 진화하고 있습니다. 인간과의 단순 상호작용을 넘어, 인간을 대신해 의사 결정과 행동을 수행하는 AI 에이전트로 발전하고 있습니다. AI 에이전트에 대한 학술적 정의는 아직 확립되지 않았지만, 글로벌 테크 기업들은 각기 자체적인 정의를 바탕으로 관련 기술을 개발하고 있습니다.

챗GPT로 전 세계를 떠들썩하게 했던 오픈 AI[Open AI]는 AI 에이전트를 "사용자를 대신해 행동할 수 있는, 스스로 실행할 수 있는 자율형 시스템"이라 정의합니다.

아마존[Amazon]은 "환경과 상호작용하고 데이터를 수집한 후 이를 바탕으로 목표 달성을 위한 작업을 스스로 결정·수행할 수 있는 소프트웨어 프로그램"[05] 이라 설명합니다.

엔비디아[NVIDIA]는 "LLM을 기반으로 문제를 추론하고, 문제를 해결하기 위한 계획을 수립하고, 도구를 사용해 이를 실행할 수 있는 시스템"[06] 이라 정의합니다.

이러한 정의를 종합하면 AI 에이전트는 '사람의 개입 없이 데이터를 통해 상황을 파악하고, 적절한 도구를 사용해 의사 결정과 작업을 수행하는 자율 지능형 시스템'이라고 설명할 수 있습니다.

---

05   https://aws.amazon.com/ko/what-is/ai-agents/

06   https://developers.nvidia.com/ko-kr/blog/introduction-to-llm-agents/

AI 에이전트의 차별적 특징

글로벌 컨설팅 기업 가트너[Gartner]가 AI 시스템을 자율성과 실행 능력의 수준에 따라 구분한 'AI 에이전시 스펙트럼[AI Agency Spectrum][07]' 개념을 제시했습니다. 이 스펙트럼의 로우 에이전시[low agency] 구간에는 정해진 규칙 내에서 제한된 작업만 수행하는 전통적인 자동화 시스템이 속하고, 하이 에이전시[high agency] 구간에는 스스로 목표를 설정하고 독립적으로 판단과 실행이 가능한 고도화된 에이전트형 AI 시스템이 포함됩니다.

AI 에이전시 스펙트럼

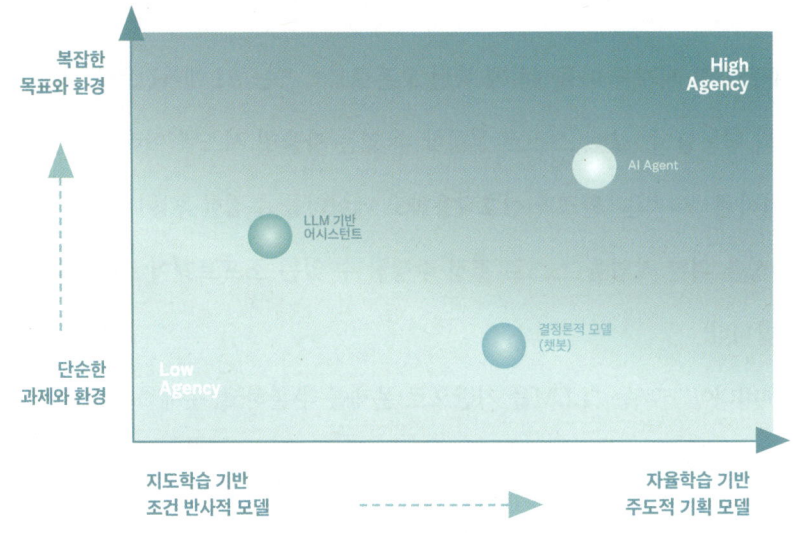

기존의 AI 챗봇이나 생성형 AI와 달리, AI 에이전트의 가장 큰 차별점은 바로 인간의 개입 없이 사용자의 요구와 환경 변화에 적응해 자율적으로 작동한다는 점입니다.

---

07   Gartner, Intelligent Agents in AI Really Can Work Alone. Here's How, 2024.10.1. 재구성

그렇게 작동하려면 데이터 학습 및 추론, 의사 결정, 문제 해결, 외부 시스템과의 연동, 작업 실행 등 모든 과정을 능동적으로 주도할 수 있는 고도화된 기술 역량이 필요합니다. AI 에이전트가 자연어 처리, 기계 학습을 수행할 경우, 외부 도구에 직접 접근해 활용할 수 있어야 합니다.

금융권 AI 에이전트 서비스 현황

국내 금융 산업 분야에서는 AI 에이전트 도입의 움직임이 점차 활발해지고 있습니다. 주요 은행을 중심으로 개인 금융 활동을 모니터링하거나, 과거 거래 내역을 분석해 맞춤형 금융 어드바이스를 제공하거나, 고객의 니즈를 예측해 인사이트를 제공하는 서비스를 개발하고 있습니다.

투자 자문 분야에서도 초개인화 자산 관리 서비스에 AI 에이전트를 활용합니다. 고객의 재무 목표와 투자 성향 같은 개인 금융 데이터를 기반으로 금융·비금융 관련 빅데이터를 함께 분석해 맞춤형 포트폴리오를 설계하고 추천하는 AI 기반 로보 어드바이저는 이미 시장에서 폭발적으로 성장하고 있습니다. 2024년 기준 국내 로보 어드바이저 시장 규모는 약 9,200억 원 수준으로, 이는 2020년 대비 3배 이상 증가한 수치입니다.

금융 AI 에이전트 서비스의 변화 예측

금융 소비자의 행위 방식은 '직접 클릭' 중심의 인터페이스에서 사용자의 지시에 따라 AI 에이전트가 업무를 대신하는 방식으로 전환될 것입니다. 기존에는 메뉴와 탭 중심의 클릭형 서비스가 주를 이뤘다면, 앞으로는 질의응답 기반의 대화형 인터페이스가 중심이 되어 보다 심플하고 직관적인 지능형 금융 서비스로 진화할 것입니다.

현재는 단순 조회나 확인 업무에 AI 에이전트를 적용하는 수준이지만 향후에는 정형화된 실무 일부를 직접 수행하거나, 추천·예측 기반의 금융 판단 보조 역할까지 확장될 것으로 보입니다. 궁극적으로는 AI 에이전트가 논리적 추론과 합리적 의사 결정을 기반으로 고객의 금융 거래를 전면 대행하는 수준에 도달할 것으로 전망됩니다.

AI 에이전트를 활용한 새로운 서비스 제언

AI 에이전트가 인간을 대체해 판단하고 의사결정을 내린 뒤 실제 작업을 실행하는 완전한 자율형 시스템으로 상용화되기까지는 제도적·기술적 한계가 여전히 존재합니다. 그러나 가까운 미래에는 금융 소비자의 금융 기획 업무를 대신하거나 반복 작업을 자동화하는 AI 에이전트 서비스가 가능할 것입니다.

예를 들어 소비자가 모든 금융사의 금리를 일일이 비교하지 않아도 AI 에이전트가 데이터를 분석해 최적의 선택지를 제시할 수 있습니다. 또한 신용 점수 상승, 소득 증가 등 금리 인하 요구권 요건을 충족할 경우 AI가 이를 감지해 자동 신청하는 서비스도 가능해집니다. 예금 만기 시 금리를 비교해 자동 재예치나 더 유리한 상품으로의 이동도 실행할 수 있습니다. 보험 계약 내역을 분석해 숨은 보험금을 자동 청구하거나, 카드 사용 패턴을 바탕으로 혜택 정보를 알리는 등 다른 금융 분야에서도 유사한 활용이 가능합니다.

요약하자면 AI 에이전트는 소비자를 대신해 반복적인 계산, 시뮬레이션, 계획 수립, 추천 기능을 수행하며, 단순한 효율성 향상을 넘어 실질적인 이익을 제공하는 '신뢰할 수 있는 대리인'이 될 수 있습니다.

5.10 해외에서는 AI 에이전트를 어떻게 활용할까요?

AI 에이전트 기술의 도입은 금융업계에 새로운 전환점을 가져오고 있습니다. 이 기술은 기존 자동화의 한계를 넘어 고객과의 상호작용 방식과 업무 프로세스 전반을 근본적으로 변화시킵니다. 이번에는 AI 에이전트 혁신을 주도하는 글로벌 금융기관들의 실제 사례를 살펴봅니다.

차세대 금융 어시스턴트의 등장

웰스파고Wells Fargo가 선보인 성과는 AI 에이전트의 잠재력을 보여 주는 대표적 사례입니다. 구글 제미나이 2.0 플래시Gemini 2.0 Flash 기반으로 구축한 고객 대면 AI 어시스턴트 '파고Fargo'는 계좌 조회, 자금 이체, 청구서 결제 등을 음성과 텍스트로 자동화해 간편한 금융 생활을 지원합니다. 또한 내부 지식 관리 AI 에이전트를 활용해 1,700개 이상의 복잡한 사내 규정과 업무 절차에 대해 내부 직원들에게 즉시 정확한 답변을 제공합니다. 웰스파고는 화려한 기술보다는 조직의 가장 기본적인 문제인 '정보 접근성' 해결만으로도 AI 에이전트 기술을 쉽게 적용한 훌륭한 사례로 평가받고 있습니다.

뉴욕멜론은행BNY Mellon은 차세대 엘리자Eliza 2.0 멀티 에이전트 시스템을 통해 자산 관리 서비스의 새로운 표준을 제시했습니다. 이 시스템의 핵심은 복잡한 금융 업무를 전문 영역별로 분담 처리하는 협업 구조입니다. 데이터 분석, 상품 추천, 리스크 관리를 담당하는 각각의 AI 에이전트들이 유기적으로 연계되어 통합적인 자산 관리 솔루션을 구현합니다.

데이터 기반 투자 의사 결정의 고도화

투자 업무 역시 에이전틱 인공지능의 도입으로 근본적인 변화를 겪고 있습니다. 모건 스탠리의 사례는 이러한 변화의 구체적 성과를 보여 줍니다. 모건 스탠리는 'AI@Morgan Stanley Assistant'를 통해 오픈AI 기술 기반의 실시간 투자 상담 서비스를 제공하며 'AI@Morgan Stanley Debrief'를 통해 상담 후속 업무를 체계적으로 자동화하고 있습니다. 이를 통해 투자 전문가들은 보다 전략적이고 창의적인 업무에 집중할 수 있는 환경을 구축했습니다.

글로벌 투자회사인 블랙록BlackRock도 자사의 알라딘Aladdin 플랫폼에 AI 에이전트 기술을 통합 운영합니다. 시장 데이터 수집부터 거시경제 지표 분석, 포트폴리오 성과 평가까지 전 과정이 AI를 통해 실시간 처리되면서, 투자 의사 결정의 정확성과 신속성을 동시에 확보하는 새로운 투자 운용 모델을 제시하고 있습니다.

에이전틱 커머스 시대의 개막

카드사와 같은 결제 영역에서도 '에이전틱 커머스agentic commerce'라는 새로운 패러다임이 등장하며 혁신의 바람이 불고 있습니다. 이는 AI 에이전트가 사용자를 완전히 대신해 구매 의사 결정부터 결제 완료까지 전 과정을 자율적으로 수행하는 상거래 모델로, 기존 전자상거래에서 한 단계 진화한 에이전트 기반 차세대 전자상거래라 할 수 있습니다.

마스터카드Mastercard가 에이전트 페이 시스템을 통해 구축한 인프라가 바로 이런 에이전틱 커머스의 핵심입니다. AI 에이전트가 상품 검색, 가격 비교, 구매 결정, 결제 처리를 일괄 수행하되, 고객의 구매 이력과 선호도, 예산 파라미터를 정교하게 분석해 최적화된 구매 결정을 내립니다.

특히 주목할 점은 토큰화된 결제 구조입니다. 부정 자동 결제를 방지하기 위해 사전 등록된 사용자의 토큰 정보만 자동 결제가 이뤄지며, 사용자가 사전에 설정한 구매 조건과 한도 내에서만 AI 에이전트가 자율적으로 거래할 수 있어 안전성과 편의성을 동시에 확보했습니다. 이를 통해 사용자는 반복적 구매 업무에서 해방되면서도 거래의 투명성과 통제권을 유지할 수 있습니다.

아메리칸 익스프레스는 프리미엄 고객층에 특화된 방식으로 에이전트 기술을 활용하고 있습니다. 플래티넘 카드 컨시어지Platinum Card Concierge 서비스를 통해 복잡한 여행 계획이나 특별 이벤트 예약을 AI 상담사가 대행하며, 자동 결제까지 연동해 개인화된 고급 비서 서비스를 제공합니다. 이를 통해 고객 만족도와 운영 효율성을 동시에 추구합니다.

AI 에이전트를 통한 실시간 보험 처리 시스템 구현

보험업계에서도 이러한 변화의 모습이 나타나고 있습니다. 전통적으로 며칠에서 몇 주가 소요되던 보험금 처리가 이제는 분 단위로 단축되는 혁신이 이뤄지고 있습니다.

알리안츠는 '인슈어런스 코파일럿Insurance Copilot AI' 시스템을 통해 보험금 청구 심사 프로세스의 완전 자동화를 달성했습니다. LLM과 컴퓨터 비전 기술이 결합된 이 시스템은 실시간 손해사정을 가능하게 해 고객 대기 시간을 획기적으로 단축시켰습니다.

또한 중국 1위 보험회사인 핑안Ping An은 모바일 기반 자동 클레임 처리 시스템을 운영합니다. 고객이 차량 손상 사진을 업로드하면, AI가 불과 3분 만에 수리 견적을 산출하고 사고 유형도 자동으로 분류합니다. 이미지를 활용한 손상 분석, 자연어 기반의 사고 분류 자동화가 실시간으로 이뤄집니다. 이 시스템은 연간 수백만 건의 보험 청구를 처리하면서 운영비 절감과 처리 속도 개선이라는 두 가지 효과를 동시에 달성하고 있습니다.

금융 인프라의 지능화와 백 오피스 운영의 변화

고객 대면 서비스의 혁신과 더불어 금융기관 내부의 백 오피스 운영 시스템 또한 AI 에이전트를 기반으로 재편되고 있습니다. 이는 단순한 업무 효율화를 넘어 금융기관의 운영 시스템을 혁신하는 변화입니다.

골드만삭스 Goldman Sachs는 내부 IT 개발 프로세스에 자동 코딩 에이전트를 도입해 백 오피스 자동화의 선도적 모델을 제시했습니다. 회사 내부 시스템 코드를 학습한 맞춤형 LLM이 개발자들이 수행하던 반복적 작업을 대신 처리하면서 인력은 보다 창의적이고 전략적인 업무에 집중할 수 있게 되었습니다.

JP모건은 또 다른 혁신 사례입니다. 수학적 금융 모델 검증 업무에 AI를 적용해 리스크 관리, 가격 산정, 신용평가 등에 사용되는 수천 개의 복잡한 모델을 실시간으로 검증하는 시스템을 구축했습니다. 기존에 전문가가 며칠 동안 검토하던 작업이 이제는 AI 기반 검증 시스템을 통해 단 몇 분 내에 완료됩니다. 이로써 금융기관의 의사 결정 속도와 정확성이 크게 향상되었습니다.

글로벌 금융기관들의 AI 에이전트 도입은 단순한 운영 효율화를 넘어 금융 서비스의 본질적 변화를 이끌어 내고 있습니다. 고객 상호작용의 개인화, 투자 의사 결정 프로세스의 고도화, 업무 운영의 지능화가 유기적으로 연결되면서 새로운 금융 생태계가 형성되고 있습니다.

CHAPTER 6

금융 AI의 발전과 데이터 전략

데이터 전략은 우리가 직면하는 문제에 대한 대응 과정입니다. 데이터 전략의 종착점은 기업의 디시전 엔진(Decision Engine)을 어떻게 설계할 것인가로 귀결됩니다. 효율적인 데이터 전략과 의사 결정을 통해 기업이 살아남고, 앞으로 더 크게 성장합니다.

6.1 금융 분야에서 AI는 어떻게 전개될까요?

AI 활용에 잠재력을 가진 산업

 AI는 산업 전반에 영향을 미치고 있으며, 특히 금융업과 제조업이 가장 잠재력이 큰 분야로 꼽힙니다. AI는 방대한 데이터를 처리하고 분석해 효율화, 예측, 자동화를 가능하게 하는 데 강점이 있습니다.

금융업에서는 프런트 오피스front office부터 백 오피스back office까지 전 범위에 걸쳐 자동화, 위험 예측 및 관리, 고객 경험 개선 등 다양한 업무에 빠르게 AI를 적용하고 있습니다. 그러나 아직 효과가 검증되고 있는 단계로 장애물도 많습니다. 반면 제조업은 금융업에 비해 AI의 적용 범위가 작고 도입 속도도 늦은 편입니다. 그러나 자동화, 공정 최적화, 품질관리 분야에서 이미 큰 효과를 경험하고 있습니다.

최근에는 산업 분야를 불문하고 AI 투자의 수익률(ROI)[01] 이 중요해지면서 제조업의 성공 사례를 금융 분야에서도 중요하게 참고하고 있습니다. 이에 제조업의 문제 해결 방식을 분석하고 이를 바탕으로 금융 AI의 실효성을 높일 전략을 모색하고자 합니다.

데이터에 항상 답이 있는 것이 아니다: AI의 도전 과제와 직관

제조업에서는 불량 발생 시 공정 데이터를 분석해 원인을 찾는 방식이 일반적입니다. 예를 들어 LCD 제조 공정은 수백 개의 단위 공정과 24시간 가동되는 자

---

01   ROI(Return on Investment)는 투자자본수익률을 의미하며, 투자 대비 수익성을 평가하는 지표. 주로 투자금액 대비 순이익 또는 수익을 백분율로 나타내며, 투자 효과성 판단에 활용.

동화 시스템으로 구성되어 있어 센서로부터 수많은 데이터가 실시간 수집됩니다. 이를 통해 특정 시점이나 라인에서 불량 패턴을 분석하고, 빠르게 공정 흐름을 조정하거나 중단하는 등의 대응이 가능합니다. 하지만 과거에 없던 유형의 불량이나 공정 외적 요인으로 인한 문제는 데이터 분석만으로 원인을 파악하기 어렵습니다. 이 경우 기술적 분석을 병행해야 합니다.

AI도 마찬가지입니다. 학습된 데이터 범위 내에서만 정확한 예측이 가능하기 때문에 데이터에 포함되지 않은 상황에서는 예측력과 설명력이 크게 떨어지는 '관측 가능성의 한계'가 있습니다.

현실 세계 vs 인간의 인식 세계 vs AI 세계(출처 kDimensions, 2025년 8월)

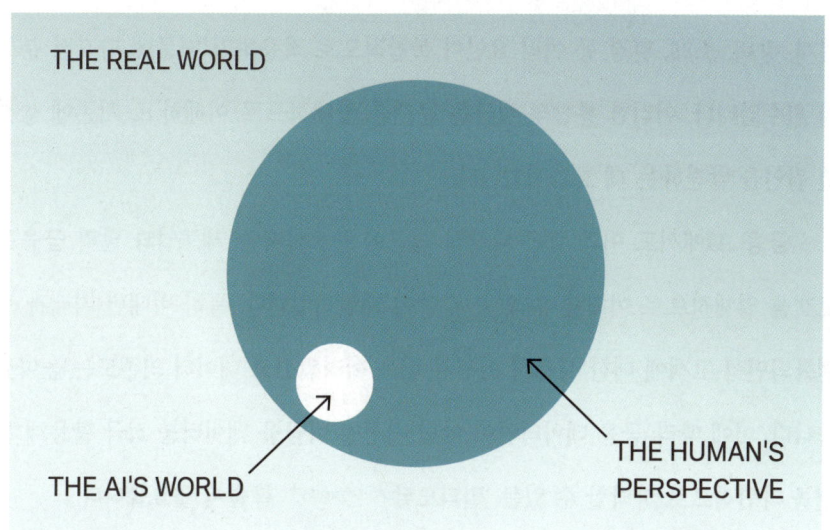

그림에서 바깥쪽 사각형은 현실 세계, 중간의 파란 원은 인간의 인식 세계, 가장 작은 원은 AI 세계를 나타냅니다. AI는 인간이 만든 데이터와 모델 안에서 현실의 일부만 인식하며, 인간은 직관, 상식, 문화적 맥락 등을 통해 더 넓은 시야로

세상을 해석합니다. 이 차이를 간과하고 AI를 만능 도구처럼 맹신하면 문제를 잘 못 이해하거나 해결에 실패할 수 있습니다.

특히 금융업은 데이터 의존도가 높지만 외부 변수와 데이터 불균형[02], 편향이 크기 때문에 AI의 한계에 더 주의해야 합니다. 제조업에서 도메인 지식과 경험을 바탕으로 데이터를 분석하듯 금융업에서도 AI 분석 결과를 인간의 판단으로 보완 하는 접근이 필요합니다. AI는 보조 도구이며 최종 판단은 사람이 내려야 합니다.

다각적인 문제 접근 방식: 멀티모달

문제는 데이터, 실물, 외부 환경 등 다양한 관점에서 종합적으로 바라봐야 정확 한 해답에 다다를 수 있다는 것입니다. 제조업의 경우 제품 하나를 만드는 데도 설계, 장비, 소재, 환경 등 여러 요인이 복합적으로 작용하기 때문에 다각적 분석 이 필수입니다. 이러한 통합적 접근은 문제를 입체적으로 이해하고, 기존에 놓쳤 던 원인을 발견하는 데 효과적입니다.

금융 AI에서도 이와 같은 다각적 접근이 중요하지만, 제조업과 달리 금융은 고객을 입체적으로 이해할 수 있는 수단이 제한적입니다. 특히 비대면 거래가 보 편화되면서 고객에 대한 심층적 이해가 더욱 어려워졌고 데이터 의존도는 높아졌 습니다. 이에 따라 금융 데이터만이 아닌 비정형·비금융 데이터를 적극 활용해 문 제를 다면적으로 파악할 수 있는 '멀티모달multi-modal[03]' 학습이 필요합니다.

---

02   예컨대 국내 주요 은행의 대출 연체율은 0.5% 내외로 정상 데이터와 불량 데이터의 편차가 매우 크기 때문에 정상 이 대부분인 데이터를 그대로 AI 모델 학습에 활용하면 불량 탐지 성능이 저하될 가능성이 높음.

03   일반적으로 멀티모달은 VARK(Visual, Auditory, Read/Write, Kinesthetic)로 분류되는 감각적 정보 형태 중 두 가지 이상, 예를 들어 텍스트와 영상처럼 서로 다른 형태의 데이터를 결합해 활용하는 것을 의미.

기존의 금융·정형 데이터 외에도 의료, 상거래, 통신, 뉴스, SNS, 앱 등 다양한 생활 정보를 결합하면 고객을 더 입체적으로 이해할 수 있으며 이를 통해 새로운 인사이트를 얻을 수 있습니다. 최근 금융회사가 강조하는 '생활 밀착형 서비스' 중심의 슈퍼 앱 전략도 이러한 맥락에서 출발합니다. 금융 외의 일상 정보를 수집하고 분석해 고객에 대한 다각적 접근을 가능하게 하려는 시도입니다.

금융·비금융, 정형·비정형 정보가 결합된 슈퍼 앱 (출처 Beacon Venture Capital, 2025년 8월)

메커니즘 규명: AI의 설명 가능성

어떤 공정에서 불량이 발생했을 때 이를 개선하려면, 원인과 메커니즘을 명확히 설명해 관련 담당자를 설득할 수 있어야 합니다. AI 시스템도 마찬가지로, 특히 금융 AI에서는 소비자 보호를 위해 모델의 결정 이유에 대한 설명 가능성이 필수적입니다. 예를 들어 신용 점수가 낮은 고객에게는 그 이유를 명확히 알려 줘야 하며, 이는 법적 권리이자 규제 준수 사항입니다.

'설명 가능한 AI(XAI^{eXplainable AI})'는 판단 근거를 사람이 이해할 수 있는 방식으로 제공함으로써 신뢰성과 책임성을 높이는 핵심 기술입니다. 가장 이상적인 방법은 처음부터 설명이 가능한 모델을 사용하는 것이지만, 성능이 높은 딥 러닝 모델은 인공 신경망으로 구성되어 동작 원리를 명확히 설명하기 어렵습니다. 이에 따라 이미 학습된 블랙박스 모델의 예측 결과를 '사후 설명Post-hoc' 방식으로 해석하려는 접근이 도입되었습니다. 금융권에서 널리 사용하는 LIME, SHAP 같은 방법론은 이러한 설명을 위해 대리 모델surrogate model을 별도로 구축하는 방식입니다.

① LIME(Local Interpretable Model-agnostic Explanations): 입력 데이터를 변형시켰을 때 모델의 예측값 변화를 통해 해당 모델의 예측 결과를 설명
② SHAP(SHapley Additive exPlanations): 경제학자 로이드 섀플리Lloyd Shapley의 협동 게임 이론을 활용해 피처feature의 기여도를 산출하는 방식으로 해당 모델의 예측 결과를 설명

최근 각광받는 LLM은 수천억 개의 파라미터와 복잡한 토큰 간 상호작용으로 인해 결정 과정을 해석하기가 더욱 어렵습니다. 이에 따라 'Chain of Thought(CoT, 사고 연쇄)[04]' 기법과 같이 다단계 프롬프팅을 통해 추론 과정을 유추하려는 시도가 등장하고 있습니다. 현재의 XAI 기술은 완성도 측면에서 한계가 있지만, 금융 AI의 신뢰성과 지속적 활용을 위해 반드시 극복해야 할 과제입니다.

새로운 프로세스 수립: AI의 지속적 학습 체계

AI 모델은 시간이 지나면서 예측 능력이 떨어지는 모델 드리프트model drift 현상을 겪습니다. 이는 입력 데이터 분포의 변화(데이터 드리프트data drift)나 목표 변수와의 관계 변화(콘셉트 드리프트concept drift)에서 비롯됩니다. 이를 핸드드립 커피에 비유하면, 원두가 바뀌었는데 레시피는 그대로인 상황이 데이터 드리프트이고, 소

---

04   Chain-of-Thought(CoT) 추론은 복잡한 문제를 해결할 때 인공지능 모델이 단계별로 사고 과정을 드러내며 추론을 수행하는 방식으로, 결과뿐 아니라 어떻게 그 결과에 도달했는지 중간 과정을 명시적으로 표현하는 것을 의미.

비자 취향이 바뀌었는데 같은 커피를 추출하는 경우가 콘셉트 드리프트입니다.

금융 AI는 외부 환경 변화에 민감하기 때문에 이러한 드리프트에 특히 취약합니다. 따라서 데이터 품질과 모델 성능을 지속적으로 모니터링하고, 이상 징후 발생시 재학습 및 업데이트하는 체계적인 반복 프로세스가 필요합니다. 이러한 품질관리 체계가 뒷받침될 때 금융 AI의 신뢰성과 장기적 효과성을 확보할 수 있습니다.

모델 드리프트의 원인 개념도(출처 k Dimensions, 2025년 8월)

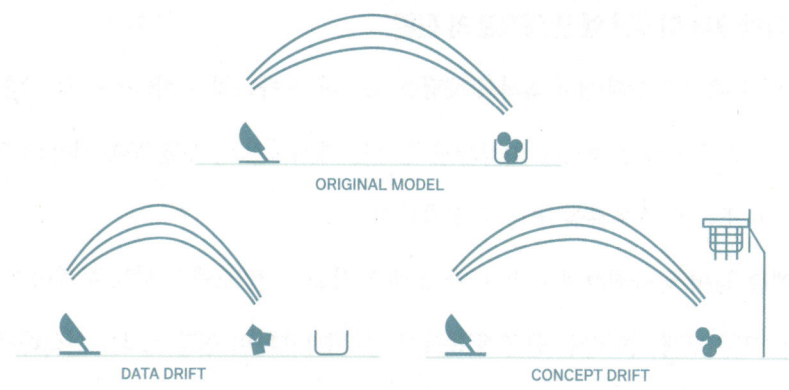

공급망 관리: 데이터 파이프라인

제조업에서 공급망 관리가 중요하듯 AI에서도 데이터 공급망인 '데이터 파이프라인'의 관리가 핵심입니다. 데이터 파이프라인은 다양한 내·외부 데이터(정형·비정형)를 추출·변환·적재해[05] AI 시스템에 안정적으로 공급하는 일련의 과정을 말합니다. 품질 좋은 원재료가 제조업의 성패를 좌우하듯, AI도 데이터의 품질과

---

05   ETL 또는 ELT라고 하는 과정. 과거 데이터 저장소가 비정형 데이터를 처리하지 못해 데이터를 먼저 변환해야 하는
      ETL 방식이 주로 사용됨. 그러나 최근에는 비정형 데이터를 그대로 저장할 수 있는 데이터 레이크(data lake) 개념
      이 등장하면서, 저장 후 변환하는 ELT 방식도 활용되는 추세.

안정적인 공급 없이는 제대로 작동하지 못합니다.

최근 메타^{Meta}가 데이터 주석 및 레이블링 전문 기업인 스케일 AI^{Scale AI}의 지분 49%를 약 143억 달러에 인수한 것도 이 점을 잘 보여 줍니다. 이는 메타가 AI 모델뿐 아니라 훈련용 고품질 데이터를 확보하고 통제하기 위한 전략이며, AI 성능을 결정짓는 데에서 데이터 파이프라인 관리가 얼마나 중요한지를 상징적으로 보여 줍니다.

수식 기반에서 디시전 엔진 체계로의 전환

AI 모델은 주어진 상황에서 최적의 해답을 도출하는 하나의 수식^{equations}과 같습니다. 각 모델은 특정 목적에 최적화된 결과를 제시하지만, 개별 문제 해결에만 집중하면 조직의 큰 흐름을 놓칠 수 있습니다.

예를 들어 금융회사의 신용 평가 모델과 상품 추천 모델은 서로 목적이 다르지만 모두 고객 이해라는 근본적 목표를 공유합니다. 이 연결 고리를 인식하지 못하면 각 모델의 결과가 파편적으로 활용되거나 상충된 의사 결정을 유도할 수 있습니다. 제조업에서도 수율 향상과 품질관리가 때론 충돌하지만, 수익성과 지속 가능성이라는 조직 목표 아래선 조율이 필요합니다. 결국 핵심은 무엇이 조직 전체에 최적의 선택인가를 판단하는 통합적 관점입니다.

이러한 통합을 가능하게 하는 것이 바로 디시전 엔진^{Decision Engine}입니다. 각 수식의 결과를 적절히 조합·조율^{orchestration} 하고, 다양한 시나리오를 실험하여 가장 적절한 결정을 도출하는 의사 결정 지원 체계입니다. 단순 분석을 넘어 경영진과 실무자에게 전략적 선택의 방향성을 제공합니다.

디시전 엔진 예시 (출처 Biosero, 2025년 8월)

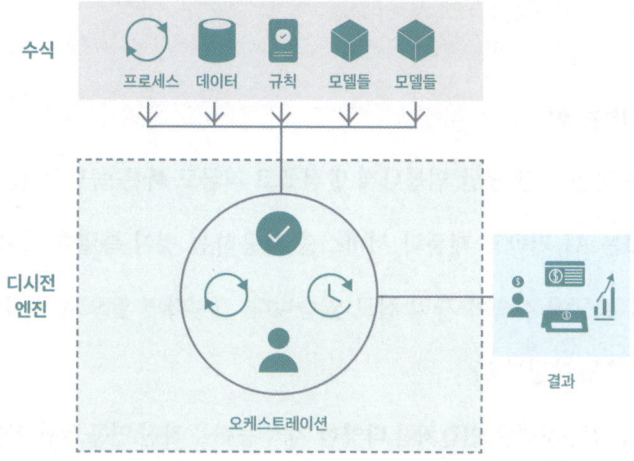

AI가 진정한 변화의 축이 되려면 각 모델이 조직의 목적 안에서 유기적으로 연결되고, 그 끝에 의사 결정의 중심이 세워져야 합니다. 그래야 비로소 AI의 혁신적 가치를 온전히 실현할 수 있습니다.

6.2 앞으로 AI가 우리의 의사결정을 어떻게 도와줄까요?

일상에 스며든 AI

AI 기술은 짧은 기간 동안 엄청나게 발전했고 지금도 빠른 속도로 진화하고 있습니다. 이제는 AI 기반의 제품과 서비스를 사용하는 것이 특별한 일이 아닐 정도로 우리의 일상에 깊숙이 자리 잡고 있습니다. 그렇다면 앞으로 등장할 AI는 지금과 어떻게 달라질까요?

많은 AI 연구자들은 인간처럼 다양한 지적 능력을 가진 인공 일반 지능AGI(Artificial General Intelligence) 개발을 목표로 하고 있습니다. 현재는 특정 과업에 특화된 좁은 인공지능narrow AI 수준이며, 알파고처럼 바둑은 둘 수 있지만 화상 인식이나 언어 이해는 불가능합니다. 미래학자 중 일부는 언젠가 인간보다 뛰어난 AGI가 개발될 것이라고 전망하지만, 향후 10년 내에 실현되리라고 보는 의견은 드문 편입니다.

미래 AI의 진화 방향

AGI보다 앞서 가까운 미래에 등장할 AI는 분석과 예측 중심에서 벗어나 직접 의사 결정을 하는 방향으로 진화할 것으로 보입니다. 이러한 AI의 특징은 크게 자율성, 실시간성, 목표 지향성으로 요약할 수 있습니다.

먼저 '자율성'입니다. 현재의 AI 시스템은 신용평가 모형이나 시장 예측 모형과 같이 미래에 대한 예측을 하거나, 사기 방지 모형 등 특수한 패턴을 찾는 일에 특화되어 있습니다. 이러한 시스템은 사람들의 의사 결정을 지원하는 역할을 하지만 스스로 상황에 맞게 판단하고 의사 결정을 하지는 않습니다. 앞으로 AI는 인간의 관리·감독하에 일정 정도 자율적으로 의사 결정을 하게 될 것입니다. 로보 어드바이저가 주식 거래를 추천하는 데 그치지 않고 시장 상황에 따라 직접 거래하면서 계좌를 관리해 주는 수준까지 발전할 수 있습니다.

다음은 '실시간성'입니다. 미래의 AI는 시장 상황과 맥락을 이해하고 실시간으로 의사 결정을 할 수 있을 것입니다. 각국 중앙은행의 통화 정책을 실시간으로 반영해 투자 포트폴리오를 조정하는 일을 인간의 개입 없이도 AI 투자 매니저가 하게 되는 것입니다. AI를 활용한 시스템은 방대한 양의 데이터를 실시간으로 처리할 수 있고, 이를 통해 사람보다 더 빨리 정확한 결정을 내릴 수 있다는 장점이 있습니다. 이렇게 실시간으로 반응하는 AI는 신속한 판단과 대응이 필요한 자동차의 자율 주행, 금융 사기 방지, 재난 대응 같은 분야에서 특히 중요한 역할을 하게 될 것입니다.

마지막으로 '목표 지향성'입니다. 목표 지향 AI와 대비해 현재의 AI는 과업 지향 AI라 할 수 있습니다. 과업 지향 AI의 작동 방식은 사전에 정해 놓은 룰에 따라 특정 과업을 수행하고 과업이 완료되면 작동을 멈추는 방식입니다. 이에 반해 목표 지향 AI는 정해진 목표를 달성하기 위해 복잡한 의사 결정을 수행하고, 그 결과를 분석해 행동 전략을 조정해 가면서 주위 환경 변화에 스스로 적응해 나갑니다.

AI가 사람을 대신해 목표를 추구하고, 자율적으로 실시간 의사 결정을 내리는 방향으로 진화한다면 결국 많은 AI 기반 서비스가 AI 에이전트 형태로 변화하게 됩니다. 또한 AI의 주 임무도 '어떤 일이 왜 일어날까?'를 분석하고 예측하는 것을 넘어 '무엇을 해야 하는가?'에 대한 해답을 스스로 찾아가는 방향으로 확장될 것입니다.

AI 시스템이 인간의 의사 결정을 지원하는 것에서 인간을 대신해 판단하고 실행하는 것으로 바뀌면 AI의 활용도는 지금과는 비교할 수 없이 넓어지고, 우리 사회의 생산성도 비약적으로 향상할 것입니다.

6.3 기업 차원에서는 데이터 전략을 어떻게 수립해야 할까요?

데이터 전략은 새로운 기회를 포착하고, 위험을 줄이며, 더 명확한 판단과 유리한 포지셔닝이 가능하게 하는 것을 목표로 합니다. 시스템 전체를 이해하고 틈새와 기회를 발견하는 과정입니다. 데이터 전략이 어느 공간이나 문제 영역에서 작동하는지도 중요합니다. 전략은 결국 본질적으로 전체를 이해하는 가운데 특정 문제에 대한 대응이기 때문입니다. 데이터를 통해 얻고자 하는 목표와 그 목표가 적용되는 영역에 따라 기업이 선택해야 할 데이터 전략이 달라집니다.

목표와 영역에 따라 달라지는 데이터 전략

목표 \ 영역	sphere 1	sphere 2	sphere 3	......	sphere n
새로운 기회 위험 감축 기업의 생존 더 우월한 판단 더 나은 포지션	내부데이터		pipeline		외부 데이터
자원 재배치 업무 플로우 개선 시장 분할 복잡성 감축 기업의 혁신	target y		pipeline		features $(x_1, \cdots, x_n)$ corresponding $(w_1, \cdots, w_n)$

현실에서 기업이 마주하는 가장 큰 장벽은 데이터 그 자체입니다. 데이터가 아예 존재하지 않거나, 데이터 큐레이션이 부족해서 사실상 쓸모가 없거나, 데이터 표준화가 미흡해 연계가 불가능한 경우 등 기업은 모델링 이전 단계에서부터 큰 어려움에 직면합니다.

이러한 장벽을 해결하는 방법은 크게 두 가지입니다. 하나는 데이터 허브를 구축해 기업들이 쉽게 활용할 수 있도록 하는 것이고, 다른 하나는 각 기업이 자체적으로 각자 알아서 대응해야 합니다. 또한 실제 기업의 문제 해결을 위해서는 일정 수준 이상의 임계치를 넘어서야 합니다. 데이터 통합을 시도하더라도 그 임계치를 넘지 못하거나 오히려 에너지만 소모하고 피상적 수준에 머무를 수밖에 없습니다.

신용정보원은 이러한 한계를 극복하기 위해 데이터 표준화, 대량의 데이터 공급과 다양한 큐레이션, 모형 공급 등을 통해 금융시장의 데이터 허브 역할을 수행하고 있습니다. 이를 통해 금융회사들이 엉뚱한 영역에서 자원을 낭비하지 않고, 차별화된 서비스와 본연의 전략 수립에 집중할 수 있도록 지원하고 있습니다. 데이터 허브가 제 역할을 하지 못하면 최종 사용자가 문제의 전체를 파악하는 데 곤경에 처할 수밖에 없습니다. 신용정보원은 금융회사들이 효율적인 데이터 전략을 구사할 수 있도록 필요한 모든 노력을 다할 것입니다.

기업은 막연한 직관과 감(感)에만 의지하지 않고, 사실에 기반해 어디에 전선을 구축하고 화력(火力)을 집중할지 고심합니다. 데이터 전략의 쓸모는 여기에 있습니다. 데이터 전략은 분절된 여러 영역을 관통하면서 시스템 전체를 파악하는 과정입니다. AI에 힘입어 새로운 차원dimension을 생성하면서, 다채롭고 더 큰 공간을 만들어 나갑니다. 이렇게 해서 시스템 전체의 면모가 드러납니다. 복합적인 시스템의 병목 지점과 틈새가 보이고, 새로운 성장 기회를 포착할 수 있습니다. 타깃을 찾아내고, 어느 시점에 무엇을 어떻게 할지를 가늠할 수 있습니다. 기회를 만드는 데 주력할지, 잠재된 위험을 감지하는 데 애를 쓸지, 더 나은 포지션을 구축하는 데 중점을 둘지가 명확해집니다. 더 나은 답이 나올 때까지 모델링을 반복하고 실행합니다. 이러한 과정이 축적되면서, 기업은 일단 생존하고, 앞으로 성장scale-up합니다.

디지털 전환 기술 및 도구 Digital Transformation Tech & Tool		Front Office				
		고객 응대	상품안내 (마케팅)	업무처리 (입출금/카드)	금융상담 (재무/자산)	상 개
AI	AI 기반 챗봇 및 가상 어시스턴트	O	O	O	O	O
	로보어드바이저	O	O		O	
	생성형 AI 서비스	O	O	O	O	
	판단형 AI 서비스					O
모형 (모델)	평가 모형					
	금융 사기 탐지 모델					
	자금 세탁 방지 모델					
	리스크 예측					O
데이터	합성데이터		O			O
	가명데이터		O			O
	RAG데이터 (벡터 / 청크 등)	O	O	O	O	O
	금융언어 말뭉치 데이터	O	O	O	O	
플랫폼 (솔루션)	모바일 및 인터넷 뱅킹 플랫폼	O	O	O	O	
	고객 관리 시스템 (CRM)	O	O		O	O
	로보틱 문서 / 프로세스 자동화 (RPA / OCA)			O		
	규제 기술 (RegTech)솔루션					
	빅데이터 분석 플랫폼	O	O			O
	간편 결제 시스템			O		
인프라	클라우드	O	O	O	O	O
	GPU Server / 분석공간					O

AI모델링과 데이터 전략

사	사후관리 (만원/불만)	리스크 관리	업무 효율화	한국신용정보원 지원 서비스	빅테크 / 금융회사 지원 서비스
		Middle Office			
	O	O	O	신용정보규약도우미(검토중)	ChatGPT / DialogFlow
					하이로보 / 핀트 / 불리오
			O	거시경제 LLM / 신용정보규약도우미(검토중)	리브똑똑 / POP로보
	O	O	O	혁신성장추천 / TTC솔루션 혁신성장성과분석 / 산업별분석	
			O	검증용 신용평가모형 / TCB성장성 / 시장규모추정	Zest Finance
	O	O	O	인슈어테크 / 보험리스크AI	NICE Actimize / Feedzai
	O	O	O		Fico Tonbeller
	O	O	O	고유업무 집중관리시스템 인슈어테크 / 보험리스크AI	JPMorgan RM
		O	O	합성데이터 생성평가모델	MOSTLY AI / AIZLE
		O	O	AI합습장 / 데이터전문기관 데이터라이브러리 / AI가명처리	
	O	O	O	금융권AI플랫폼	Cohere / Elastic
	O		O	금융권AI플랫폼	플리토
	O		O	고유업무 집중관리시스템	스타뱅킹 / SOL / 원큐
	O	O	O	기술력보유기업추천 / 페르소나	Slaesforce /MS
	O		O	AI기반동의등급평가	UiPath
		O	O		MetricStream / OneTrust
		O	O	AI학습장	GCP / Oracle
			O		토스 / 카카오페이
	O	O	O	금융권AI플랫폼	AWS / Azure / Naver
			O	AI학습장	NVDIA

SPECIALIST

CHAPTER 1 - AI 데이터 전략

최유삼, 한국신용정보원 원장

신현철, 한국신용정보원 기업데이터Lab장

CHAPTER 2 - AI의 이해

허용준, 한국신용정보원 AI개발팀장

홍동숙, 한국신용정보원 IT보안팀장

김현진, 한국신용정보원 AI데이터보호연구위원

CHAPTER 3 - AI 기반 금융 모델링

오동찬, 한국신용정보원 기술금융평가팀장

이재현, 한국신용정보원 기술금융평가팀 조사역

염준형, 한국신용정보원 기술금융평가팀 선임조사역

이준원, 한국신용정보원 신용평가체계검증팀장

전필수, 한국신용정보원 기술데이터부장

홍동숙, 한국신용정보원 IT보안팀장

어진원, 한국신용정보원 기술데이터DB팀 수석조사역

허용준, 한국신용정보원 AI개발팀장

최은솔, 한국신용정보원 기업데이터기획팀 조사역

김호영, 한국신용정보원 인슈어테크지원반장

조성윤, 한국신용정보원 인슈어테크지원반 조사역

신정환, 한국신용정보원 인슈어테크지원반 선임조사역

김승남, 한국신용정보원 AI융합데이터팀 선임조사역

서영은, 한국신용정보원 기술금융평가팀 조사역

김재경, 한국신용정보원 마이데이터지원센터(팀) 선임조사역

엄재철, 한국신용정보원 기술데이터DB팀장

박용민, 한국신용정보원 데이터보호총괄팀장

전유영, 한국신용정보원 AI개발팀 선임조사역

CHAPTER 4 - AI 개발을 위한 데이터 생성

서영은, 한국신용정보원 기술금융평가팀 조사역

진다정, 한국신용정보원 AI전략팀 선임조사역

전유영, 한국신용정보원 AI개발팀 선임조사역

최종인, 한국신용정보원 AI전략팀 조사역

허석중, 한국신용정보원 기업데이터분석팀장

CHAPTER 5 - 글로벌 AI 적용 사례

신현철, 한국신용정보원 기업데이터Lab장

김현진, 한국신용정보원 AI데이터보호연구위원

이병호, 한국신용정보원 마이데이터지원센터(팀) 팀장

문유진, 한국신용정보원 마이데이터지원센터(팀) 조사역

CHAPTER 6 - 금융 AI의 발전과 데이터 전략

이철흠, 한국신용정보원 금융AI데이터센터장

이동렬, 한국신용정보원 상무

최유삼, 한국신용정보원 원장

편집

최성민, 한국신용정보원 AI전략팀장

AI 모델링과 데이터 전략

초판 1쇄 발행 | 2025년 9월 15일

펴낸곳 | 한국신용정보원

제작 | 로우프레스
진행 | 손유미
편집 | 문지현
디자인 | 정기훈, 이지선
인쇄 | 도담프린팅

ISBN   979-11-90109-28-4